中小学国际汉语教学

北京市国际教育交流中心
北京市中小学对外汉语教学研究会 编

商务印书馆
2010 年·北京

图书在版编目(CIP)数据

中小学国际汉语教学/北京市国际教育交流中心,北京市中小学对外汉语教学研究会编.—北京:商务印书馆,2010
ISBN 978-7-100-06991-5

Ⅰ.中… Ⅱ.①北…②北… Ⅲ.对外汉语教学—教学研究—中小学 Ⅳ.H195

中国版本图书馆 CIP 数据核字(2010)第 032603 号

ZHŌNG-XIĂOXUÉ GUÓJÌ HÀNYǓ JIÀOXUÉ
中小学国际汉语教学
北京市国际教育交流中心
北京市中小学对外汉语教学研究会 编

商 务 印 书 馆 出 版
(北京王府井大街36号 邮政编码100710)
商 务 印 书 馆 发 行
北京市白帆印务有限公司印刷
ISBN 978 - 7 - 100 - 06991 - 5

2010 年 9 月第 1 版 开本 787×1092 1/16
2010 年 9 月北京第 1 次印刷 印张 20¾
定价:38.00 元

《中小学国际汉语教学》编委会

目　　录

序

北京市教育委员会主任　刘利民

　　进入 21 世纪以来,随着世界经济全球化、文化多元化趋势的不断发展,中国作为重要的一支力量,正在世界的舞台上和平崛起。最近几年来兴起的世界性汉语学习热,其范围之广泛、人数之众多、势头之强劲,充分表达了世界人民对中国经济成功发展的认可,对中国未来发展的信心以及对中国独特文化魅力的向往。由此可见,在世界范围内推广汉语,弘扬中华文化,一方面表现出中国正在以积极开放的心态和负责任大国的形象走向世界,一方面又通过这样的行动增进世界各国对中国的了解、增进世界各国人民与中国人民的友谊,促进世界的和平与发展。

　　北京是中国的首都,作为中国的政治文化中心和国际交流中心,在汉语的国际推广工作中有着难以替代的优势和义不容辞的责任。近年来,国家在海外孔子学院建设、对外汉语教师派遣、汉语教学志愿者的培训与派遣、国际汉语课程与教材建设等方面开展了大量卓有成效的工作,取得了许多成绩。与此同时,积极加强在京的高等院校和中小学校接收国际学生的工作,做好针对他们的汉语教学工作,也是汉语国际推广不可或缺的组成部分。

　　随着北京世界城市的建设与发展,许多国家的使领馆工作人员、外资外商企业人员把他们的子女带到北京接受教育。截至 2009 年,北京市已有 98 所中小学校接收外国学生,招收外国学生数近 7000 人,共有 19 所外籍人员子女学校,在校生人数接近 8000人。学好汉语,对于帮助他们迅速进入课堂学习各门课程,了解熟悉中国文化,具有十分重要的意义。

　　2007 年至 2009 年,在市教委的领导下,北京市汉语国际推广中心与北京市中小学对外汉语教学研究会共同举办了三届以"相聚北京"为主题的北京市中小学外国学生汉语节。该项活动由学生汉语才艺展示、书法绘画等艺术作品征集和对外汉语教学教师优秀课例、论文评选以及优质课征集等部分组成。三年来,共收到教师优秀论文课例245 篇、优质课 48 节,近 3000 名学生参与到汉语节活动中。为了充分展示我市中小学对外汉语教学工作在理论和实践上取得的成果,汉语节组委会与商务印书馆合作出版了《中小学国际汉语教学》，为我市中小学开展对外汉语教学工作迈上新台阶创造了新的基础。

汉语国际推广工作是一项长期而又艰巨的工程。希望我市从事国际教育合作与交流的工作人员、从事对外汉语教学工作的教师以及管理者，能够逐步拓宽对外汉语教学领域，发挥学校教育的主渠道作用，建立全方位的对外汉语教学体系，并不断通过丰富多彩的各类活动促进对外汉语教学成果的广泛传播，为汉语国际推广事业的发展做出更多更大的贡献。

2010 年 4 月

语言课堂教学策略说略（代前言）

北京语言大学　　崔永华

本文采用教育设计理论，把教学策略定义为：为完成特定的教学目标，在一定教学理念和教学原则的指导下而采用的教学过程、教学方法、教学媒体和教学组织形式等因素的总体考虑。[①] 我们认为，上述教学策略的定义也适用于第二语言的课堂教学，包括汉语作为第二语言或外语的课堂教学。

根据这个定义，语言课堂教学策略应当包括以下要素：(1)语言教学理念：人们对第二语言能力、第二语言学习、第二语言教学规律的基本认识；(2)教学原则：基于教学理念而确定的课堂教学基本指导思想。(3)教学过程：师生课堂教学活动的顺序安排。(4)教学方法：师生的课堂活动，也叫教学行为、教学技巧。(5)教学媒体：用于承载和传递教学信息的工具、手段。(6)教学组织形式：师生课堂教学的活动方式。

对外汉语教学界一般把教学策略作为教学方法的同义语使用。但是，根据上述定义，教学方法是教学策略的一个要素，教学策略是对教学方法的选择、组织和运用。运用这个框架分析语言课堂教学策略，有助于我们加深对教学策略的认识、选择和运用。

下面我们从教学策略六要素的角度，分析对外汉语课堂教学策略。

一　语言教学理念

语言教学理念是人们对语言能力、语言学习和语言教学基本规律的认识，是确立课堂教学原则的基本依据。

进入新世纪前后，国内外语言教学界通过对近百年来第二语言教学理论和实践的反思，形成了对语言能力（主要指外语能力）、语言学习和语言教学的新的认识。笔者以为，这种新的认识可以概括为三个基本的教学理念[②]：

[①]　参看乌美娜(1994)《教学设计》，高等教育出版社。

[②]　关于三个新的语言教学理念，参看崔永华(2008)《对外汉语教学设计导论》，北京语言大学出版社。

（一）语言教学的目标是培养综合运用语言的能力

当前人们对掌握一种外语所应包含的内容（外语能力）的新认识，可以以中国国家《英语课程标准》为代表。它认为"基础教育阶段英语课程的总体目标是培养学生的综合语言运用能力"。它进而认为，综合语言运用能力由语言技能、语言知识、态度、学习策略和跨文化交际能力五个方面构成。《英语课程标准》用图1描述了这种观念①：

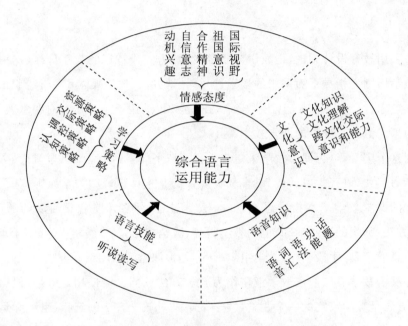

图1　《英语课程标准》的"课程目标结构图"

（二）语言是在使用中学会的

近百年来，人们对学习语言的最佳途径提出了多种设想和语言教学的思路，如直接法、听说法、自然法、功能法、全身反应法、任务法等。最终人们发现，这些方法中涉及使用语言进行真实交际的那一部分，在语言学习中的作用最重要。正如美国《21世纪外语学习标准》所说，过去，大部分的语言课堂教学都集中在如何（语法）说什么（词汇）。虽然语言的这些要素仍然很重要，不过目前语言学习的组织原则是交际，还强调为什么、对谁、什么时候。和人们过去的看法不同，我们现在知道学生并不是通过先学习语言系统的要素获得交际能力的。学习者有机会用目的语在广泛的活动中交际，是最好的学习途

---

① 参看中国教育部（2001）《全日制义务教育、普通高级中学英语课程标准（实验稿）》，北京师范大学出版社。

径。学习者在有意义的语境中用目的语用得越多,他们的语言能力就发展得越快。①

(三)学习者是语言教学活动的主体

现在,人们越来越认识到,在各类教学活动中,学生是活动的主体。语言学习也是这样,教师、教材、教学只是给学习者的学习提供条件,最终决定学生获得语言能力水平的还是学生本身的知识和能力基础、学习态度、学习方法等。因此"语言教学"的本质,是为学生的学习创造条件,促进学生的学习。

二 语言课堂教学的基本原则

基于上述语言教学理念,我们认为下述三条是第二语言课堂教学最基本的指导思想,即最基本的教学原则。

(一)全面培养学生的语言能力

语言教学的总体目标是培养综合语言运用能力,因此,我们的语言课堂教学不应只关注语言技能培养和语言知识传授,还要注意培养学生积极的学习态度、传授有效的学习方法和相关的文化知识。在教学方法上还要注重听、说、读、写能力的综合培养。

(二)课堂教学以学生活动为主

学生是学习的主体,在语言课堂上应体现为以学生的自主学习活动为主,使学生有足够的运用语言的活动和足够的"开口率"。

(三)创造条件让学生使用语言

积极地使用语言是学习语言的最佳途径,因此,课堂教学不仅要以学生活动为主,还要尽可能多地安排运用语言的学习活动;课堂教学要由"精讲多练"过渡到"精讲多用"。任务型语言教学途径正是在这种背景下得到提倡的。

三 语言教学过程

课堂教学过程指课堂教学活动的顺序安排,即学界通常说的"教学环节、教学步

---

① 参看 American Council on the Teaching of Foreign Languages (1999) *Standards for Foreign Language Learning in the 21st Century*(《21世纪外语学习标准》)。参考他人未出版译稿译述。

骤"。严谨地说,教学过程是教师根据教学目的、教学任务和学习规律,有计划地引导学生掌握知识、技能、态度的过程。

科学、合理的教学过程是保证良好语言课堂教学效果的决定因素,也是评价课堂教学的主要指标。

(一) 遵循科学的教学过程

课堂教学过程对学生来说,是学生在教师的引导下,主动完成学习任务的过程。因此,制定课堂教学过程的根本依据,是学习者的学习过程。我们通常课堂教学是按照教育界通行的"组织教学—复习旧课—讲授新课—巩固新课—布置作业"这种五段教学过程安排的。我们教授学生一个语言点(比如教授一个语法点)通常遵循着美国教育心理学家加涅提出的"九大教学事件"所描述的教学过程①,如表1中"语法教学过程"栏所列。

表 1　加涅的九大教学事件和语法教学过程

	学习过程	教学事件(过程)	语法教学过程
1	接受各种神经冲动	引起注意	提出课文中的例句
2	刺激执行控制过程	告知学生目标	出示语言点
3	把先前学习提取到工作记忆中	刺激回忆前提性的学习	联系学过的内容,如学过的语言点
4	突出有助于选择性知觉的特征	呈现刺激材料	给出例句,让学生朗读
5	语义编码,提取线索	提供学习指导	分析例句,归纳公式
6	激活反应组织	引出作业	提出练习任务(完成句子、填空)
7	建立强化	提供作业正确性的反馈	纠正问题
8	激活提取,使强化成为可能	评价作业	齐读/单读(检查)
9	为提取提供线索和策略	促进保持和迁移	运用于课文和练习

上面提到的两种通行的教学过程都是依据学习者的学习过程设计的。例如加涅的"九段教学过程"就是基于以下假设:(1)教学的实质是为学生的学习创造条件;(2)学习者学习一个具体的内容,一般要依次经历九个活动(见表1的"学习过程栏");(3)为配合学习者的学习,教学就需要九个支持学习的活动,即九个教学事件(见表1的"教学事件"栏)。

了解教学过程的本质是为学生的学习提供条件,有助于我们自觉地设计、实施有效的教学过程。

---

① 参看加涅等(1999)《教学设计原理》,皮连生等译,华东师范大学出版社。

（二）关于"任务型语言教学途径"的教学过程

教学理念是选择教学过程和教学方法的指导思想。新世纪到来前后,顺应学生是学习的主体和在运用中学习语言的理念,任务型语言教学途径得到广泛的提倡。

"任务型语言教学"是一种基于任务或以任务为基础的语言教学途径。其中的"任务",是接近或模拟现实中的真实活动。任务型教学方法就是让学生在真实或模拟真实的环境中,通过运用目的语合作、交流,在完成所设定任务的过程中,达到学习语言的目的。Ellis曾经把完成一个语言任务分成三个阶段①:(1)任务前阶段(the pre-task phase)。为顺利实施任务做准备。教师先给学生听或者看一个示范型的任务,然后通过介绍相关背景知识、词汇、提问等方式引导学生进行一些非任务的准备活动,最后教师给学生一段时间,让他们就如何实施任务进行简单的规划。(2)任务中阶段(the during-task phase)。学生以小组为单位实施任务,具体步骤根据任务的要求来确定。(3)任务后阶段(the post-task phase)。让每组学生报告执行任务的结果,教师引导学生重点学习某些语言形式。表2是一个汉语任务型教学的实例。

表2　任务型教学的实例

任务	调查和汇报两个家庭的状况
语言目标	句型:"有"字句 词汇:家庭成员、职务 话题:中国的家庭(文化知识)
任务前	提问:你家有几口人？都是谁？他做什么工作？ 布置任务:分组,成员分工(提问人、记录人、汇报人等)
任务中	实施调查:根据分工,进行调查 准备汇报:教师进行语言指导,提供新的词汇、表达方式等
任务后	各组汇报: 总结汇报情况:口头报告、调查表格、图片说明等 总结新学会的句型、其他表达方式和词语 教师带领学生对学习的重点句型和词语进行熟巧训练

（三）借鉴英语教学的教学过程设计

英语教学有悠久的历史,近些年来,在新的教学理念的指导下做了很多有益的探

---

①　参看龚亚夫等(2006)《任务型语言教学(修订版)》,人民教育出版社。

索,其中的很多方面可以作为对外汉语教学的借鉴。例如《剑桥国际英语教程》建议会话练习可以遵循如下的过程[①]:(1)打开书,让学生遮住对话,用插图介绍场景;(2)合上书,在听对话前介绍场景,如对话者是谁、在什么地方等;(3)在黑板上写下几个一般性听力理解问题,以便在听时抓住重点;(4)播放或朗读对话,学生边听边寻找答案,然后检查他们的答案;(5)打开教材,再次播放录音或朗读,让学生听;(6)逐句播放对话,全班一起跟读每一句来练习语音、语调和重音;(7)讲解生词和习惯用语;(8)学生两人一组练习对话,让他们注意抬头说话;(9)找志愿者到台前用自己的语言演出对话;(10)对表演进行指导,指出优点和需要改进之处。[②]

四　语言教学方法

教学方法是教师和学生为了达到教学目标,在教学理念和教学原则指导下,借助教学手段(工具、媒体或设备)而进行的教与学的活动。简言之,在本文使用的教学策略系统中,"教学方法"指学生和教师的课堂活动。对外汉语教学界通常把这些活动叫作课堂教学方法和技巧。崔永华等在《对外汉语课堂教学技巧》一书中把对外汉语课堂教学技巧分为语音、词汇、语法、汉字、听力、口语、阅读、写作八类。根据我们对语言能力的新认识,这个体系还应当包括教授态度、学习策略和跨文化交际意识的方法和技巧。

语言课堂教学方法数量众多,选择正确的教学方法,对教学成效至为重要。因此,教师需要明确指导思想和掌握较多的教学方法。

(一)用新理念指导教学活动的选择

1. 选择以学生为主体的教学活动。

如上所说,教学方法是师生的课堂活动。教学方法当然也包括教师的课堂活动,如讲授、示范、纠错、评价、组织等。但是语言课堂教学活动应当以学生的学习活动为主,教师只是这些活动的引导者、支持者,起到组织、启发、答疑等作用。因此,尽管教学方法众多,但在语言课堂教学中,应当尽量多选择、安排学生活动,尽量减少教师活动所占

---

① 参看 Jack C. Richards 等(2001)《剑桥国际英语教程·教师手册》,外语教学与研究出版社。

② 笔者按:1—2两步介绍会话环境,既是一种真实交际形式,又为理解会话打下了基础。3—5步,会话教学从听、读开始,既便于理解对话,又有了足够的、正确的语言输入,使学生明确了会话的环境,又形成了所学会话的语音、语调范例。第8步,在有了充分铺垫、理解、输入、模仿的基础上练习说话,无疑会有较高的成功率,大大降低学生的口头输出错误。其中提醒学生"抬头说话",既是要求学生遵循交际活动的体态规则,也可以促进学生对所学课文的记忆。最后两步是对本段会话学习的评价。在上面充分练习的基础上,学生的表演会有较高的成功率,会获得较多的积极评价和成就感,增强运用目的语交际的信心。

的比例。

2. 选择让学生使用语言的教学活动。

既然使用语言是学习语言的最佳途径，那么我们在课堂教学中除了多选择学生的活动之外，还要多选择使用语言和模拟使用语言的活动。学习一门外语，模仿练习、机械性练习必不可少，但是仅此还不能培养综合语言运用能力。这种能力必须在大量的使用语言的过程中，才能培养出来。

（二）以学生为主体的教学活动举例

下面罗列的英语教学中常用学生课堂活动，都可以看作运用语言的活动。[①]

聆听活动：边听边选择、填空、连线、标图、补全信息、判断情况的真伪，边听边表演、边听边说、边听边做笔记，边听边通过推理形成对整个故事发展的见解等。

说话活动：猜谜、拼故事、角色扮演，按重要性排位，交换信息、解决问题，讨论、辩论、演讲等。

阅读活动：认读、略读、跳读，根据所读内容画图、标图、连线、填表、排序、补全信息、判断情况的真伪、边读边操作，为课文选择或添加标题、根据所读内容制作图表，边读边通过推理形成对整个故事发展的见解，转述所读内容、根据所读内容进行角色扮演，讨论、续尾、写摘要等。

写作活动：填空、看图写话、提示作文、把图表转换成文字、仿写、连句成文、听写，讨论主题、搜集素材、规划文章结构、写提纲、口头作文、写初稿，检查语言、文法、逻辑、用词、润色，自我修改、相互修改、个人或小组面批，制作板报、墙报等。

五　教学媒体

教学媒体是用于从信息源（教材、教师）到学习者之间教学信息承载和传递的工具和手段。它跟一般媒体的区别是具有明确的教学目的、教学内容和教学对象。

在语言课堂教学中运用多种媒体，可以提供真实的语言和语言交际场景、创设接近真实的交际环境、辅助教师的讲解、提高学习的兴趣、提供练习材料等。随着现代科技的发展，可供选择的教学媒体越来越多，在语言教学中也使用得越来越广泛。了解教学媒体的原理，有助于提高教学媒体的使用水平。

---

① 采自中国教育部（2001）《英语课程标准·附录五"技能教学参考表"》，北京师范大学出版社。

（一）关于教学媒体的理论

教育技术学认为,戴尔的"经验之塔"理论较简明地说明了教学媒体对教学的作用。①

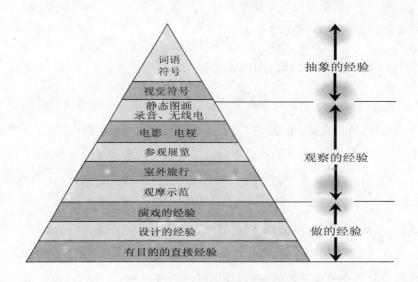

图 2　戴尔的"经验之塔"

"经验之塔"按照教学媒体所能提供的经验(即教学信息的抽象程度),将教学媒体分为十个层次。"塔"最底层所提供的直接经验最为具体,越往上越抽象。这种理论认为:教学应从具体经验入手,逐步过渡到抽象;具体经验是通往有效学习的道路;教学中使用各种教学媒体,可以使学习更为具体,也能为抽象概括创造条件;位于"塔"中部的视听教材和视听经验,比上层的言语和视觉符号具体、形象,又能突破时间和空间的限制,弥补下层各种直接经验方式之不足。了解教学媒体的这种性质,可以帮助我们根据教学目标、内容、对象、条件,较快地对教学媒体做出抉择,达到最好的教学效果。

（二）可供选择的教学媒体

为帮助认识和选择教学媒体,人们对教学媒体进行了各种不同角度的分类,如从所适合的教学对象的角度、从所适合的教学内容的角度等。一般把教学媒体分为传统媒体和现代媒体两大类。其中现代媒体又分为视听媒体和综合媒体两类。这种分类如表 3 所示:

---

① 参看徐英俊(2001)《教学设计》,教育科学出版社。

表 3　教学媒体分类表

传统媒体		教科书 黑板 实物、标本、模型 报刊、图书、资料 图表、照表、挂图
现代媒体	视听媒体	幻灯 投影 录音、录像 电视、电脑 CD、VCD、DVD、MP3、MP4 摄像系统
	综合媒体	微格教学系统 语言实验系统 计算机辅助教学系统 多媒体计算机技术系统

（三）教学媒体的选择

一般来说,选择教学媒体要依据教学目标、教学内容、教学对象、教学条件等。例如:为提高聆听能力,可能会较多地使用视听媒体;对少年儿童的语言教学,可能要使用更多具体、生动的媒体手段。选择媒体也受到经济、技术能力等条件的制约。

在语言课堂教学中使用教学媒体有两点需要注意:一是适度使用教学媒体。使用媒体是为了帮助学生学习语言,过度使用媒体,可能会占用过多的课堂时间,分散学生的注意力等。二选择合适的媒体。使用教学媒体,不是越现代、越贵重越好,而是为取得好的教学效果。因此,使用传统媒体可以达到的,就不一定非要使用现代媒体。教室设施、课堂环境、周围环境、师生情况、现场演示都是非常值得发掘、利用的教学媒体。

六　教学组织形式

教学组织形式指根据教学的主客观条件,从时间、空间、人员组合等方面考虑而安排的教学活动的方式。一般认为有三种组织形式:集体授课、个别教学和小组活动。

学校语言教学通常采用集体授课的组织形式。近年来,由于人们对语言教学目标、教学途径和教学主体认识的更新,小组活动受到特别的重视。

（一）小组活动的优势

小组活动是在集体授课的背景下，为实现特定教学目标，在教师指导下进行的学生与学生之间合作、交流、相互支持和分享教学信息的活动形式。

讨论语言课堂教学中的小组活动的著述很多。结合前人的论述，笔者认为小组活动在语言教学中至少有以下优势：（1）小组活动是实现学生成为语言教学活动主体的一种重要手段，它有利于形成语言综合运用能力，也有利于综合素质的培养；（2）小组活动为学生提供了更多运用语言的机会，有利于提高学生语言表达的流利度，在活动中逐步提高语言输出的质量；（3）在小组活动的过程中，由于学生语言水平和学习背景相似，互相之间容易理解，因此小组成员都可以获得更多的可理解输入；（4）在小组活动中，由于面对的听众少，可以降低学生目的语输出时的焦虑，容易获得成功的目的语输出，获得成就感，增强使用目的语的信心，激发学习动力；（5）有利于培养学生的合作意识和实践真实语言交际的规则。

（二）小组活动的不足

当然，小组活动也有其不足之处。人们常提到的有：活动中从同伴那儿得到的语言输入不一定完全正确；学生有时会使用自己的母语参加讨论；小组讨论会加大控制课堂组织、进程的难度；有些较独立的学生不喜爱小组活动。

正视小组活动中容易产生的问题，就可以在活动前和活动中采取措施加以避免，不必因噎废食。例如在小组活动中，学生的目的语输出肯定会有语音、语法、词汇的使用错误，使其他成员得到不正确的目的语输入。对此我们不必过于担心，应当相信学生在不断运用目的语的实践中会逐渐建立起正确的目的语系统，或者说，较多的运用目的语的真实交际活动有利于学生尽快建立起正确的目的语语言系统。

（三）小组活动的实施

要获得成功的小组活动，教师必须掌握组织小组活动的方法。下面是《剑桥国际英语教程》建议的两人对话的活动过程①：（1）将学生分成两人一组。如果是单数，有一个组可为三人。（2）解释练习的内容，与一两个学生一起进行示范。（3）设定合理的时间，写在黑板上：5分钟，9：20—9：25。（4）学生两人一组练习，教师巡视并给予必要的帮助。（5）可选方法：让学生互换搭档再做一次练习。（6）可选方法：找几组学生在台前表

---

① 摘自 Jack C. Richards 等（2001）《剑桥国际英语教程·教师手册》，外语教学与研究出版社。

演,给予指导和评价。笔者观察过多次语言教学的小组活动,看到一些教师在组织小组活动中忽略了一些环节,从而影响了小组活动的效果。例如有老师在布置小组活动中忽略上述环节(2),学生由于没有理解或没有正确理解老师的意思,在开始时茫然不知所措或由于误解而做了别的事。设定和遵守时限也非常重要,学生知道了时限就会有自己的规划,抓紧时间进行练习活动。

根据笔者的体验,组织一个课堂小组活动的完整程序应当包括以下内容:(1)教师说明要完成的任务;(2)教师引导学生明确要使用的语言项目;(3)给学生分组,指导学生分工;(4)教师说明活动的结果和检查方式;(5)教师跟学生或指导学生做活动示范;(6)设定活动时间;(7)学生活动,教师巡视督促,提供帮助;(8)汇报结果;(9)评价(以学生自我评价、互相评价为主)。当然,不同的活动、不同语言水平在进行小组活动时对上述内容应当有所取舍。

语言教学策略是个庞大的方法体系。人们在百年探索中提出过多种教学思路,如直接法、听说法、自然法、全身反应法、任务型教学法、内容教学法,直到近些年提出的"后方法"语言教学理论等。其间创造的具体教学方法不可胜数。本文认为,遵从教学设计的理论,把语言课堂教学策略分析为教学过程、教学方法、教学媒体和教学组织形式四个维度来认识,有助于提纲挈领地理解语言课堂教学方法;而基于对语言能力、语言学习和语言教学基本规律认识而形成的语言教学理念,以及基于这些理念制定的语言教学的基本原则,则是选择、组织、运用语言课堂教学策略的灵魂。

参考文献

崔永华 (1997)《对外汉语课堂教学技巧》,北京语言大学出版社。

崔永华 (2008)《对外汉语教学设计导论》,北京语言大学出版社。

国家对外汉语教学领导小组办公室 (2008)《国际汉语教学通用课程大纲》,外语教学与研究出版社。

人民教育出版社英语室 (2003)《全日制普通高中英语教科书(必修)》第一册,人民教育出版社。

徐英俊 (2001)《教学设计》,教育科学出版社。

中国教育部 (2001)《英语课程标准》,北京师范大学出版社。

[美] American Council on the Teaching of Foreign Languages (1999) *Standards for Foreign Language Learning in the 21st Century*.

[美] 鲍承模 (1999)《美国中小学英语为第二语言现代教学法介绍》,《中小学英语教学与研究》第4、5期。

[美] 加涅等 (1999)《教学设计原理》,皮连生等译,华东师范大学出版社。

[欧] Council of Europe (2001) *European Framework of Reference for Languages: learning, teaching, assessment*, Cambridge University Press.

[英] Jack C. Richards 等 (2001)《剑桥国际英语教程》,外语教学与研究出版社。

浅谈"走班制"在小学对外汉语教学中的作用

——芳草地国际学校国际部教学改革尝试

北京市朝阳区芳草地国际学校　张　健

芳草地国际学校国际部目前共有 700 多名外籍学生,他们来自 58 个国家和地区。他们的国度、母语、汉语的基础更具有很强的差异性。如何让这些外籍学生能够更快地适应中国的学习环境、更快乐地学习汉语,是我们一直在探索的重要课题。

传统的"班级授课制"对于普及教育、扩大教育教学规模、提高教学质量和效率,起着非常重要的作用。但同时它最大的弊端是不考虑学习个体之间的智力差异、个性差异,不考虑学习个体掌握知识的速度和兴趣、动机的不同,而从学生的"平均情况"设想出千篇一律的教育,强求他们齐步走,学生的自主性和创造性在统一的要求与一致化的教学过程中被扼杀。根据多年的国际教育经验,芳草地国际学校国际部在汉语、英语以及选修课这些课程上实行在"班级授课制"基础上的"走班制"教学,取得了良好的教学效果。

一　"走班制"遵循的原则

所谓"走班制",指学科教室和教师固定,学生根据自己的学力和兴趣愿望选择自身发展的层次班级上课,不同层次的班级,其教学内容和程度要求不同,作业和考试的难度也不同。"走班制"的实施遵循如下原则:

（一）因材施教的原则

"夫子教人,各因其材。""走班制"教学是在"班级授课制"下按学生实际学习程度施教的一种重要手段,是因材施教教育原则在现代教育实践中的具体运用。

（二）学习层次理论

学生的汉语基础、接受能力及各种智力、非智力因素是不尽相同的,这给课堂教学带来诸多不便,而"走班制"教学就是从补足学生学习的先决条件考虑,根据学生实际情况,设计出最佳的学习知识的顺序,逐层推进。

二 "走班制"的具体实施措施

(一)国际部的分班制度决定"走班制"学习组织方式

国际部每一个学生汉语、数学及英语的水平都存在着很大的差异。在多年的教学实践中,我们以学生的数学水平为标准建立行政班级,而汉语和英语教学则采用"走班制"。即我们会在外籍学生入学时对其汉语、数学和英语水平进行一次初步的测试,然后根据其数学水平将他们分到相应的年级。如果其汉语、英语水平达不到此年级的水平也没有关系。开学后,其他科目的学习和所有活动都在此年级进行,而汉语、英语这两个科目则根据入学时的测试结果,到相应的年级上课。这样就出现了如下情况:国际部(一年级除外)在上汉语和英语课时,绝大多数教学班中都有两部分学生——一部分是行政班的,另一部分是其他年级的。我们来看美国留学生赛斯的实例(表1):

表 1 赛斯的课表

数学		一年级	二年级	三年级 赛斯	四年级	五年级	六年级
英语		一年级	二年级	三年级	四年级 赛斯	五年级	六年级
汉语	补习班	一年级	二年级 赛斯	三年级	四年级	五年级	六年级

注:表中汉语补习班主要接收的是二至六年级汉语是零起点的学生。

赛斯是三年级的学生,他数学课在三年级上,而他的英语课则在四年级上,汉语课在二年级上。

(二)选修课丰富了"走班制"的内容

如果说汉语"走班"是一种部分学生参与的、立体的、纵向的"走班",那么各个年级每周一个半天的选修课就是全员参与的、平面的、横向的"走班"。表2中展示的就是二年级一个学期的选修课程:

表2　二年级选修课人数统计

课程	十字绣班	中国功夫班	茶道班	国画班	腰鼓班
人数 （共106人）	20	25	23	18	20

开学初把选修课程表发到学生手中,学生们根据自己的爱好进行自愿选择,上课时,整个年级的每一个学生根据自己的选择来到相应的上课地点进行学习。

（三）"跳级制"完善了"走班制"

在汉语班中,学生的年龄不同,接受学习的能力也不同,一个学年下来,学生进步的程度也不同,这就决定了"走班制"学科教学班的学生不是一成不变的,而是进行阶段性流动的。每学年末,学生根据自身的学习情况递交汉语班的跳级申请,学科老师根据学生形成性测试以及诊断性测试,并综合各个方面的情况向学校进行推荐。学校安排统一的跳级测试,成绩达到标准的学生才准予跳级。这种跳级制度的实行,使得"走班制"成为以尊重学生原有学习基础、承认学生现有学习成果的合理的流动机制。

三　"走班制"实施的效果

多年来,我们觉得"走班制"这种教学组织方式非常有益于国际部学生的发展。其优点主要表现在以下几个方面:

（一）学生主体地位彰显

"走班制"尊重了学生原有的知识水平。这样一来,任课教师可以很好地按照学生的学习基础和接受能力、兴趣特长等确定教学活动;学生也可以有的放矢地选择、安排自己的课程结构,学会如何正确评价自己,正确估计自己的能力,并逐渐找到将来发展的方向。

（二）充分调动了学生学习的主动性

"走班制"的教学组织方式充分赋予学生的主体地位,克服了传统的班级授课制度下所有学生读同一本书、上同样的课、做同样的练习,而忽略学生自身成长中发展的差异性和不平衡性等缺陷,最大限度地让具有不同兴趣爱好、不同学习基础、不同学习能力的学生获得与自己最相适宜的发展环境。有了相适宜的发展环境,学生学习的主动性自然而然就被充分调动出来。

（三）学生的自信心得以提升

"走班制"的学习组织方式下，学生按自己的学习水平、自我发展的需要、自身的兴趣和特长自主选班，有了适合自己的学习环境，这样能增强其自信心和成就感，他们也就能够品尝到成功的快乐，减轻压力，始终保持乐观的情绪和平衡的心态，从而都能获得不同程度的发展。

（四）有利于扩大交际范围

"走班制"使得学生的交往范围扩大了，学生不仅可以认识自己年级自己班级（行政班）的同学，还可以认识不同年级不同班级（汉语班、英语班、选修课班）的同学。这样就加大了同学间的相互影响，有利于增强同一层次学生之间的竞争意识和合作意识。

（五）有利于教师教学

实行"走班制"后，同一课堂上课的学生的基础差异大大缩小，教师在施教时就能更加有的放矢、目标明确、针对性强，可以增大课堂教学的容量，从而进一步提高课堂教学质量和效率。

四　"走班制"亟待解决的问题

在"走班制"的实施过程中，我们也遇到了一些新情况、新问题，这亟须我们随时研究和解决。因为这些新情况、新问题可能会导致学生的学习、生活走入另一种困境。"走班制"当前的突出问题有：

（一）分班前的测试有待进一步优化

目前芳草地国际学校国际部分班前的测试形式比较简单，分为口试和笔试两个部分。仅凭几分钟的交谈和一张试卷，这种测试肯定是不全面的，而且试卷构成及测试内容的科学性、测试结果的准确性都有待进一步观察和研究。

（二）"走班"学生的管理有待进一步加强

学生"走班"上课，势必会给班级管理带来一定的困难。学生所属行政班的班主任的工作会因此变得复杂得多。"走班"学生是上课来、下课走，汉语班、英语班的任课教师对这些学生的德育教育以及课后学习辅导工作很难开展，这也不利于学生的发展。

五　结语

"走班制"是一种全新的管理和教学思路，是促进学生全面成长的新型学习组织方式。虽然目前在具体的实施过程中还存在一些问题，但瑕不掩瑜，"走班"让每个外籍学生都拥有了属于自己的"课程套餐"。这就形成了一个开放、灵活、受教育者主动参与学习设计的教育环境，有利于外籍学生更好地在中国的中小学进行学习。

中学阶段对外汉语教学
分层次教学的设想和研究

北京市第五十五中学　王增仪

新中国的对外汉语教学经过近 60 年的发展,在对成年外国留学生的汉语教学方面,已逐渐形成较为完备的课程教学和评价体系,同时也有比较充足的教材资源;但相对于大学阶段的对外汉语教学来说,中小学阶段的对外汉语教学还比较薄弱。

近几年来,大量中小学留学生涌入中国。可是在市场扩大的同时,我们发现,国内还没有一套完整的、针对中学对外汉语教学特点而设计的课程教学模式和评价体系,无论是从理论上还是从实践上,中学对外汉语教学的研究都存在大量的空白。不少学校在制订教学目标、教学计划,确定教学方法、评估方式以及选编教材时,没有系统的、科学的理论依据参考,存在着很多的问题和困惑。

就目前的外籍中学生生源来看,他们来自世界各个国家和地区,文化背景和受教育的经历有很大差异,他们的汉语水平、学习汉语的目的以及将要在中国学习和生活的时间长短也各不相同。如果不分析这些不同,甚至忽略这些差别,那么教学活动将无法开展。因此,以学生的汉语程度为标准,参考学生学习汉语的目的,以及学生今后的发展方向,将学生进行细化分班,是保证教学活动顺利开展、保证教学能够取得很好效果的重要保证。

一　学生的多样化决定了教学的多元化

(一) 学生的多样化

目前在中学学习的外籍留学生大概有这么几种情况:

1. 完全没有汉语基础,因父母工作关系,随同父母来中国就读的学生。这些学生的汉语程度比较低,基本处于零起点。他们学习汉语的目的,一是为了能够方便在中国的生活,二是了解汉语和中国文化。这部分学生在中国学习汉语的时间依父母工作时间长短而定,因此目的性不是很强。

2. 汉语基础较差,准备通过汉语补习以便插到正常班进行系统学习的学生。他们的发展方向或是在中国上大学,或是准备将来回国上大学。

3. 曾在本国或其他地方学过汉语,有一定的汉语基础。他们准备通过更深入的学习,提高自己的汉语水平。他们的发展方向大多是准备通过 HSK 考试,在中国大学深造。

4. 学习汉语时间较长,有较扎实的汉语基础,有学习汉语的生活环境的学生。这部分学生主要是在国外定居、回国发展的华裔。

5. 还有一部分申请就读国际文凭项目的学生,汉语只是他们学习的众多学科中的一科。其他学科所运用的教学语言为英语。

(二)对象多样化决定了教学的多元化

学生的学习经历和生活背景存在种种差异,学生的汉语水平参差不齐,学生今后的发展方向也各不相同。因此,要顺利完成教学任务,达到我们预期的教学目标,使所有的学生都能够学有所得,这就需要我们施教者具有多元文化意识,要设置一套完善的管理机制,勇于突破以往的教学模式,给所有的学生创造一个与其需求相适宜的语言学习环境。目前,北京市第五十五中学国际部所进行的"对外汉语分层次教学"就是这方面的一次有效尝试。

二　根据学生的实际情况以及汉语水平分班

经过多年的教学探讨与实践,北京市第五十五中学国际部在汉语教学中,根据学生的学习经历和生活背景,综合考虑学生的不同需求,同时兼顾学生不同的年龄段,采用了"中学阶段对外汉语分层次教学"的方法,使学生学有所得,取得了一定的教学效果。

分层次教学的具体方法是:按照学生的汉语水平情况以及学生今后的发展方向分为 A 班、B 班、C 班和汉语补习班。分班的依据是:

A 班:以华裔学生为主,包括那些在中国学习汉语时间较长、基础较好的学生。他们的学习目的及发展方向是准备在中国上大学。

B 班:有一定汉语基础的外籍留学生。他们的学习目的及发展方向是准备在中国上大学,准备参加汉语水平考试,获得相应的汉语水平证书。

C 班:学习时间较短、汉语基础较差的外籍留学生。这部分学生有一定的流动性。他们的学习目的以及发展方向是准备回国考大学或随时跟父母回国学习。

汉语补习班:汉语零起点的外籍留学生。经过半年汉语补习,准备插入相应的正常班级学习。

这样分班的好处是：既可以满足学生的不同需求，又便于教师根据学生的具体情况选择不同的教材与教法。即尽可能地给学生创造一个与其需求和能力相适宜的语言学习环境，搭建起语言文化阶梯，力求让学生在轻松的学习氛围中打好汉语学习的基础，使处于各个语言层次的学生在所提供的学习环境中都能够如鱼得水，各有所得，从而顺利地步入中国语言文化的大门。

三　根据学生的不同情况、不同水平选择教学内容

教材是教师将知识传授给学生、培养学生能力的重要媒介物，因此教材的选择至关重要。目前的对外汉语教材其目标对象主要是成年人，很多内容不符合中学生的心理和认知特点，教师必须根据学生的具体情况对教学内容进行选择或添加。选择教学材料的原则是：

一是内容应具有较强的趣味性。这主要是为了激发学生学习汉语的兴趣，是保持学生学习热情的关键。可选择一些具有浓厚的中国文化特色、趣味性强的小故事，如传说、寓言、成语故事等。这类教学内容比较适合初级水平的学生。

二是内容要具有中国文化特色。语言是不同国家和民族之间交往与文化传播的工具，藏在语言背后的则是丰富的文化内涵。在教学材料选择中，应把语言的学习与文化知识的传授有机结合起来，让学生在语言学习过程中了解中国的民族传统、生活习俗、风土人情等，比如中国的名胜古迹、中国的传统节日、中国的传统文化（医学、京剧、书法、武术等），以及中国古老的传说故事等。让学生通过语言文化的学习，逐步了解中国人的生活，融入其中。这类教学材料适用于具备一些语言基础的学生。

三是内容的实用性。随着学生汉语水平的不断提高，要逐渐加大学生的阅读量，这主要是帮助学生将所学的语言知识较快地应用于实际生活和学习之中。因此，所选材料的题材要广、体裁要多样、阅读量要加大。教师要努力给学生创造更多的语言环境，使学生已学过的知识在各种不同的语言环境中得到使用。这类教学材料适用于具有中级语言水平的学生。

四是内容要有知识性和科学性。由于对外汉语教学具有跨学科的特点，因此在逐步提高学生语言水平的基础上，扩大学生的知识范围，结合各学科的特点，加大各种科学知识（如人文知识、科技信息、社会问题等方面的内容）的比重，培养学生阅读和写作汉语各种文体文章的能力，以及分析与理解的能力，从而为学生学习其他课程打下良好的基础。

五是要突出文学性。对于汉语水平已经达到较高程度的学生来说,他们已具备了一定的分辨能力,因此教学材料可以向文学作品方面引导,要有目的地培养学生的文学欣赏能力。在我国璀璨的文化宝库中,有不少适合学生阅读并值得向学生推荐的文学作品,我们可以通过这些作品的阅读,培养学生对文学作品的兴趣和鉴赏能力,并帮助学生更深入地了解中国悠久的历史文化,使学生的汉语言文学水平更上一层楼。

除此之外,教材内容还要考虑到学生的年龄特点、心理特点,同时还要兼顾学生语言学习的系统性,以及认知过程,要由浅入深地、分阶段地进行教授。

四　根据学生的具体情况采用不同的教学方法

教学材料和教法是相辅相成的,教师应该在学生与教学材料之间起到桥梁作用,也就是说,学生通过教师学习教学内容,教学材料又通过教师把内容传授给学生。因此,教师的作用是至关重要的。针对何种语言程度的学生,使用何种教学材料以及如何教会学生,怎样制订教学目标,都是不可忽视的。

根据我校多年教学实践,从对外汉语分层次教学的角度来说,这方面的正常班学习教学可分为以下几个阶段:

(一) 汉语入门阶段——汉语补习班

目的是打好汉语基础,为顺利插入正常班学习做准备。教学重点突出趣味性和生活实用性。教学内容包括:

1. 训练学生的标准发音,在掌握汉字之前能够利用拼音认识物体和简单会话;为学生以后能够正确使用拼音作为自学的拐杖打好基础。

2. 初步了解汉字的构造与特点,提高学生学习汉语的兴趣,使汉字成为易懂易学的文化交流工具。这部分可以借助一些图片帮助学生掌握。

3. 增强学生日常生活交际能力,重在对学生进行听说技能方面的训练。可以给学生创造一些条件,提供有关的语言环境,让学生能够使用较为简单的汉语进行交流,并在具体生活中得到体验。

(二) 初级汉语阶段——汉语 C 班

在扩大词汇量的基础上,掌握汉语中的常见句式,逐步提高学生听、说、读、写的综合能力。同时将中国文化知识渗透于汉语教学之中,使学生在学习汉语的同时,逐步了解并接受中国的传统文化,增加学生对中国传统文化的兴趣,进一步增强对中国的了解。在教学中可以使用多种教学手段,借助包括音像教材、影视作品等,以及外出文化考察和语言实践活动。

(三)中级汉语阶段——汉语 B 班

这一阶段注重学生阅读与写作能力的培养,进一步扩大学生的知识面,重点突出知识的广泛性与多元化。在学生有了一定的汉语基础并了解了一定的中国文化的基础上,应进一步扩大学生的知识面,提高学生的阅读能力。在教学材料选择方面,注意涉及的内容范围要广。同时,通过阅读使学生了解中国方方面面的信息,引起他们对各方面问题的关注。比如中国人的家庭生活(习俗、情感等),中国的社会问题、经济状况,以及人文科普等方面的知识。有意识地为学生提供一些可能引起他们兴趣的话题,指导学生如何分析与思考,提高学生的阅读理解能力。同时,还要有目的地增加一些文体知识,训练学生写一些不同文体的短文,逐步提高学生的汉语写作水平。

(四)高级汉语阶段——汉语 A 班

这一阶段注重培养学生的文学欣赏能力,以及阅读和写作评论性文章的能力。这阶段学生的汉语水平已经达到了较高的程度,并且已有了一定的判断和分辨能力,因此教学材料可以向文学方面引导。教师可以有选择地使用教学材料,向学生推荐一些优秀文学作品。同时,在如何欣赏诗歌、小说、戏剧、散文等方面给学生指导,并要求学生写读后感或人物评论,培养学生对文学的兴趣和鉴赏能力,以及阅读和欣赏各类优秀作品的能力。还可以鼓励学生进行个人创作,教师给予点评。

五 开阔学生的眼界,将社会作为第二课堂

学习语言不应仅仅限于书本上的、课堂内的学习,而更应重视其文化的延伸和认知世界的开拓。教师要不断启发学生借助语言去认识外界事物,并利用各种形式使学生对语言与文化有更深刻的认识。因此,在汉语教学中应该重视提高学生的综合能力,引导学生在生活中、在实践中去发现、去研究、去追求,自主地去获取更多的知识。

教师可以根据教学内容,经常组织各个不同语言层次的学生开展课外的语言文化实践活动,让学生更广泛地接触社会,进一步开拓学生视野,了解中国源远流长的历史,更深入地领略中国的文化。如可以组织学生参观文化场馆(比如历史博物馆、现代文学馆、自然博物馆、中华民族园),进行社会调查(比如了解北京的京味儿文化——胡同、四合院、老字号商店;参观老北京的建筑,体验北京人的生活,了解北京的历史文化),开展

文化考察活动（比如考察苏杭，欣赏中国的园林文化、倾听美丽的神州传说；考察四川青城山，了解中国道教文化、参观杜甫草堂；考察山西，参观古老的商号、平遥古城、晋祠以及富有特色的大院，了解晋文化；考察山东，参观孔府、孔庙，了解孔子及其教育思想，领略泰山的雄伟壮观；考察陕西，参观兵马俑，了解秦始皇，欣赏西安碑林的书法艺术）。当然，开展的各项课外社会活动不应该是盲目的，而应该是有计划有目标的、与我们的教学内容密切相关的。除了语言教学外，还要考虑到与各学科知识的结合，因为各学科教学使用的都是汉语，因此还兼顾到知识面的整体。

在开展活动之前，可以先由各学科教师进行讨论研究。比如考察前可以就以下几个方面进行研讨：根据不同年龄的学生、不同的语言程度以及不同的学科重点选择不同的目的地；本次考察跟哪些学科可以结合起来；本次考察确定什么样的主题；将要参观考察的地方可以了解哪些方面的文化知识，学生在参观期间要搜集哪些方面的材料以及怎样搜集材料等。各学科教师要围绕主题给学生进行考察前的辅导（包括文字和图像的），让学生有目的、有准备、带着问题参与到各项活动之中。考察结束后，学生需要完成与其语言程度相适应的调查报告或作品。

经过多年的对外汉语教学实践，中学阶段对外汉语分层次教学取得的成效还是很明显的。希望借助此文与各位同行共同探讨，协力推进中学阶段对外汉语教学研究的不断发展。

对外汉语的"教学路子"

北京市朝阳区芳草地国际学校　　刘月婵

毋庸讳言,我国对外汉语教学的效率还不能令人满意。原因是多方面的,但是跟教学理论和教学方法的研究不是毫无关系。正如刘珣教授所说:"中外汉语教学工作者普遍对目前汉语教学效率不满意。……我们不能把教学效率不高完全归咎于汉语本身的特点和难点,以及汉语学习者汉语水平起点低等客观原因。根本原因可能还在于我们没有找到针对汉语特点的学习规律与教学规律,汉语作为第二语言教学的教学体系还不完善,教学方法还需进一步改革。"我们在汉语教学理论和教学方法研究上存在的最大问题就是对汉语的特点缺乏足够的认识,总是在西方语言学理论和语言教学理论的框架内思考问题。不同意见的讨论和争论,也总是拿西方语言学理论和语言教学理论作为立论的根据,很少从汉语的特点出发研究问题。即使提到汉语的特点,也缺乏更深一层的思考。这说明我们在汉语教学的研究上存在着一个误区。正因为如此,我们至今还没有找到一条符合汉语特点和汉语学习规律的教学路子。教学路子不对头,就不可能取得最佳教学效果。

一　什么是教学路子

第二语言教学的路子,跟第二语言教学的目的和内容有关。人们学习一种第二语言,是为了获得这种语言的语言能力和语言交际能力。当然,学习第二语言还有其他目的,例如开发智力、准备升学、提高文化素养等。但是这些目的只有通过获得一定的语言能力和语言交际能力才能达到。因此,进行第二语言教学要把帮助学生获得所学语言的语言能力和语言交际能力作为直接的教学目的。

语言能力和语言交际能力是由知识和技能两个方面的要素构成的。这里所说的知识,是指语言知识、语用知识和相关的文化知识。语言知识又包括语音、词汇、语法和文字等要素以及关于语言和语言要素的理论知识。这里所说的技能,是指听、说、读、写等言语技能和相应的言语交际技能。这些也就是第二语言学习和教学的基本内容。

我们知道,语言知识、语用知识和相关文化知识是客观存在的,不会因为任何个人是否存在而受到影响;而言语技能和言语交际技能则总是跟具体的人联系在一起,是具体的人的技能,离开了具体的人,就无法体现这样的技能。客观存在的知识可以由传授而获得,属于个人的技能却需要经过训练才能掌握。言语技能和言语交际技能必须以客观存在的语言知识、语用知识和相关文化知识为基础,但是这些知识必须通过转化才能成为学习者个人的技能。转化的办法就是结合知识传授进行技能训练。因此,所谓语言教学,实际上就是通过适当的途径和方式以及相应的方法和技巧,把客观存在的语言知识、语用知识和相关的文化知识转化为学习者个人的言语技能和言语交际技能。语言教学的任务就是通过知识传授和技能训练去促成由知识向技能的转化。

要通过知识传授和技能训练来帮助学生完成由知识向技能的转化,就必须设计出进行知识传授和技能训练的途径和方式。这样的途径和方式就是教学路子。例如,把各种知识的传授和各项技能的训练放在同一门课中进行,就称为"综合教学";通过开设听力、口语、阅读、写作等专项技能课分别训练不同的技能,并围绕不同技能的训练进行相关知识的教学,就称为"分技能教学";既开设综合课,又开设专项技能课,就称为"综合教学与分技能教学相结合"。"综合教学"、"分技能教学"、"综合教学与分技能教学相结合"就属于不同的教学路子。又如,用同一种教材在同一门课中既教语言又教文字,就称为"语文一体";通过不同的课型分别教授口头汉语和书面汉语,就称为"语文分离"。把"词"作为基本语法单位进行教学,使汉字教学附属于词汇教学,可以称为"词本位"教学;把"字"作为基本语法单位进行教学,可以称为"字本位"教学。"语文一体"教学和"语文分离"教学、"词本位"教学和"字本位"教学也属于不同的教学路子。

总体来说,所谓语言教学路子,就是经过人工设计的为实现某种教学目的而进行知识传授和技能训练的途径和方式。

二　为什么要研究教学路子

人们走路,从出发点到目的地,走直线就是走近路,走曲线就是走远路。走远路就要多花时间和气力。语言学习和教学也好比走路,存在着"走近路"还是"走远路"的问题。按照正确的路子学习和教授语言就等于"走近路",按照错误的路子学习和教授语言就等于"走远路"。教学路子对于语言学习和教学的重要性就在于此。

语言教学路子是一种客观存在,只要进行语言教学,就必然会遵循一定的教学路子。我国对外汉语教学现行的教学路子不是只有一种,但是有一种教学路子已占据主流地位。这种占主流地位的教学路子的特点可以归结为:以培养汉语能力和汉语交际能力为基本教学目的;以"语文一体"和"词本位"为基本教学模式;按照综合教学与分技能教学相结合的思路设计课程;主张结构与功能相结合,重视跟语言理解和语言使用相关的文化知识的教学;提倡交际性原则和实践性原则,要求"精讲多练"。这样的教学路子是在借鉴西方语言教学理论和教学方法并不断总结自己的教学经验的过程中逐渐形成的。这种教学路子虽然融合了自己的教学经验,但是并没有突出汉语教学的个性。"语文一体"和"词本位"教学模式则在很大程度上背离了汉语的特点。

"语文一体"的教学模式不严格区分口语和书面语,不系统介绍口语体语言和书面语体语言的区别,不做语体转换练习;对阅读训练,尤其是大量和快速阅读训练的重视程度还远远不够。这种教学模式培养的学生阅读能力普遍滞后,不能通过课外阅读吸收更多的知识;书面表达能力差,即使是高年级的学生,写出的文章语体不伦不类的现象也相当严重。有些国外同行反映,他们的学生到中国学了一年半载以后,口头表达能力有了明显提高,书面表达能力却不见长进。其实,学生口头表达能力的提高,除了得益于课堂教学以外,还得益于中国的语言环境。

"词本位"教学把词作为基本语法单位,把汉字作为单纯的书写符号,使其附属于词汇教学。把词作为基本语法单位,学生难以对双字词和多字词中的汉字形成独立的概念。汉字不能形成独立的概念,就不便在大脑中单独储存和提取。例如,学了"欢迎"以后,头脑中就只有"欢迎"这个概念,而没有"欢"和"迎"这两个概念。只有当这两个字连在一起的时候他们才能识别,如果分开来,就有可能发生混淆,把"欢迎"念成"迎呼",把"迎接"念成"欢接"。同样,学了"唱歌"以后,头脑中就只有"唱歌"这个概念,而没有"唱"和"歌"这两个概念,看到"歌唱"仍然念成"唱歌",看到"歌舞"会念成"唱舞"。学了"汉语"以后,头脑中也只有"汉语"这个概念,而没有"汉"和"语"这两个概念,以后再学习"汉字"和"英语"时,不能把"汉字"中的"汉"与以前学过的"汉"字联系起来,也不能把"英语"中的"语"跟以前学过的"语"字联系起来。这说明,"词本位"教学不符合汉语的认知规律。不仅如此,由于不了解字义,也就难以掌握确切的词义。例如,我们把"学习"翻译成 study,但是 study 并不能传达"习"字所含有的"温习、练习"等意思。我们把"汉语"翻译成 Chinese language,译文与原文的意思相去更远;如果翻译成 Han language,就必须对 Han 做专门的解释。我们把"人山人海"翻译成 a sea of people 或 huge crowds of people,把"情不自禁"翻译成 can not help 或 can not refrain from,译文虽能达意,却不如原文生动和传神。以上关于汉字认知和词义理解的问题随处可见,足见问题的普遍性和严重性。上述汉语词语也代表了汉语的某些结构方式,而汉语的结构方式反映了说汉语者的思维方式。汉语学习者只有深刻了解汉语的结构方式,才能学到中华文化的精髓,逐渐学会用汉语思维。而"词本位"教学却不介绍汉语词语的内部结构规则。

与"语文一体"和"词本位"教学相联系的是教说什么话,就教写什么字,无法按照汉字形体结构的特点由易到难地进行汉字形体结构的教学。假设第一课教的是"你好、谢谢、再见"这几句话,就要同时教"你、好、谢、再、见"这几个字。虽然这几句话很有用,也不难学,但是这几个汉字却比较复杂。初学汉语的外国人看到这些汉字,就认为汉字都像图画,一开始便产生了"汉字难学"的心理障碍。可见,"语文一体"和"词本位"教学模式是造成"汉字难学"的重要原因。

上述情况说明,要提高汉语教学的效率,必须改变"语文一体"和"词本位"的教学模式,探索新的教学路子。

一种语言的教学路子,必须与这种语言的特点相一致。我国对外汉语教学现在占主流地位的教学路子存在的主要问题就是在很大的程度上背离了汉语的特点。因此,探索汉语教学的新的教学路子,必须首先在汉语特点的研究上下工夫。

试论对外汉语教学的评估

——以北京市世青中学对外汉语教学评估体系为例

北京京西学校　钟焱莉[①]

一　建立对外汉语教学评估体系的要求和内容

对外汉语教学不仅是汉语教学,而且是汉语作为第二语言教学。对外汉语教学的评估应是一个体系,而不只是一套方法。针对不同的接受对象(教育对象和教学对象),应设定不同的评估要求和内容,采取不同的评估方法。

(一) 汉语补习班的评估

汉语补习班的教学对象是汉语零起点的、准备或正在接受初中教育或高中教育的留学生。教学目的是通过一段时间的汉语学习,使学生具备一定的汉语词汇量,能够用汉语满足基本的学习和生活需要。因此,这部分教学的评估内容包括以下几个部分:

1. 学生掌握的常用汉字和汉语词语的数量。

(1) 掌握 400—600 个常用汉字的音形义。

(2) 具有区分字词的能力。

(3) 具有把汉字扩展为词的能力。

(4) 接触 1000 个左右的常用词。

2. 词语搭配的能力。

(1) 以中心字词为基础,向左或向右扩展成词语、词组或固定短语。

(2) 能够把一些散乱的词语按照一定的结构排词成句。

3. 排句成段、排段成篇的能力。

(1) 有非主谓句和主谓句等常用的基本句型的构句能力。

① 作者原在北京世青中学(北京世青国际学校)任教,现任教于北京京西学校。

（2）能够把顺序打乱的句子按照句子与句子之间的逻辑关系或语义关系重新排列顺序。

（3）能够把结构层次混乱的文章,重新按照段与段之间的逻辑关系排序。

4. 运用文字进行表达的能力。

（1）具有句、段、篇(300 字左右)的阅读能力。

（2）会写请假条、申请、留言等 200 字左右的应用文。

（3）能简单地记事写人。

根据以上四个依据,教师在教学过程中确定出自己的教学目标、教学内容、教学方法以及教学安排。对这部分教学评估的最终依据是学生所具有的汉语运用的综合能力。

（二）初中教育的评估

初中教育是基础教育,它的教学对象是在原所在国已经是初中生或高中生、汉语水平已达到汉语水平考试(HSK)3 级以上的学生。它的教学目的是在阶段学习中,能够根据已经掌握的汉语词汇,进行词语的辨析、段和篇的阅读、写作,使汉语水平考试(HSK)达到 6 级或 6 级以上。这个阶段的教学相对汉语补习班阶段的学习,在难度和深度上都有大幅度的提高,所以对其教学活动的评估要求更高,也更复杂。世青中学对外汉语教学对这部分评估的具体内容如下:

1. 语体性质的辨析运用。

（1）大量接触汉语字(700—1500 以上)词(1000—4000 以上)。

（2）了解关于汉字的基础知识,了解"六书"中的造字法(尤其是形声字),能够区分使用同音字、多音字、多义字和形似字。

（3）知道同义词、反义词,褒义词、贬义词的意义和应用语境。

（4）学会正确组合各种短语。

（5）加强对成语的理解和运用。

（6）注意对口头语汇及俗语的理解使用。

（7）了解由语素至句群的语法知识。

（8）了解常用修辞格。

（9）正确使用标点符号。

2. 篇章结构的把握,文章主旨的分析,重点词句的理解。

（1）读懂句、段、篇,知道它们之间的内在联系,会分析它们的内在含义。

（2）抓准段旨及文章中心。

3. 按照题目要求写出符合要求的文章。

（1）理解各种特殊句式并会使用及相互变换。

（2）能够表达较细腻的感情。

（3）分别能写 600—800 字以上的记叙文、说明文和议论文。

（4）掌握通知、启示、书信、计划、日记等应用文的写作。

（三）大学预科教育的评估

大学预科教育主要是针对北京大学和清华大学等中国高等院校的招生考试而进行的应试准备。这个考试相当于中国的高考，其对象是在京的外籍适龄学生。教学的主要目标是使学生在一定时间的学习后，能够通过大学的入学考试。对于这部分教学活动的评估，具体评估内容如下：

1. 语言基础知识的掌握程度。

（1）掌握常用字 900 个以上，常用词 2500 个以上。

（2）了解各种文体知识和各种写作手法。

（3）能够背诵并理解中国古代的著名诗句和名言警句。

2. 语言能力和言语交际能力的培养和训练。

（1）能够辨析同（近）义词的具体意义，区分各自的具体用法。

（2）能够运用不同的句式表达自己的感情和目的。

（3）能够运用多种修辞方法来增强文章的情感，表达写作的目的。

3. 综合运用语言能力的培养。

（1）能够按照题目要求完成作文。

（2）能够准确地驾驭语言，让语言为自己的表达服务。

（3）文章结构严密，层次清晰。

（4）文章立意鲜明，语汇丰富，文采飞扬。

（四）特色教育的评估

特色教育是世青中学自办学以来一直保持的一种教学活动，它以学生的主动参与、自主的活动和书面报告的形式加以展现。其主要的教学目的是使学生通过一定的社会实践活动把学到的知识运用到实际活动中去，是活化课堂、灵活教学的一种有效手段。学生通过自己的观察和体验，把眼中所见、心中所想，以报告的形式总结成文章作为一个作业，从而提供了教学评估的依据。对它的评估，有以下具体内容：

1. 发自内心的真实的所见所感。

（1）对参加的活动有较深刻的理解。

（2）能够通过文字或图片表达自己对活动的理解。

2. 生动形象，特殊典型。

（1）能够运用已掌握的词汇或句子表达自己参加活动的感想。

（2）能够抓住活动的特点或特殊意义。

（3）能够图文并茂地说明活动的趣味性。

（4）有自己独到的见解或独创的研究。

3. 具有模范作用。

（1）能够给人以启示。

（2）通过报告，能够告诉别人活动的深刻意义。

（3）能够挖掘活动存在的普遍的和特殊的意义。

以上是世青中学课内外各种教学活动的概述（图1）。看似简单，但运作也有相当大的复杂性，落实这些评估要求和内容是所有教学活动的主要目的，也是教师教学的主要方向。

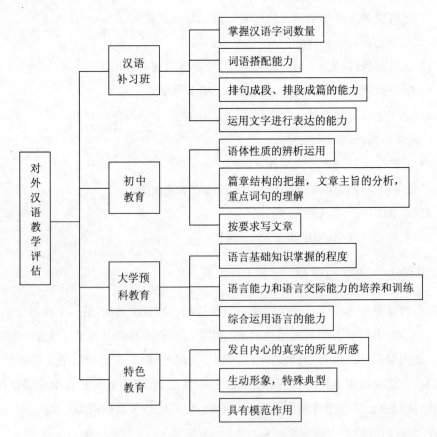

图1　对外汉语教学评估系统结构图

二　对外汉语教学中几个重要方面的评估方法

汉语教学评估要求和内容的确立,为评估体系的建立提供了切实可行的依据。学生在通过汉语补习班、初中教育、大学预科教育和特色教育等几个过程的学习,能够实现汉语教学的最终目的,即无障碍地进行言语交际活动。而言语交际活动的四个基本构成就是听、说、读、写,对这四个方面的评估也就构成了对汉语教学评估体系的几个重要方面。

（一）关于"听"的评估

"听"是一切言语交际活动的前提。听话人能够准确筛选出说话人话语中的有用信息,并能正确理解说话人的意思、意图和感情。这就要求听话人对词语、句式、语气、语调等语言知识有很好的掌握。因此,对"听"的评估方法就不能不对听话人对语意的理解能力、判断能力、反馈能力、联想能力等进行评估。世青中学对听力的评估根据所听内容的难易程度、复杂程度及语速的快慢来确定,从高到低分为 A、B、C、D、E、F 六个等级(图 2)。

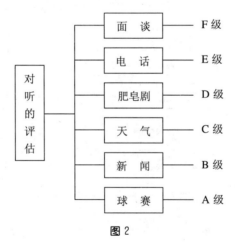

图 2

（二）关于"说"的评估

"说"是一切言语交际活动的基础,没有"说",就没有交际。"说"不但能够反映出交际一方对"听"到的语句的理解、判断能力,同时也能反映出听话人的表达能力和表达技巧。因此,对"说"的评估的范围就更加宽泛。世青中学对"说"的评估从高到低分为 A、B、C、D、E、F、G、H 八个等级(图 3)。

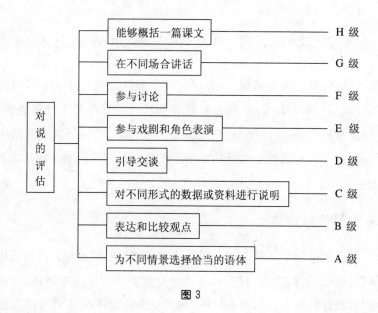

图 3

（三）关于"读"的评估

"读"是扩大词汇量、提高阅读理解能力、获得更加准确信息、感知和了解汉语言文化的重要途径，它是书面表达的一个方面，是学生语言基础知识和理解能力的综合体现。对"读"的评估，世青中学从高到低分为 A、B、C、D、E、F、G、H、I、J 十个等级（图 4）。

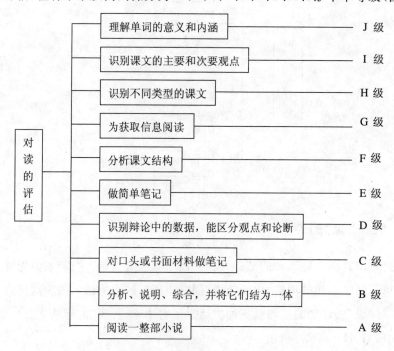

图 4

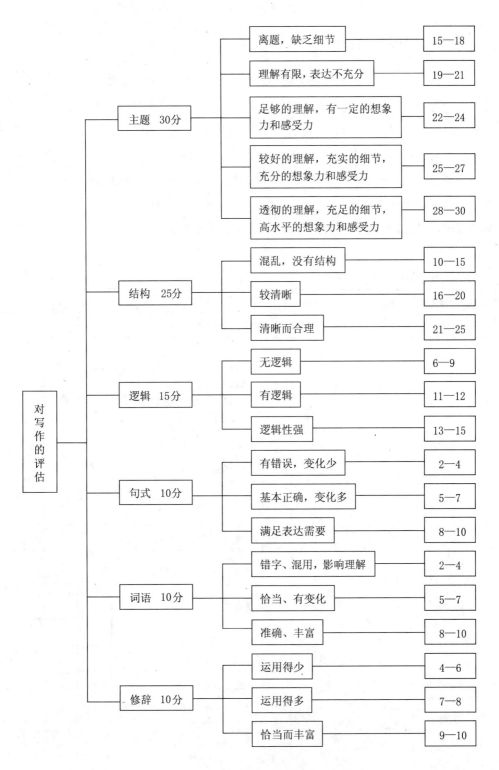

图 5

（四）关于"写"的评估

写作是学生综合运用语言能力的一种体现,通过写作训练,能够培养学生语言总体的感知能力和运用能力,同时也能从中发现学生潜在的语言能力和已有的知识结构。教师可以根据学生作文的写作情况来判断学生在学习过程中出现的误区和欠缺,这对教学的方向和内容都具有很好的借鉴作用。通过下面的评估原则(图5及表1),教师可以比较统一而公平地批改学生的作文,同时也使学生在写作的时候有章可循,也就能在不断的训练中逐渐完成汉语作文的写作,并能达到一定的水平,这样不仅使汉语的学习得以应用,同时也使学生对汉语及汉语言文化的理解更加深入。

表 1　量化指标

总　分	100—87	86—73	72—60	59—40	39 以下
等　级	A	B	C	D	E

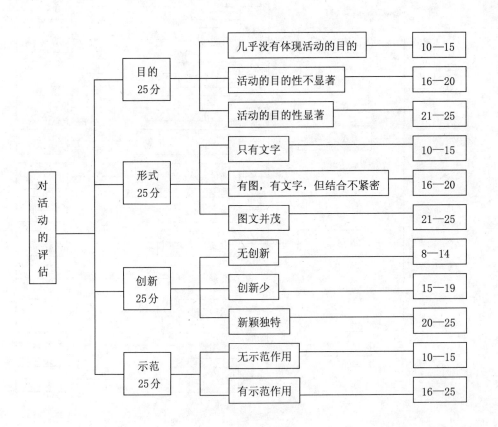

图 6

（五）关于活动的评估

校外活动是世青中学较有特色的实践性教学活动，如中华文化游。这样的教学活动的主要目的是让学生在游玩过程中深切体会中国传统文化和不同地域反映出的各个历史时期的不同风貌，运用所学的各种知识去体会、实践，并用汉语写成报告，作为作业交给教师进行评估。

活动要做好安排。在活动前，教师会根据学生的活动地点确定活动考察的题目（一般情况下会有几个可供选择的题目），并提供给学生一些相关知识，这些知识都是与中国传统文化有关联的。学生在几天的实践活动结束之后，以报告的形式交上一份书面作业。学生和教师先后对其进行评估，并给以一定的等级。活动的评估一般会依照以下的评估原则（图6及表2）：

表2　量化指标

总　分	100—80	79—63	62—46	45 以下
等　级	A	B	C	D

三　对外汉语教学评估案例

教学的评估体系建立后，检验其合理性和有效性就依赖于针对不同目标和对象而进行的各种教学活动。教学活动就是评估体系的实践性再现。下面以一篇作文的批改为例，说明世青中学评估体系和评估方法的具体操作。学生作文如下：

我和小说

可能是因为我的感情很丰富，不管读哪种小说都对我的心理影响很大。这样，我觉得小说最会改变我的习惯和性格。

最近给我影响最大的是《野草信》。它不是一本普通的书，是由七十多封信构成的。这些信是一位被认为是间谍而被囚禁监狱的人，从一九八五年他三十岁的时候到一九九八年他四十岁的时候，在监狱里给家人写的信中选出来的。

当他从汉城农业大学毕业后，到了美国纽约的一所社会科学院学第三世界政治的时候，学校里出了一件关于间谍的事件，所以他也被抓住，送到了韩国的监狱，那时候他没有能力反抗，只好囚禁。真实是二零零一年才被一个电视台说出来。但这可怜的人在监狱里的十三年间，一直保持了乐观的精神，在"监狱"这么恶劣的环境里他还发现了野草的魅力，从那时候开始关心并研究野草。

他写的每一封信上不只介绍了一种野草,还写出了从那个野草中联想到的实际生活情况,让人感到在这么繁华的现代大都市里谁也看不起的那些小小的野草,却不是个小野草,而是给某人的希望。这些希望和它的乐观精神能让他在监狱里过得不那么寂寞。读完这本小说以后我反省了自己,我却不是在监狱,而是在这么好的条件下生活,还对许多事情不满并悲观。从读后这篇小说,我改了我的性格,不管是多复杂的事都乐观地对待。

这样一篇小说改变了我的性格,我觉得小说不只是让人读后感到兴趣,而能改变人的性格、习惯、人生。

表3　评估标准表

评估内容	评估标准	得　分
主　题	较好的理解,充实的细节,充分的想象力和感受力	27
结　构	清晰而合理	24
逻　辑	逻辑性强	15
句　式	基本正确,变化多	6
词　语	恰当,有变化	5
修　辞	没有运用	3
合　计	80	
等　级	B	
教师评语	文章对主题的理解透彻,有自己的理解、见解和感受。结构层次清晰,行文有逻辑性,符合阅读和理解的习惯。文章也有单句和复句的交叉运用,但缺少一些加强语气、表达感情的句式,如反问句、感叹句等。在语言运用上,虽然不影响阅读人的理解,但也应该尽量避免使用意思表达含混的词语。无修辞手法的运用。 　　但评估的时候考虑到本文是考试作文,学生没有充分的时间酝酿和修改,所以在给分的时候相对宽松。	

四　与对外汉语教学评估相关的具体措施

随着评估体系的落实,为了不断提高教学质量,我们采取了一系列与教学评估相关的具体措施,如作业和作文的面批、HSK 辅导班、诗歌朗诵和翻译、辩论赛、讲故事、看电影、戏剧的排演等多种形式。

（一）作业和作文的面批

由于学生的汉语水平不同、理解力不同，所以不同的学生在学习后会出现不同的问题。针对不同的错误，个别指导是世青中学所有汉语教师坚持的一个原则，这就是当面批改，简称面批。因为学生的错误更多时候是反映在作业和写作中，所以对学生作业和作文的面批就显得尤为重要。在课堂上讲解全体学生的所有错误，学生不容易认识到哪部分是自己的错误，也不能深刻理解错误的原因，所以面对面地给学生进行个别分析、批改，不仅使学生清楚自己的错误所在，还能使学生深刻理解错误的原因，并能加深对词语、句式的理解。

案例一：学生用"不约而同"造句，"我们两总是说出不约而同的意见"。

错误	1."不约而同"不能修饰"意见"、"建议"等名词。 2. 在"不约而同"的制约下，"意见"前应该有"相同、一样、一致"等修饰成分。 3."俩"和"两"的误用。
答案	我们俩总是不约而同地说出相同的意见。

案例二：要求学生以《我的一个理想》为题目写一篇作文。

学生写作的思路是：我的理想是考上北京大学。——我的第二个理想是成为一个企业家、翻译、外交官。——我的理想是进入高二(2)班(重点班)。

错误	1. 题目要求是一个理想，不是多个。 2. 学生把实现理想的步骤和理想本身混为一谈。
解决	1. 告诉学生这篇作文应该从"一个理想"入笔，然后理顺实现这个理想所需要的条件和必要的步骤是什么，安排好结构，最后再动笔写作。 2. 文章的开头和结尾要有呼应，全文应围绕着一个主干去写，不要旁生过多的枝杈。

（二）HSK 辅导班

汉语水平考试(HSK)是检验外国留学生汉语学习情况的一个行之有效的工具，同时等级证书也是他们进入到更高层次学习的凭证。所以，汉语水平考试是很多留学生必须参加的一个汉语水平测试,开办 HSK 考试辅导班就必不可少。

我校 HSK 考试辅导班的办班原则有两个:一是针对汉语基础较差、需要强化学习的学生办班;二是针对为更好地进行下一个阶段的学习而主动要求学习的学生办班。针对这两种不同的需求,我校 HSK 考试辅导班分为初、中级班和高级班。

任课教师根据 HSK 考试大纲,制订出自己的教学计划,安排教学内容。经过 45 个学时的学习,学生的汉语水平、应试的技巧和能力都有显著的提高。

(三)辩论赛

辩论赛是锻炼学生用汉语进行论辩的最好途径,通过这样的活动不仅使学生明白论辩的主题,同时也使学生从不同角度来论证自己的观点,融所学的论证方法于论辩之中。在整个论辩过程中,论辩一方不仅要听懂对方的观点,同时也要组织语言批驳对方,无论是对语汇的理解还是对用语的精准都有很高的要求。因此,这样的教学形式使学生在富有主动性的参与中完成对词语的学习、理解,同时也使学生的逻辑思维能力得到了锻炼。

(四)讲故事

讲故事这个教学形式可以锻炼学生记忆、复述以及创造性思维的能力。故事可以是学生自己熟知的,也可以是学生根据自己的想象编造出来的,只要符合事情发展的逻辑性就可以。讲故事不仅要求学生能够通过自己的讲述让别人听明白自己的故事内容,同时还要听懂别人的故事而乐在其中。讲故事锻炼了学生的听说理解能力。

(五)看电影

看电影是汉语主题教学活动的一部分。学生要看懂电影的内容,并明白电影内容的内在意义,同时要有自己的观后感。

电影的选择一般是根据植树节、地球日、戒毒日、国际护士节、教师节、中秋节、圣诞节、希望工程等不同主题和教学内容而确定的。在看电影前,教师会介绍相关内容,或者让学生课下收集相关资料。在看完电影后,学生要根据主题和电影的内容写一篇观后感。

(六)诗歌朗诵和翻译

诗歌以最简练、最凝聚的方式表达了诗人的情感和创作意图,所以它是所有文学形式中最难理解的一种文学样式。诗歌朗诵和翻译需要学生了解诗歌的创作背景、了解创作者的生平、掌握诗歌的基本表现手法,能够读懂诗歌并能够感知诗中流露出的感情。朗诵诗歌比翻译诗歌相对容易,前者需要学生读懂诗歌并能体会诗中的感情。而翻译诗歌必须相当准确地了解诗歌的创作主旨,深切体会诗歌的创作意图和情感倾向,以及字词在诗歌意义语境中的确切含义。

翻译诗歌是对学生读和写的训练。为了让学生对翻译产生兴趣,教师安排学生从自己本国的诗歌中选择自己最喜欢的诗歌进行翻译,并进行朗诵。这样不仅锻炼了学生语言组织的能力,同时也锻炼了学生语言表达的能力。

(七) 戏剧的排演

戏剧的排演,是根据教学内容的需求,依据确定的戏剧脚本,学生在教师的帮助下完成戏剧的排演。这样的活动,不仅使学生把所学到的词汇和语句真正用到生活中去,同时也让他们在排演的过程中感受到集体的力量和集体生活的快乐,在学业和情感生活两方面得到提升。

五　结语

综上所述,对外汉语教学的评估要求和内容是根据教学对象和教学目的而确定的,不同的教学对象与教学目的决定了不同的评估内容和评估方法。对外汉语教学的评估具有相当大的适用性、针对性与灵活性,所以要做到不同教学对象有不同的评估内容,不同教学内容有不同的评估要求和具体的教学措施。

评估的目的是为了更好地提高教学质量,所以评估体系是随着教学对象和教学目的的变化而变化的,具体的操作不能僵化,否则就会使教学成为刻板的单线活动,就不能体现以"学生为本"的教学理念。

有了对外汉语教学的评估内容和要求,对外汉语教学的进行和开展就有了依据;有了对外汉语教学评估的具体措施,对外汉语教学的教学方法就有了不断完善的动力;有了对外汉语教学的评估体系,对外汉语教学的教学质量就有了不断提高的方向。

参考文献

北京市世青中学《北京市世青中学教学大纲》(内部资料)。

赵贤州、陆有仪(1996)《对外汉语教学通论》,上海外语教育出版社。

对外汉语课堂教学的原则

北京市通州区潞河中学　　陈　昱 马艺榕 阁文竹 贾立洁

语言教学是一个非常复杂的过程,牵扯到许多因素,而这些因素如果没有得到很好的控制的话,将会影响到语言教学的质量和效果。汉语教学具有其他语言教学的共性,同时它也有着与众不同的特点。汉语的独特性及语言教学中的诸多因素决定了汉语课堂教学中要遵循一定的原则,本文所阐述的是我校(潞河中学)对外汉语教学在教学内容、教学方法、跨文化交流等几方面所遵循的原则。

一　坚持用汉语教学,营造良好的学习氛围

目的语是指人们正在学习并希望掌握的语言。不论是外语或非本民族语,甚至是非第一语言的母语,只要成为一个人学习并争取掌握的目标,都可以称为目的语。对外汉语教学中汉语是目的语。在学习汉语的初期阶段,学习者以母语思考,他们习惯把母语作为中间媒介,通过母语把汉语语言形式与概念连接起来。在汉语课堂上,以汉语授课,可以帮助学生抛开母语,直接建立汉语语言形式与概念之间的联系,节省了建立这种联系的时间,让学生尽快养成用汉语思维的习惯。

我们的具体做法是,从第一节汉语课开始,所有的课堂用语尽可能全部是汉语。教师一边以较慢的速度用汉语表达,一边做动作,反复几次,直到学生理解,然后再重复几遍,加深印象。在以后的课堂上,表达相同的课堂用语时,逐渐减少做动作的次数,直至完全用语言表达,语速也逐渐恢复正常。有一些课堂用语先让学生明白具体做法,然后再强调概念。在学习汉语的初期阶段,所学的词语以实词为主。而且绝大部分可以借助实物、模型、图画、动作、手势、表情等直观的手段解释,词语与实物直接联系。通过这种形式储存在学习者大脑里的词语在需要使用时,首先反映的是汉语的概念,而不需要先反映出母语,再在母语和汉语间进行一次转换。日积月累会加快直接用汉语思维的速度。

用目的语教学,对于初学者来讲,需要一定的适应过程。在同一课堂上,学习者的

理解能力、适应能力也存在着很大差异。我们的学生大多来自同一个国家,年龄集中在十一二岁到十五六岁,他们受母语的干扰会少于成年人,而记忆力、模仿能力、适应能力又会明显优于成年人,学生间沟通没有障碍。因此那些理解能力、学习能力强的学生很快就会成为其他学生学习模仿的对象,他们也经常交换自己在学习上的体会,减少了学生因为语言障碍所带来的不适应感,形成了一种良性循环,大大缩短了学生的适应过程。在学生掌握了一定数量的词语和简单句型后,虽然还不能熟练地用汉语来表达,但他们完全能理解老师的授课语言。

　　用目的语教学对教师提出了比较高的要求。教师在讲课之前需要做大量的准备工作,这既包括一些材料的准备,更主要的是一些难以通过直观的方法来表达的词语和语法规则,教师需要认真设计环节,用有限的、学生能懂的语言把它讲清楚,使学生理解准确并会使用。这需要对学生有一个比较全面的了解和大量的教学实践,在具体的教学实践中积累经验。

　　当然,在具体的课堂教学中,我们也不能刻板地追求目的语教学,还要注意学习效率。对于一些比较抽象、难以用目的语解释或容易让学生的理解产生偏差的内容,以及语言形式和概念之间难以建立联系的内容,如果母语一点就通,我们也会借助母语。

二　在教学内容上所遵循的原则

(一)听、说、读、写全面发展,根据阶段、课型、教学目的不同有所侧重

　　听、说、读、写贯穿语言学习的始终,但是在各个阶段还是应该有所侧重的。例如在语音阶段,在完成语音教学的任务之外,还要特别重视汉字书写的示范和训练,帮助学生了解汉字的基本结构,养成良好的汉字书写习惯。我们要求每一个学生必须写一手漂亮的汉字。因此,在这一阶段特别重视示范,不仅要示范笔顺,还要告诉学生汉字怎样写才能写得漂亮。像第一课的“口”、“女”、“马”等都是特别好的例子,要一笔一画地示范,一个字一个字地指导。从写汉字的第一天起就反复强调要写一手漂亮的汉字。经过几课时这样手把手的指导,学生写的汉字大有改观。半学期下来,大多数学生就基本掌握了汉字的基本结构及特点,不大会出现丢一笔落一笔的现象。到了中级阶段,除了继续强调听说技能的训练以外,开始有目的地扩大学生的阅读范围和阅读量,在学生阅读的过程中,教师要进行一些必要的阅读指导,学生通过这样的阅读扩大自己的词汇量,逐步掌握一些阅读技巧,提高自己的阅读能力。在汉语教学的初级阶段,我们就要求学生一定要说完整的、标准的句子,随着学习的不断深入,我们特别重视用已经学过

的句型回答实际生活中的问题的训练,并通过朗读甚至是背诵优美的散文、复述成语故事等形式提高口语表达能力。在学生掌握了一定的词汇的时候,教师开始指导学生用汉语叙述自己的生活、描绘自己的感受,教师对学生的文章要逐篇批改,重点是语法方面的错误,我们把学生修改好的文章张贴在教室里,学生在这一过程中复习了已学过的知识,又有很强的成就感。在不同阶段,通过这些听、说、读、写的训练,真正达到听、说、读、写全面发展。

在课型设置上,我们强调以综合课为先导,分技能训练。但是在任何一种课型上,听、说、读、写四项技能都是不可能完全割裂开来的。在强调一种技能训练的同时,要兼顾其他能力的培养,以达到听、说、读、写全面提高。以听力课为例,听力课的主要教学内容是听力微技能的训练,而这些听力微技能的形成离不开其他三种技能训练的辅助。听力课在大量输入的同时也不能忽视输出的作用,输入和输出是语言习得过程的两端,输入的最终目的是为了输出,学习者在经历了对语言知识和材料的输入和记忆后,要进入输出阶段,才能最终完成学习过程。语言也只有通过输出才能检验输入的效果和交际的能力,否则输入只能是无果之花,是失败的输入。听说结合,听读结合,听写结合,听做结合,体现了输入与输出的统一。但是,各个课型也要突出自己的特点,比如说,同样是生词,听力课的要求和精读课肯定是不同的,一些词语在听力课上只要求能听懂能辨别,建立声音与意义的联系,不需要知道如何运用以及书写。

教学目的的不同也会在一定程度上要求我们的教学内容有所侧重。鉴于我们的学生通过汉语水平考试(HSK)以及参加学历教育的要求,我们的教学活动不仅要与汉语水平考试(HSK)紧密相关,还不能忽视学生实际语言能力的培养,以满足今后插班学习的需要。这里关键是处理好大目标和小目标的关系。大目标是使学生具备接受学历教育的语言能力,小目标是通过插班学习的基本级别。我们的教学定位应该是"语言学习——通过 HSK——具备专业语言能力",与 HSK 有关的教学只是整个教学活动有限的一部分,教学的内容应大大超过 HSK 的考试内容。学生的学习目的决定了听和读应该放在首位。但是,说、写这两项输出型的技能,不能因为 HSK(初中等)不考,就被排除在教学之外。这不仅是因为这是两项最基本的语言技能,而且还因为这两项技能对今后学生参加学历教育也是非常重要的。根据学生的这两项实际需求,我们在安排教学内容的时候,做出了一定的考虑。比如,在阅读课上,我们首先要求学生扎实地掌握 HSK(初中等)的核心词汇及通用词汇,提高阅读一般中文读物的能力,训练阅读速度,另外还在教学中引入适当的专业词汇,以缩短插班以后的适应阶段。在阅读材料方面,以印刷体的读物为主,还让学生适当读一点手写体的东西,切实提高留学生对于汉字的认辨能力。在听力课上,我们把课本上以普通话为主的听力材料作为训练重点,有针对性地培养学生八种听力微技能,另外我们还给学生听一些实际情境下的听力材料,这些材料带有方言或背景声音,在一定程度上干扰了学生的听辨,是对学生实际听力理解能力的有效训练。

(二)输入的可懂性与适量性原则

在课堂教学中,教师可以输入什么呢?杨惠元认为,输入可以包括词汇的输入,语法的输入,超语音成素(声调、重音、语调、停顿等)的输入,话语的输入和情感的输入这五个方面。根据美国心理语言学家斯蒂芬·克拉申的输入假说,人类获得语言的最重要方式是对信息的理解,也就是通过可理解的输入(comprehensible input)习得语言知识。当他们理解了输入的信息,并且让输入多少包括一点超过他们能力的语言时,语言结构也就习得了。如果信息没有意义,或者由于某种原因学习者不能理解,就不可能产生学习效果。克拉申用"i+1"来表示这种学习模式。i 是学习者现有的语言水平,也就是在自然顺序上所处的某一阶段。i+1 是在学习者现有的语言水平的基础上的再提高一步的输入,即稍稍高出他目前的语言水平,让他通过上下文、一定的语境或借助于图片、教具等非语言手段来理解 i+1 的信息,从而也就习得了该信息所包含的下一阶段的语言结构。在我们的教学过程中,教师对 i 的准确把握,以及对 1 的控制,是至关重要的。我们在每一节课上都努力遵循这一原则,力求使我们的输入都是有效的、可懂的。比如,在综合课上,我们教会学生用"你好吗"、"我很好"来互相问候,在下一阶段的语言学习中,"你好吗"、"我很好"就成为 i,我们教学生懂得"忙"、"累"等形容词的意思的时候,学生很容易用这一形式询问对方的情况,如"你忙吗"、"我很忙"、"你累吗"、"我很累"等,这些都是在 i 的基础上展开的。教师在进行这五个方面的输入时,一定要注意,哪些是学生可懂的,哪些是学生在可懂基础上继续提高的。

在贯彻克拉申这一原则的时候,还要注意输入信息的适量性,这里的适量指的是输入既不能过多,也不能过少。i+0 对于发展学习者的语言能力是没有任何意义的。i+2学习者难以理解,尤其对于中小学汉语学习者来说,他们的接受能力和理解能力与成年人相比还有一定差距,因而过多的输入,会造成挫败感,导致他们失去学习的兴趣和信心。因而,严格控制输入信息的量,是促进学生学习和进步的关键。

(三)教学目标明确,教学内容体现实用性、交际性、趣味性

在教授每一节课之前,教师对这一节课要教什么内容一定要有明确的目标,然后根据这一目标以及学生的实际情况,确定相应的教学方法。同时在教学内容的确定上要体现实用性、交际性、趣味性相结合的原则。

　　语言学习的最终目的是能自如地运用这种语言与人沟通交流。因此,在教学内容的确定上一定要密切结合学生的生活与交际,使学习内容是学习者所需要的。需要的东西自然愿意学,课上学的东西课后马上就能在交际中运用,就会激发起学生的学习积极性。特别是在语言学习的初期阶段更要避免脱离真实生活、真实语境的教学内容。我们从第一节汉语课开始,就教学生用汉语念自己的名字、同学们的名字,从认读课程表、学科名称、作息时间、身边的学习用品、常用的课堂用语、学校的建筑、食堂的饭菜名称入手,让学生首先听懂、然后逐步会说来熟悉汉语,并且保证了学生基本的学习和生活需要。大部分学生用大概一个星期左右的时间就能掌握,学生们从羞于开口、完全听不懂,到好像一下子打开了耳朵和嘴巴,很兴奋,也有了很强的学习兴趣。

　　在教材的使用上我们也坚决遵循这一原则。我们会根据学生的实际情况适当增删教学内容,使教学内容能够“与时俱进”。在教学实践中,我们根据学生的实际情况补充了“我和中国同学交朋友”、“在食堂吃饭”、“中韩学生学习、生活对比”等适应我校学生的教学内容,并辅以精心制作的多媒体课件,而这正是他们在交际中遇到的“心求通,而未通;口欲言,而未能”的问题,果然调动了学生们的积极性,而在课后他们也能够及时使用,从而巩固了教学成果。

　　我们的学生远离自己的祖国、父母来到中国,与成年人相比,中学阶段的学习者还有自我控制力较弱、不能长时间集中精力学习、看问题不够全面的弱点。根据心理学的研究,中学阶段的学生或是刚刚达到成熟期,或是仍处于半幼稚、半成熟的时期,是独立性和依赖性、自觉性和幼稚性错综矛盾的时期,他们的抽象逻辑思维虽开始增强,但仍需要具体形象的支持。长时间的、相对缺少变化的学习很容易让学生产生烦躁情绪,甚至对学习内容失去兴趣,因此,在语言教学需要的前提下,我们常常通过教学内容的多样化来增强趣味性。我们通过教学生说绕口令,猜谜语,唱中国歌,组织学生看中国电影、电视剧等学汉语,事实证明这些都深受学生们喜爱,大大激发了他们的学习兴趣,产生了良好的教学效果。

　　(四) 以规范的汉语和现代汉语词汇为主,辅以实际生活需要的交际性汉语;以教授生命力强、构词能力强的全民性词语为主;教授文明用语,讲求实用性

　　对外汉语课堂教学的主要内容是现代汉语,因此课堂教学就必定要从目前现代汉语使用过程中的实际现状出发,本着客观性原则进行教学。这里主要是指对外汉语教学中教学语料的语言规范问题。现代汉语的规范是指已经制定出的普通话语音、词汇、语法等方面的明确、一致的标准。对外汉语教学就是要用这个标准去规范学习者的汉语。

　　拿语音来说,除非学习汉语方言,否则学习者的汉语发音就应该符合汉语普通话的语音标准。但是"以北京语音为标准音"的普通话存在许多异读现象,虽然已经有了语音规范,但是社会上仍然存在着强大的两读发音惯性。比如:

> 附近:fùjìn —— fǔjìn
> 结婚:jiēhūn —— jiéhūn
> 窗台:chuāngtái —— chuāngtáir

教学中常常会遇到生词的词典注音或生词表注音与社会实际发音存在分歧的现象,甚至有的生词注音与词典注音也有出入。这主要表现在词语的声调不同。这里我们不论这种异读现象孰是孰非,实际上有相当一部分教师主张按词典注音教学,可这样就把问题隐藏了起来。学生在实际交际中还是会遇到另一读音的,这就会使学生产生疑问,甚至会发生语音方面的交际障碍。比如,"这"和"谁"词典注音为 zhè 和 shuí,而日常口语中大都读成 zhèi 和 shéi。如果学生在学习过程中没有接触过实际的读音,则在与人交际的过程中将不知所云。如果教学中教师坚持客观性原则,在介绍规范读音的同时,也如实地、客观地介绍其他读音,就不会发生异读方面的交际障碍了。我们认为,教学中不应回避异读现象。应如实、客观地告诉学生,同时指明规范读音。要求并训练学生按规范、标准读音,同时也能听懂社会上大多数人的实际发音,这种实事求是的教学态度正是第二语言教学的特点所决定的。我们强调的语言规范不是只教规范读音。还有,在课堂教学中应有意识地训练学生说规范的汉语,而不只是让别人明白意思就可以。如在词语教学过程中的组词训练中,学生组出"中国车"、"外国车"这样的词语,虽然在实际交流中中国人可能会明白这是"中国生产的车"和"外国生产的车"的意思,但是这样的词语不符合汉语规范,中国人用"国产车"和"进口车"来表达这两种意思。在课堂教学中我们不仅要指出学生用词的不规范,还要讲解规范用法,要训练学生用规范的汉语进行交际。

　　词汇是构筑语言大厦的物质材料,在语言中占有重要地位。一个人如果不能掌握足够的词汇,就无法完成意义的表达,也就不可能运用该语言进行交际。对于外语学习者,掌握一定外语词汇是很关键的。在词汇教学过程中,我们要坚持语素教学与字词教学相结合的原则,在讲解一个新词时,把那些常用的、构词能力强的语素的意义教给学生。学生在学会了一个语素的基本意义之后,在接触有这个语素组成的其他新词时,就会根据该语素义去理解和记忆新词新义。这样可以减轻学生的学习负担,也方便学生以后的自主学习。比如,我们在教"丢失"这个词时,"失"是一个构词能力较强的语素,如果我们教给学生"失"的语素义,那么,学生遇到"失学"、"失业"、"失信"等生词时,就可以根据"失"的语素义进行猜测。在词汇教学中我们要注意教学内容应以规范的、生命力强的词语教学为主。语言是不断发展的,而在语言的发展过程中词汇的发展是最迅速的,新词语不断出现。我们的汉语教学是不是应该随着社会的发展而调整教学内容呢?答案是肯定的。但调整的幅度有多大,需要教材编写人员和教师来把握。目前我们的对外汉语教材多种多样,也有很多教材中出现了大量流行的汉语新词语,但这些不一定适合我们的汉语教学,留学生想学的汉语不一定要有多新,而是能够与大多数中国人交流。新词语都是一部分人创造的,而且很多新词语也只在这部分人当中流传使用,并不具有全民性,也不具有稳定性,这些词语没有必要在课堂教学中教给学生。我们的课堂教学中应教授那些具有全民性、构词能力强、规范化的现代汉语词汇。

另外,我们的课堂教学环境是纯洁的,因此不应在课堂教学中出现污秽词语,教师更不应该将不文明词语作为教学内容,这是汉语规范的要求。我们教外国人说汉语是为了方便外国人和中国人的交流,而不是为了让他们认识到社会的方方面面,虽然不文明语言在社会上客观存在,但这些属于社会文化现象,不应该在课堂教学中出现,即使有些学生涉及这方面的问题,也要妥善处理,合理解释,尽量在课下解决,不能把这些作为课堂教学内容,这也是课堂教学的一个重要原则。

总之,由于我们的学生都是初、高中学生,他们年龄较小,好奇心强,模仿能力强,因此,教师在课堂教学中更应该注意时刻规范自己的语言,努力为学生创造一个实用的、规范的、有生命力的文明语言环境。

三　在教学方法上所遵循的原则

(一)学生为中心、教师为主导,精讲多练

学生才是学习活动的主体,"教"只有通过"学"才能起到作用;"教"必须为"学"服务。以学生为中心、教师为主导这一原则已经成为共识。但如何才能将此原则真正地贯彻到课堂教学的实践当中呢?首先,要真正确立学生的主体地位,让学生在课堂教学过程中真正找到"自我"的存在。认识论告诉我们,人是通过直接经验和间接经验两种途径获取知识的,直接获知需要本人直接参与,其结果是认知深刻、牢固,并同步建构其参与者的能力结构。因此,在对外汉语教学中无论是语音、语法还是词汇、汉字教学,教师都应努力带领学生参与到实践操作中来,采用发现教学、情景教学和合作学习的策

略。学生从教师那里学到最重要的不是已有知识,而是获得用汉语进行交际的能力和继续学习的方法,提高学生的自我意识、自信心和自主力。其次,要积极调动学生主动性,调节自我,主动接纳教学内容。在对外汉语教学过程中,由于学生的性格、动机、文化、认知层次等方面的差异,教学内容会被有所选择甚至抵触。教师的意图也会由于教学双方的思维方式的差异而被不同程度地曲解甚至完全不理解。因此,学生的自主与自觉是教学能否成功的关键。如果无视学生的主体性,满堂灌,久而久之学生也就不会去主动思考,过分依赖于教师,进而逐渐丧失了独立性。这就是为什么有的学生一旦离开了教师进入到真正的交际环境就什么也听不懂什么也说不出来了。只有让学生树立起自信心,明确学习的目的和发展目标,才有可能以积极的态度自觉地接受教学内容和任务,顺利理解教师的意图,主动配合教育方式,最终实现教学目标。比如,我们在教学生学习状态补语时,结合课文设计了一些学生熟悉的和符合生活实际的教学活动,收到很好的效果。我们让学生以游戏的方式介绍一位同学或老师,并通过他的介绍来猜测是谁,引导他们生成下列的语篇:

她长得很漂亮。学习很努力,每天来得很早,睡得很晚。汉语说得很好。

他个子很高,篮球打得很不错,跑得也很快,但是他每天来得很晚,经常迟到。

通过这样简单的学习活动,学生学会了状态补语,同时知道了它所具有的"介绍与描述"功能。学生通过体验,自己就可以总结出状态补语的语法规则,而且由于是自己实践得出的结论,学生的记忆更为深刻牢固。

强调以学生为中心并不是忽视教师的作用,我们认为在学校教育的范围内,在课堂教学形式下,必须发挥教师的主导作用。语言教师的主导作用主要表现为组织、激励、示范、参与和指导作用。教师要按教学大纲的要求钻研教材,确定教学方法,组织好每一节课;在目的语的运用上成为学生模仿学习的榜样;营造轻松愉快的气氛,用生动活泼有趣的方式吸引学生积极地参与到课堂活动中来;模拟真实语境,训练其用汉语交际的应变能力、适应能力和临场发挥能力,让学生认识到自己是学习的主体;正确面对学生学习中出现的错误,在学生产生语言运用偏误时认真给予指导;重视情感因素,鼓励学生多说多练习,多表扬其进步,使其树立起自信心,积极地学习和使用汉语。

所谓语言教学,实际上就是通过适当的方式、方法和技巧,把语言知识、语用知识和有关的文化知识转化为学习者的言语技能和言语交际技能。语言教学研究要面临大量复杂的问题,其中最核心的问题就是研究怎样更有效地帮助学生完成从知识向技能的转化。在处理知识教学与技能训练的问题上,我们坚持"精讲多练"的原则。"精讲多练"实际上也是以学生为中心、教师为主导原则的具体体现。我们教学的最终目的是培养学生运用汉语进行交际的能力。能力的获得必须经过大量操练成为习惯熟练使用的过程。教师"讲"的语法和文化背景知识只是为了帮助学生准确理解和正确地使用语言,所以必须要"精"。而为了熟练使用,课堂上必须以学生的语言活动为主,"多练"、"活练"。"精讲多练"中的"精"绝不仅仅是"少"的意思,"讲"和"练"的关系也绝不仅仅是时间分配的关系。要真正做到"精"就要求教师在全面把握教学整体内容和结构、熟悉教学内容、了解学生特点的基础上,准确地、有针对性地、有步骤地、深入浅出地传授给学生。"多练"不仅仅是大量的操练,还包括灵活多变的教学形式。在操练过程中,根据桑代克的练习律,我们认为适当地"过度操练"是必要的。只有通过丰富多彩的练习和语言活动,才能充分发挥学生的学习积极性、主动性和创造性,以达到高效率地培养学生的汉语交际技能的目的。

(二)灵活多样的教学方法

教学有法,教无定法,贵在得法。教学方法是"为达到教学目的,实现教学内容,运用教学手段而进行的、由教学原则指导的一整套方式组成的、师生互相作用的活动"。教学方法不是一成不变的,而应根据教学情境的变化、教学对象的不同,不断地调整、更新、改进。

从心理学的角度来看,与成年人相比,中、小学生注意力不稳定,不持久,因而我们的教学形式要力求灵活多变,以不同的方式、换不同的角度来吸引学生的注意力,刺激学生的兴奋点,以达到最好的教学效果。在我们的课堂上,我们常常运用卡片、多媒体、游戏、模拟情景进行表演或对话练习,我们甚至走出课堂到实际生活中去通过问路、购物、买车票、与中国人交谈等语言实践活动巩固课堂所学知识和技能,我们还充分利用学校良好的网络资源教学生运用中文界面发送邮件、网上购物、保存文件、查阅资料、制作幻灯片等。

(三)温故知新,循序渐进,加强重现,有效把握教学节奏

在第二语言的学习过程中,记忆起着关键的作用。听、说、读、写都包含一定的记忆过程,没有记忆就没有第二语言的学习。因此,在第二语言的教学过程中,教师要了解记忆的特点和规律,提高学生在学习中记忆的效率。我们在教学中强调温故知新、循序渐进、加强重现的原则。

温故知新就是指在复习旧知识的基础上学习新的知识。比如,在讲"在哪儿做什么"的句型时,第一步通过对话复习旧知识,"你学习什么"、"我学习汉语"。第二步在此

基础上通过对话引出新句型,"你在哪儿学习",学生通过回答老师的问题自己说出了符合新句型语法规则的句子"我在潞河中学学习",老师在此基础上归纳总结其特点。第三步结合以前有关地点和动作的词进行操练,达到熟练的程度。这样,学生在复习旧知识的同时掌握了一种新句型,实际上也是把已经识记的东西进行再加工并纳入自己的知识结构中再次储存,既巩固了已经识记的内容,也有利于新知识的掌握。循序渐进是指语言教学应体现由易到难、由具体到抽象的原则。我们的学生以初、高中学生为主。在课堂教学中,一定要考虑到学生的年龄特点、实际情况和接受能力,切忌急于求成,否则会"好心办坏事",过难的、超出学生接受能力的东西会使学生产生强烈的挫折感,影响学习的兴趣,严重的会产生厌学情绪,甚至放弃学习。因此,在课堂教学中,一定要从学生易于理解、能够理解的内容入手,逐步深入。在新知识的展示上要充分利用情景,多采用实物、图片、动作、多媒体等直观的手法,加强形象化教学,并调动视觉、听觉等多种感官,可以便于学生理解学习内容,有效地加强记忆。重现是恢复记忆的一种形式,也称回忆,是指已经识记过的第二语言知识和技能虽然并未再度呈现但在脑中重新回想起来的心理过程,这是记忆的第三个阶段。加强重现原则是课堂教学中不可缺少的一个环节,教师在课堂上要尽量多地为学生创造机会,设置情景,用已经识记过的语言材料进行问答、对话等交际活动,并多次反复,使之能长期地储存在记忆里。

　　课堂教学要有节奏。一堂课的弦自始至终都绷得紧紧的,学生大脑过于疲劳,不容易接受外来信息,教学效果也会受到影响。所以,课堂上必须讲究有劳有逸,有张有弛。如集中讲解一个段落后可安排几分钟的间歇,让学生提问或自由复习,训练之前,可给学生一些准备时间。认知心理学认为,一个人学习开始阶段收集到的信息以及最后收集到的信息最容易保留和记忆,即所说的首因效应和近因效应。因为教学开始阶段,学生注意力集中,教学结束阶段,信息刺激最近、最新,记忆不易忘记。相对来说,中间阶段接收的东西最不容易记住。根据这个原理,在安排教学节奏时,应有意识地把一课的内容多设计几个段落,使教学多几个起伏,重点内容安排在一堂课的开头或最后,讲完一个段落做一个小结,所有内容讲完后,再对整堂课内容做一个条理清晰的总结,做到教学节奏轻快、明晰。这样就可以获得多个首因效应和近因效应,学生头脑里保留和记住的语言信息就越多。

　　第二语言的学习就是一个不断地与遗忘作斗争、加强记忆的过程。我们的学生因为年龄偏小,自觉学习的习惯有所欠缺。作为老师,应该尊重语言学习的规律,充分发挥学生语言学习的优势,运用科学的方法帮助学生克服遗忘,加强保持,提高他们的记忆力,这也是终身受益的事情。

（四）和谐的师生关系，互助合作的生生关系，轻松愉快的学习氛围

外国留学生来中国学习汉语，不但是要学习语言本身，更是通过语言的学习了解中华民族特有的文化传统、风土人情、生活方式等。汉文化中人际交往往往注重一个"情"字，即对人热情、关心、尊敬、自谦。而对中国人"情"的理解和接受也反过来促进着留学生汉语的学习。这就是积极的情感因素在课堂教学中的作用。在课堂活动中，教师与学生构成教与学的呼应关系，教学活动是表层的教学形式，维系这种教与学呼应关系的是其深层结构即情感因素。双向情感交流的师生关系是调动学生积极情感因素的关键所在。因此，从第一堂课开始，教师就必须以饱满的热情投入到课堂中去，最大限度地激发学生的积极情感因素。教师的热情会在不知不觉中影响学生的状态；教师真正关心热爱学生，学生才会排除心理障碍；"情"与"趣"相伴，对教师的喜爱之情可以延伸到对汉语学习的喜爱乃至对中国、对中国文化的喜爱，所以教师首先要让学生喜欢、尊敬。在课堂上，教师是策划者，是组织者，应该为学生营造轻松愉快的课堂气氛，这样可以帮助学生消除紧张心理状态，使学生心情舒畅、充满乐趣，激发其记忆力和想象力，为学习提供理想的条件。在组织教学的过程中，几句真心关怀的话语或结合教学讲个小故事等，建立融洽的师生关系和亲密的同学关系都是营造轻松的课堂气氛的好方法。

学生之间的互助合作也是提高课堂效率的一个好方法。与教师讲授、学生学习的教学模式相比，学生之间的交流往往更加顺畅，无障碍。在一个语言教学班中，学生由于年龄、接受能力、理解能力的差异，学习汉语的进步程度也有所不同。因而，在经过了一段时间的学习之后，同样起点的学生，也会在水平上出现或大或小的差别。教师可以利用这些差异，以先进带动后进，使学生结成对子，互帮互学。

四　语言教学的同时兼顾文化，培养跨文化交际的能力

语言是用于记录文化的符号体系，是文化的主要载体，二者是"水乳交融"的关系。"语言是文化的符号，文化是语言的管轨。""文化包括语言，语言是文化中一种特殊的文化。"二者密不可分，相互依存、促进和制约。从这个意义上讲，教授外国人说汉语，也就是在教他们中国文化。学习者在掌握目的语的同时也应掌握目的语文化。

我们的学生都是十几岁的中学生，他们进入非本民族文化的生活环境，挫折感主要来自于衣食住行的不习惯，作息时间、学校对他们的行为要求的不适应，人生地疏、语言隔阂、远离父母所产生的思乡情绪，以及学习遇到困难时所产生的烦躁情绪。由于年龄原因，由母语文化所产生的思维定势并不十分明显，因此异文化环境所造成的文化休克

很微弱。而且,我们的学生主要来自韩国,韩国人与中国人在生活习惯、文化习俗、价值观等方面有许多相似之处。这并不意味着可以忽略文化的传授,毕竟两国文化中的异大于同,而且我们的学生在完成语言培训之后还要插入中国班级继续接受学历教育,一部分学生还要在中国考大学,他们要在中国生活相当长的一段时间,要与各种各样的中国人打交道。作为教师,我们有责任帮助学生了解中国人的世界观、价值观、思维模式、宗教信仰、生活习俗、行为规范等,要结合课堂内容,让学生了解汉语自身所表现出的文化因素,便于学生更好地掌握,要让学生掌握与中国人打交道时的一些语用规则和文化规约。我们要让学生了解对不同的人如何称呼、怎样与人问候和道别、如何致谢和道歉、如何使用敬语和谦辞、如何对待别人的褒奖、如何给中国人送礼,要让他们明白参加宴请时应该说些什么样的话、与中国人交谈时哪些话可以说哪些话不可以说等等,并让他们体会语用规则中体现出的集体与和谐、关心他人、尊重他人、热心待人、谦虚律己等中国文化的传统。我们并不是要求学生完全认可或接受,而是要求学生能对第二语言所表现出的文化采取尊重、理解的态度,懂得在特定的交际环境中如何正确地运用汉语,并能在实际交际中主动地、得体地熟练运用。

因此,我们的汉语教学不单纯是语言教学,我们还要教授汉文化,加深学生对汉语的理解和认识,自觉地遵守社会规约,从而培养学习者的跨文化交际能力。

参考文献

程　棠(1996)《关于"结构—功能—文化相结合"的教学原则的思考》,《世界汉语教学》第 4 期。

华锦木(2004)《第二语言汉语课堂教学设计新探》,《民族教育研究》第 1 期。

姜国钧、李滟波(1998)《对外汉语教学的几个原则》,《有色金属高教研究》第 1 期。

金　辉(2001)《自主学习理论及对外汉语教学最佳模式的研究》,《山西财经大学学报(高等教育版)》第 2 期。

康　平(1995)《对外汉语教学的实践性原则》,《沈阳师范学院学报》第 2 期。

刘超英(2002)《预科班教学与 HSK》,《暨南大学华文学院学报》第 3 期。

刘丽宁(2002)《对外汉语教学初级阶段听力输入的内容及方式》,《语言与翻译(汉文)》第 4 期。

刘　珣(2000)《对外汉语教育学引论》,北京语言文化大学出版社。

刘　珣(2004)《要重视对教育客体的人本关怀》,《天津市工会管理干部学院学报》第 1 期。

卢华岩(2001)《第二语言课堂教学中的客观性教学原则》,《北京师范大学学报》第 6 期。

吕必松(1997)《汉语教学中技能训练的系统性问题》,《语言文字应用》第 3 期。

马　兰(2000)《对外汉语情感教学的课堂实施》,《天津外国语学院学报》第 4 期。

裴维襄(2002)《关于对外汉语教学模式的初探》,《天津外国语学院学报》第 1 期。

彭小川(2003)《论"精讲活练"》,《语言教学与研究》第 1 期。

杨惠元(1996)《汉语听力说话教学法》,北京语言文化大学出版社。

中学对外汉语教材编写的创新尝试

——浅谈人大附中校本教材
《初级汉语阅读读本》的几点突破

中国人民大学附属中学　古红云

教材是教学的凭借,是教师和学生在教学过程中的蓝本与依据,没有好的课本,教学的任何环节都无从谈起。近年来,来华学习的12—18岁的小留学生越来越多。初期接受留学生的中学几乎没有针对这一群体的汉语课本,大部分使用的是大学教材,教学当中存在明显的不足,主要是针对性不强,教学内容不适合教学对象。不少学校都根据自己学校的实际情况进行教材编写和授课,中国人民大学附属中学也在这方面做了一些尝试。编写校本教材的首要宗旨是针对外籍中学生的实际情况,内容和形式力求符合学生的需求。鉴于我校外籍学生预科后进入中国学制班、毕业后升入中国大学的目的,我校校本教材借鉴对外汉语课本和国内中小学教材的长处,特别是吸收大学教材的优点,同时又努力做到体现自我特色,成为继承与革新的产物。

一部教材如果能在传统的编排项目中有某一项遵循客观规律,开拓编写思路,突出特色,表达了一种新的趋向,开创了一种新的体例,给学习者以启迪,取得了理想的效果,就是一部出新的教材。我校校本教材首先从阅读入手,进行了初步的尝试。下面以《初级汉语阅读读本(上)》为例,谈谈我们校本教材的一些突破。

一　编写思路的突破

中学对外汉语教材应该怎么编?套用大学模式,还是靠拢小学版本?是突出对外特点,还是侧重中国特色?应该如何把握?我们在教材编写中把握了如下两点:

(一)突破学龄,跨越学制

对于汉语初学者而言,无论年龄大小,起点都一样,但是拼音过关后,识字和阅读的能力明显不一样。因为人的知识、年龄、阅历导致理解力、感悟力、认知力、经验积累等存在差异。儿童与成人不同,中学生与成人也不一样。从识字角度看,年龄小,理解力差,而记忆力好;年龄大(成人),理解力高,但记忆力相对差。

汉语作为第二语言,学习者有不同的优势,中学生年龄上的优势决定了其具有儿童和成人的双重优势,即记忆力好,理解力也不差。因此,校本教材编写之初徘徊于小学和大学教材之间,出现"低不成,高不就"状态,也就是说,既不能幼儿化,又不能学府气。同时,学习者从年龄和心理上又具有儿童和成人的双重性。因此,我们以学生接受能力为准把握教材难度,做了一尝试性的跨越,即"小学—中学—大学"三合一的实验版本。

(二)对外教材模式与国内教材特点相融合

考虑教学对象为外籍群体,教材模式应归为对外种类;考虑到预科结业后学生将继续读中国学历,课本应具有中国特色。即我们要编写的教材兼具对外汉语教材的性质与我国中小学语文教材的性质,两者结合以达到近期学习目标和远期学习目的。

思路指导行动。2005年我校运作编写教材,率先从阅读入手,为预科班编写校本教材。2006年完成了《初级汉语阅读读本·上》。作为尝试,自编教材较之熟用的高校课本,尚属稚嫩。但从教学对象的特点出发,从内容到形式更符合外籍中学生的需求,易教易学,得心应手,体现了校本教材的特点。

二　教材内容的突破

(一)题材的突破

20世纪70年代至90年代初,占据高校对外汉语教材的主要篇幅是文学作品。如1987年出版的《中级汉语教程》、1990年至1992年出版的《高级汉语教程》,课文和阅读课文几乎都是文学作品。以文学为主体的中高级对外汉语教材一直沿用到20世纪90年代的后期。

1996年出版的《桥梁——实用汉语中级教程》在课文的题材方面有了较大的突破。课文围绕着教育、职业、婚姻、家庭、经济、法律、道德、交通、环境、健康10个现代化生活话题进行选编。1997年出版的《汉语普通话教程》从实用性、广泛性、连续性三项原则出发,制订了一个话题大纲,有20个总话题、80个分话题,包括衣食住行、学习娱乐、运动休闲、交际交往、参观旅游、医疗保健、音乐艺术、文化商贸等。2004年出版的《发展汉语·中级汉语阅读》课文题材涉及政治、经济、法律、文化教育、环保、旅游、国际交流等社会生活的各个方面。大学课本的选材越来越丰富广泛,但有些领域(如婚姻家庭、经济法律等)对中学生,特别是对低龄的小留学生来说,难度很大,不易理解,学生也没有兴趣。

校本教材《初级汉语阅读读本·上》从题材上,尽可能选择适合外籍中学生的文章,课文短小精悍。内容分为风景物产、名胜古迹、中外名人故事、成语故事、校园作文、中国文化故事、生活常识、科普知识、汉语趣味活动等。比如,第十一单元五篇课文,有《秦始皇陵兵马俑》、《国花》、《机器人》、《和时间赛跑》、《走在中国》,包括了中国古代名胜古迹、世界文化知识、科技常识、名人故事、中国生活方面的内容。

(二) 体裁的突破

早期大学课本体裁选择相对偏窄,20 世纪 90 年代以后有所拓展。1996 年出版的《桥梁——实用汉语中级教程》体裁涉及议论文、知识短文、口语辩论、法律案例、新闻报道、传记、小说、话剧等。2004 年出版的《发展汉语·中级汉语阅读》则选用了小说、散文、评论、新闻报道、科普论文及生活常识的应用文体。

校本教材《初级汉语阅读读本·上》在体裁的选用上不拘一格,注意吸收高校课本的广泛性,力求宽面,注重趣味,有散文、诗歌、说明文、歌词、故事、成语、相声、笑话、绕口令、格言、谚语、歇后语等。比如,第十单元有《幽默与笑话七则》、《绕口令四则》、《格言、警句、谚语、歇后语》、《说相声》,学习内容是带有趣味性的汉语活动。每篇只有十几个到几十个汉字,从内容到形式,从语音到语义,从民俗到哲学,从思想到文化,一应俱全。

三　教材模式的突破

校本教材《初级汉语阅读读本·上》的一个重要特点是:大、中、小学课本相借鉴,中外教材特点相结合。基于中学生的心理特征和接受能力,《初级汉语阅读读本·上》体例采用大、中、小三学历段相兼容的编写手法,即选材小学化,练习中学化,体例大学化。鉴于教学对象为外国留学生,汉语水平有限,所以,大部分课文篇幅不长,内容兼顾中外文化,生词量不大,语法点不偏难,练习模式不单调,前一部分课文还配有汉语拼音。同时,我们在编写过程中还参考海外中小学汉语教材的特点,引进大学对外汉语教材的长项,吸收国内课本的训练优势为新编教材所用。考虑到我们的留学生将在中国中学继续深造,报考中国的大学,我们的教材尽可能体现中国特色,即应试能力的训练与培养。应该说校本教材《初级汉语阅读读本·上》是特色综合的课本。

四　教材难度的突破

（一）选文难度

《初级汉语阅读读本·上》的课文选择有三个层次：小学、中学、大学。不但从题材上、体裁上考虑到使用者的身份、年龄、心理、兴趣、文化特征，还从篇幅上进行了大胆尝试，课文字数从几十、几百到上千不等，具有跳越层进的特点。比如第一单元第一课《秋天到》是一首短诗，只有 50 个字，而第二课《香山红叶》是散文，字数是《秋天到》的 10 倍。尽管都是写景的，内容相近，但从生词量、词义辨析、文体知识以及修辞知识上都增加了几倍，突破了一般课本每篇课文篇幅相差无几的规则。

（二）能力训练难度

《初级汉语阅读读本·上》本着以阅读为主的基本训练原则，从课文出发，设计了多种练习，以达到对初学汉语学生的字、词、句、篇的综合训练。教材尤其注重词语的运用，平均每课生词 30 个至 35 个，本册生词总量大约 700 多个，大多属于汉语水平考试大纲甲、乙、丙三级范围。训练的题型也比较丰富，训练模式兼具对外汉语教学和中国本土语文教学的双重特点。

1. 字词运用能力。

（1）近义词辨析。如第二课第四题要求学生了解"观赏——欣赏"、"暖和——温暖"、"色泽——色彩"、"颜色——鲜艳"、"艳丽——浓艳"这些近义词的使用范围和对象，用造句的方式区别词义。

（2）多义字辨析。如"足"的义项用下列句子表示：

①画蛇添足。（脚／名词）

②这些事有三个小时足能完成。（完全／副词）

③他是足球运动员。（脚／名词）

④他是一个足智多谋的人。（满，充足／形容词）

（3）多音字辨析。如"圈"：

①大家在操场围成一圈儿做游戏。（quān／名词）

②他没有什么朋友，生活圈子很小。（quān／名词）

③把这个错字圈起来。（quān／动词）

④小孩子总圈在家里不好。（juān／动词）

⑤羊圈里养着五只羊。（juàn/名词）

（4）造句。造句是每课必练题型。造句词汇多为常见常用实词、虚词，还有成语。造句对留学生来说比较难，但只要能造对句子，字词的掌握就扎扎实实落实了。教材不但要求学生造单句、复句，还要求学生练习造句群，用几个词组成一段话；既设定语境，要求用上规定的词语，又要求做到句群前后连贯，语义清楚流畅。有的造句练习还能够培养学生的想象力和创造力。例如给出例句要求学生模仿造句：

春天，树木抽出新的枝条。夏天，树木长得郁郁葱葱。（课文《美丽的小兴安岭》）

模仿造句：

秋天，＿＿＿＿＿＿＿＿＿＿。冬天，＿＿＿＿＿＿＿＿＿＿。

2. 搜集积累能力。

如在学习成语课文《叶公好龙》及附加课文《龙的传人》之后，教材给出课外作业："你还知道哪些与'龙'有关的成语和寓言故事？"要求学生通过各种途径寻找、搜索和积累新知识。这样的训练使得学生不仅能学会课内成语，还通过自己的课外阅读扩展了"龙盘虎踞"、"龙凤呈祥"、"龙飞凤舞"、"龙腾虎跃"等成语，更有的学生通过这种课后的自学掌握了一些关于"龙"的故事和中国传统文化。

3. 联想分析能力。

《初级汉语阅读读本·上》思考题的设置，不仅涉及课文内容，还要求学生能够发散联想。例如课文《一枚金币》设置的思考题是："这个故事讲了一个什么道理？"这样的思考题需要学生在读透课文的基础上分析概括、发散思维才能得出结论。

4. 概括对比能力。

课文学完后，我们可以把重点词板书在黑板上，让学生根据板书的重点词语串词成句，连句成篇，复述课文，从而巩固学习内容。在这个基础上，我们还要求学生用一句话或规定字数概括课文内容。每个学习单元的课文安排既有各自的独立性，但同时也有一定的相关性，这种相关性可以是文章主题方面的，也可以是题材方面的，还可以是体裁方面的。正因为有了这种相关性，我们可以在学习完几篇文章后做对比练习，如第二单元《儿子们》、《一枚金币》、《为了他的尊严》三篇课文在主题上有相似处，我们就安排学生比较它们之间的相同点与不同点，并写成读后感。

5. 写作能力。

阅读与写作不分家。《初级汉语阅读读本·上》的阅读与写作训练既分又合，用阅读引导写作、促进写作，要求学生从模仿入手，写景、写人、记事。如学习课文《大熊猫》以后，布置学生写一篇"你们国家有名的动物"或"你喜欢的动物"，要求按照课文特点，从动物的皮毛、形体、生活习惯和喜欢它的原因等几方面进行介绍，并使用表示颜色、动态、情感等的词语进行描写。

总之，从能力训练的难度上考察，《初级汉语阅读读本·上》的难度已经超出了汉语补习教学阶段（预科班）的难度，达到了对外汉语基础教学阶段（初一至高一各年级）的难度，而题型难度则达到了大学对外汉语阅读教材的水平。

五　余　论

校本教材《初级汉语阅读读本·上》是针对中学留学生编写的阅读教材，无论是选文的范围、篇幅的长短，还是题型的设置、训练的难度以及风格趣味等方面，尽可能考虑到使用者的年龄特征、身心发展、认知能力以及留学目标、文化差异等诸多因素。《初级汉语阅读读本·上》的独特之处在于：汲取了大、中、小学教材优势，同时又跨越了大、中、小学三级对外汉语的等级；融入国内初中语文和大学对外汉语的特色，形成了既有继承又有突破的教材模式和体例。经过初步使用，效果不错。《初级汉语阅读读本·上》不仅适用于有三个月以上汉语学习经历的中学生，同时也适用于初中学历班留学生使用。当然，实事求是地说，编写者水平有限，教材还存在不少问题，需要在使用过程中不断加工修改、完善。

参考文献

北京语言文化大学汉语学院（2001）《语言文化教学与研究（2001年卷）》，人民教育出版社。

戴　蓉（2006）《中文广角·中级汉语泛读教程（上）》，北京大学出版社。

邓恩明（2003）《实用汉语读写课本·相会在中国》，北京语言大学出版社。

纪　丽（2006）《世青中学对外汉语教学大纲》，《北京市中小学对外汉语教学·论文专刊（2006）》，（内刊）。

李　泉（2004）《论对外汉语教材的针对性》，《世界汉语教学》第2期。

刘颂浩、黄　立、张明莹（2002）《北语对外汉语精版教材·中级汉语阅读》，北京语言文化大学出版社。

彭志平等（2009）《汉语阅读教程（修订版）》，北京语言大学出版社。

王祝斌（2004）《中高级汉语泛读》，北京大学出版社。

徐承伟（2004）《发展汉语·中级汉语阅读（上）》，北京语言大学出版社。

张庆旭（2004）《发展汉语·中级汉语阅读（下）》，北京语言大学出版社。

周小兵、张世涛（1999）《中级汉语阅读教程》，北京大学出版社。

教材整合与初级汉语教学模式

北京市海淀区教师进修学校附属实验学校　　赵　淼

"汉语热"带来了对外汉语教学事业的飞速发展,对外汉语教材也层出不穷,我们的选择越来越多,但这也给我们选择教材提出了问题——到底哪套教材更加适合我们的学生?

当然,每个教材都有自己的教学体系,都有很广的适用范围,我们在选择教材的时候最重要是要分析我们的教学对象。目前的大部分对外汉语教材针对的都是来华学汉语的成年人,但我们的教学对象大部分是来自亚洲国家的中学生。所以教材就出现了这样的问题:首先,中学生的学习特点跟成年人是不一样的,中学生尤其是初中生更喜欢感性思维,而成年人则喜欢理性的规律性的思维;其次,现有的许多教材都是汉英对照的,即用英语解释汉语,而我们面对的教学对象主要是亚裔学生,这些学生的英文水平也参差不齐,所以汉英对照的教材也不是特别合适。不同的教学对象要求我们选择不同的教学材料、不同的教学方法来进行教学。在教学实践中,笔者试图通过教材整合来解决这个问题,也尝试通过这一途径来建立从零起点开始的初级汉语教学的新模式。

一　模式说明

常规的汉语教学常常是每个老师认领一个科目,基本分成精读、听力、口语、阅读等几大块来教学,但是在教学实践中,我们发现这样教学存在一些问题。比如,同一个知识点常常每个老师都会讲到,但是有的老师讲得深,有的老师讲得浅,甚至还出现讲得不一样的情况。为了解决这个问题,我们的教学模式的基础是教师集体确定教学目标,集体设计教学内容,集体确定教学重点和难点,集体评估学生掌握情况,贯彻"团队就是专家"的教学理念,课前集体备课,课后集体反思,随时提出问题,随时沟通。

二　教学内容

（一）总体原则

1. 教学内容必须由集体备课确定，教师集体讨论并制订初级汉语教学的教学框架。

2. 这个教学框架是在任务型、话题型的基础上建立起来的。教学框架必须针对学生的日常实际生活，从易到难，而且必须从学生在中国的现实生活中的生存语言开始。

（二）初级汉语教学框架举例

下面是零起点汉语教学的框架，从学生到中国以后生活学习最基本的需要开始设计，首先是生活模块，在生活模块中又包含一系列子模块：

（三）设计思路

首先在教学框架的基础上设计教学模块，在教学模块中，基本设计思路如下：确立教学目标→确立实践操作性任务→确立完成实践操作性任务所需词汇→确立完成实践操作性任务所需句式→确立完成实践操作性任务的教学流程→确立实践操作性任务的评价体系。

三　实施环节

（一）制作教学材料

教学材料是学生学习的基础，在教学中起着非常重要的作用，而教学材料的筛选是重中之重。我们在参考了《汉语教程》（北京语言大学出版社出版）、《博雅汉语》（北京大学出版社出版）、《体验汉语》（高等教育出版社出版）等教材的基础上，对三套教材的具体内容进行重新组合，结合教学对象的具体情况来进行教学。

下面以"我的学校"这个模块具体介绍下教学的环节：

我的学校

一、实践操作性任务

1. 能画出学校的平面图，并且能够用汉字写出地点。

Draw a picture of our school, and write place on it.

2. 口头介绍我们的学校。

Introduce our school correctly and fluently.

二、词汇

1. 学校	xué xiào	school
2. 宿舍（宿舍楼）	sù shè(sù shè lóu)	dormitory
3. 食堂	shí táng	dining hall
4. 操场	cāo chǎng	playground

……

三、句式

xué xiào lǐ yǒu shén me？ xué xiào lǐ yǒu …

1. 学 校 里 有 什 么？ 学 校 里 有 ……

zhè shì nǎr？ zhè shì …

2. 这 是 哪儿？ 这 是 ……

……

四、课文

wǒ men xué xiào lǐ yǒu jiào xué lóu、sù shè lóu、shí táng …

我 们 学 校 里 有 教 学 楼、宿舍 楼、食 堂 ……

（二）制作教师指导手册

教师集体备课,确定教学内容、教学目标和任务活动,形成一个教学指导手册,确保每个教师都了解整个教学环节,对自己要完成的任务和内容很清楚:

课时	课型	教学内容	教学目标	任务活动	教师
1节	词汇	参观校园,认识词语,能听懂,会说	1. 讲明今天要完成的任务目标以及今天的主要安排 2. 通过参观校园能听懂地方的名字,并且能说出地方的名称	词汇教学采取实地观察、实地考察的方式	
2节	词汇复练	复练上节课学过的词汇	1. 能把这些词语的语音和语义很快结合,听到语音,理解语义 2. 词语发音正确无误	1. 反复领读,朗读 2. 适当纠音	
3节	句式讲解	本模块中句式	1. 理解句式的含义 2. 能用本课的句式做基本的、简单的交流	句型教学主要是替换练习,熟悉句型	
4节	句式操练	复练本模块中的句式	进一步理解句式的含义并且能用这些句式熟练问答	师生练习,学生互练	
5—6节	汉字	课文中的汉字	1. 看到汉字能读出来,建立汉字和读音意义的联系,但不要求会写 2. 可以挑选几个基本笔画少的汉字练习	1. 主要采用认读汉字的方式 2. 讲解需要掌握的汉字,介绍基本的汉字笔画规则	
7节	朗读	综合练习本课的生词和课文	能正确流利熟练地朗读本课的词语和句子	朗读词汇和课文	
8—9节	实践	综合运用所学知识	1. 能画出学校的平面图,标明东南西北和具体的地方 2. 能够比较流利地口头向别人介绍自己的学校	1. 学生实践,教师指导 2. 学生完成实践性操作任务,教师给分并且点评	

（三）制作教案

有了集体制作的教学材料和教师指导手册后，教师根据这两份材料设计自己的教案，使教学的各个环节细化并具有可操作性。教师有了共同的教学目标，在教学中会更加高效，而且在上完每节课以后，各个任课教师及时进行简短的交流，随时了解学生的弱项和难点，根据学生实际情况对教学进行针对性的调整。

（四）学生实践性操作任务完成评价表

为了激励学生，在给学生自信、提高学生学习兴趣的前提下，每个实践操作性任务都要设计一个评价表，由两个老师对学生的实践操作性任务进行评价。当然，内容不同，评价的标准也不同，以《我的学校》实践操作性任务的评价标准为例，评价标准如下：

评价内容	评分标准	赋值
平面图（50分）	态度认真，地方方位清楚（10分）	
	方位词标写正确（10分）	
	地方词标写正确（10分）	
	汉字书写准确无误（10分）	
	图片美观漂亮（10分）	
口头演讲（50分）	描述内容正确，准确无误（10分）	
	语法正确（10分）	
	语音语调标准（10分）	
	语言表达流畅连贯（10分）	
	声音洪亮，仪态大方（10分）	

四　学生的学习成果以及教师的反思

评价一种教学模式的好坏最重要的还是要落到学生的学习效果和学习成果上。在进行这种模块教学的时候，学生兴趣比较浓厚，学生进步很快，老师也很有成就感。当然，我们看到的只是表面的现象，至于这种教学模式的科学性还需要最后的数据分析，还需要和常规教学进行对比，但就从目前的教学来看，感觉还是比较成功的。笔者也试图来寻找这种模式的合理性和可取性。

　　首先，我们在教学过程中遵循了"从实践中来到实践中去"的学习规律，从学生的生活出发，去解决生活中存在的问题，教学都是从体验开始，最后回归到应用。

　　其次，我们在教学一开始就明确告诉学生今天要完成什么任务，学生在学习中就有了明确的目标，每一步学习都是为完成最后的实践操作性任务做铺垫和准备。有了这种任务型的教学，也激发了学生的学习兴趣。

　　再次，教学的结果都需要有一个评估，这也是对学生学习成果和教师教学成果的评价和促进。在最后的实践性操作任务完成后，要对学生完成实践性操作任务的过程和结果进行评价，每个学生在每个模块都得到相应的分数，最后加起来综合也会计入到学期的总分里面，而且每次实践性操作任务的结果都会挂在教室里作为一个成果的展示，这样就利用了竞争的机制，调动了学生学习的积极性。

　　在为我们有这样的教学效果感到高兴的时候，我们也存在一些困惑，如：怎样把零起点汉语的框架和内容建立得更加科学？怎样让学生参与到选择教学内容的过程中来？还有没有更好的教学方法来进行教学？这些都是我们在教学实践过程中产生的问题，当然这些问题靠别人是无法解决的，只能靠我们老师一点点摸索、一点点尝试、一点点改变。有一句广告词叫"没有最好，只有更好"，这也同样适用于我们的教学，我们的教学也要做到"与时俱进"、"与学生俱进"。

参考文献

程晓堂（2004）《任务型语言教学》，高等教育出版社。
唐晓杰（2002）《课程改革与教学革新》，广西人民出版社。

韩国中小学留学生
汉语语音习得偏误研究及教学探讨

北京师范大学附属中学　张永涛

关于语音学习的重要性,赵元任先生有过精辟的论述:"学习外国语的内容分成发音、语法跟词汇三个主要的部分,学习的次序当然是也应该照这三样按步进行。发音的部分最难,也最要紧,因为语言的本身、语言的质地就是发音,发音不对,文法就不对,词汇就不对。"对外汉语教学中的语音教学是以教会学生运用语音为目的的教学。留学生学习语音知识不是为了了解,而是为了应用、为了交际,即会听、会说、会念、会写。因此,语音教学的任务是既应让留学生懂得知识,又要使学生通过声韵调的训练形成言语交际技能。而在培养言语交际技能的过程中,语音教学是基础性的。语音基础没有打好,一旦形成了习惯,错误的语音就会很顽固,以后就很难纠正。所以第二语言教学,不论学习者学汉语的目的是什么,都应严格要求其学好语音。而我们教师就要认真细心地纠正留学生的语音偏误,帮助他们做到听得明白、说得标准。

一　韩国中小学留学生语音习得的基本情况

语音是语言的物质外壳,学习一门外语,发音不好,既影响表达,又影响理解,甚至会闹出笑话,影响交际的正常进行。如韩国学生常常把"房间"说成"旁间",把"我问老师"说成"我吻老师"等等。通过平时观察和记录,笔者把韩国留学生特别是初学汉语者的语音习得偏误归为以下几类。

一是声母发音的问题。由于韩语中没有类似汉语 r 的音位,所以在韩国语中以 l 来代替 r。由于母语负迁移的作用,韩国学生不仅在英语中用/l/代替/r/发音,在汉语中亦是如此,所以经常把"我喜欢吃肉"说成"我喜欢吃漏"。同样由于母语负迁移的作用,韩国学生会把汉语的 f 发成 b,不少学生经常混淆 h、f、p 这几个声母的发音。z、c、s、j、q、x、zh、ch、sh 的发音也会出现一定的问题。以上的这些偏误现象在汉语零起点水平的留学生中尤为明显。

　　二是韵母发音的问题。留学生在语音习得过程中,经常将三元音缩减成双元音,将双元音缩减成单元音。韩国留学生在发汉语语音中的复元音时,由于受母语语音系统的干扰很容易缩减其中的一部分。在缩减时,保留下来的往往是三元音或双元音中的主要元音成分。如把/guang/误读成/guan/,把/hou/误读成/hu/。除了这两类错误类型以外,留学生有时会用一个元音代替另一个元音,其中有一些替换是有规律的。如有很多留学生的元音替换往往和音节尾辅音的删减同时发生,一个音节/lian/在发音中变成/liɛ/,在删减/n/的同时,元音/ia/变化成/iɛ/。

　　三是声调问题。声调不准几乎是所有留学生共同面临的老大难问题。而在汉语中,声调具有区别意义的重要作用。很多留学生的母语是没有声调的语言,因此在这些留学生的脑子里很难建立起声调的概念。语音的准确性在相当大的程度上取决于声调是否正确。赵金铭先生在《从一些声调语言说到汉语声调》一文中分别考查了母语为声调语言和母语为语调语言的学习者的声调偏误情况,认为母语为声调语言的学习者发汉语声调较为正确,与汉语声调较接近,说明母语的声调对学习汉语的声调有正迁移作用,即使仍有偏误他们也能够把握住声调的高低;而母语为语调语言的学习者多用母语语调来处理汉语音节的声调,往往还保留着以整个的词来处理高低升降变化的痕迹。还有调查结果显示,对以非声调语言为母语的学生来讲,声调只是一个概念和音节结合后的额外标志,他们在头脑中无法建立起声调与语义的联系,所以即使学习者能正确地发一组单音节,进入实际交际后声调还是会首先被遗忘。

　　韩国留学生学习汉语声调非常困难,尤其是在上声的时候,往往调值不够而接近于平声。而在语流音变中的部分词的变调,他们掌握得却相对较好,比如上声变调、“一、不”的变调等。这可能是因为汉语普通话的变调规律符合发音规律,省力省气,而且好听。

二　语音偏误产生的原因和消极影响

　　通过了解和研究韩国中小学留学生学习汉语时的语音状况,笔者觉得造成留学生学习汉语普通话语音困难的原因是多方面的。

　　一是学习者受其母语语音系统影响的缘故,即母语的负干扰。如韩语中没有声调,造成韩国留学生学习汉语普通话的困难。

　　二是汉语普通话中有些语音本身比较难发,如连一些中国南方人都掌握不好 zh、ch、sh、r、n、l 等声母的发音。

　　三是我们教学本身的问题。我们目前的对外汉语教学本身存在很多问题。国家对外汉语教学领导小组先后组织编写了对外汉语教学的词汇大纲、汉字大纲、语法大纲和功能大纲,但是一直没有编写语音大纲。另外语音教学的时间很短,大多为两周左右,而我们在教学时也往往缺乏持续训练的意识,在教学过程中对语音也没有给予足够的重视。语音教学与其他教学缺少配合,语音教学缺少合理正确的方法等,也会导致留学生出现不少语音习得的偏误现象。

三　教学探讨和对策

人从小学习母语是从开始一个简单的发音到说出了一个字、一个词、一个句子,这是一个从低级到高级、从简单到复杂的过程。第二语言的学习虽然与母语的习得有着很多不同,但我们或许可以从母语的习得过程中获得一些启示,遵从循序渐进、从易到难的原则在对外汉语教学的语音教学中进行有针对性的训练。

在对外汉语教学实践中,应该首先让留学生准确掌握汉语的声母、韵母和声调。在具体做法上,不是让学生单纯地模仿某一个发音,进行机械的操练,而是从一个音位扩展到一个音节,从一个音节扩展到音节组合。这种扩展不是简单数量上的增加,而是与具体的语义相联系。这种扩展也不能是盲目的,而应是有选择的,所选的字、词、句,应着眼于语音训练的需要,为语音教学服务,同时也应考虑到常用、简单、上口、便于运用。

第一,为帮助留学生更好地掌握汉语普通话声调,在运用第一声即阴平声教发音的同时,可以操练"四声",令学生体会汉语声调的抑扬顿挫之美,这样可收到刺激学生学习兴趣的特别效果。如教 a,我们完全可以在 ā、á、ǎ、à 的四声操练中让留学生从四种声调的变化中体会这四个"啊"所表达的不同感情和语气。为解决留学生发音时调值不够的问题,我们还可以借鉴播音发声中的夸张练习法即"夸大声调的度,延长声调的时",这种貌似"矫枉过正"的训练方法往往会收到意想不到的效果。

第二,声母发音不准是韩国留学生学习发音时的最大问题,为帮助他们克服声母发音困难,我们应该根据声母各自的发音特点,用图形说明发音部位,向学生演示发音的技巧,让他们找到准确的发音感受。比如 d、t、n、l 这四个音是让气流从舌尖与上齿龈阻塞的缝隙中冲出,迫使舌尖下移而发出的,所以叫舌尖音,而 r 则是卷舌浊通音,它们在发音部位和发音方法上是不同的。通过演示和说明,我们能够帮助留学生很好地区别汉语普通话辅音的发音部位和发音方法,掌握正确的发音。

第三,汉语语音的学习还可以通过声韵母结合以及扩展音节的方法来操练。如在教授声母 g、k、h 时,可以选择"哥哥"(gēge)、"喝水"(hēshuǐ)、"上课"(shàngkè)三个词。"哥"、"喝"、"课"的韵母是完全相同的,这样就可以突出声母音质上的差异。这三个词从意义上来说简单易懂,不用花很多时间进行解释,而且在生活中是很常用的,学生掌握以后可以很快在生活中使用。如果选择"革命"、"可笑"、"祝贺"等词语,就可能给教学带来不必要的麻烦,因为这些词意思比较抽象,解释起来比较困难,初级水平的学生还很难在生活中使用。在学生掌握了一些简单词汇的基础上,还可以扩展成小句。如在教授 zh、ch、sh 时,可以选择"知道"、"吃饭"、"老师",进而扩展成"我知道了"、"我吃饭了"、"我是老师"。虽然只有短短的四五个音节,学生却可以表达出一个完整的句子,完成一个简单的交际任务。这样就可以在教授语音的过程中,使学生产生一种成就感,从而提高学生的学习兴趣,把语音教学从枯燥变成有趣,从有趣变成实用。

四　小结

总之,在留学生练习口头表达之前,重要的是使他们形成准确的发音。这点最好在一开始就做到,因为学生每学一个词就会加深其发音习惯。一旦形成了错误的发音习惯,将极难纠正。而如果从一开始就做到正确发音,那么在整个学习过程中,其所说的每一句话都将有助于良好发音习惯的养成。

对外汉语教学中的语音教学,在整个对外汉语教学中占有重要位置。正音纠错,不断引导学习者养成良好的发音习惯,为进一步的口语表达能力和交际能力的提高扫清障碍,打好基础,是帮助留学生学好汉语普通话发音的重要途径。

参考文献

白　林、崔　健(1991)《汉朝语对比和常见偏误分析》,教育科学出版社。

程　棠(2000)《对外汉语教学目的原则方法》,华语教学出版社。

崔永华、杨寄洲(1997)《对外汉语课堂教学技巧》,北京语言文化大学出版社。

蒋祖康(1999)《第二语言习得研究》,外语教学与研究出版社。

林　焘、王理嘉(1992)《语音学教程》,北京大学出版社。

赵金铭(1997)《语音教学与对外汉语教学》,北京语言文化大学出版社。

赵元任(1980)《语言问题》,商务印书馆。

浅谈低年级留学生汉语拼音教学

北京市朝阳区芳草地国际学校　张秀玲

汉语拼音教学非常抽象,学生总感觉枯燥无味。怎样才能更好地调动孩子们的学习积极性呢? 在日常的教学中笔者有以下几点体会:

一　将字母教学寓于诗情画意之中

将几个孤立存在的拼音字母整合成故事情节,编成朗朗上口的儿歌,向学生娓娓道来。这样的教学形式,消除了学生的厌烦情绪,增加了他们的学习兴趣。如,在 b、p、m、f 的教学中我引用了一首儿歌:

> 爸爸(ba)带我爬(pa)山坡(bo),
>
> 爬上山坡(bo)看大佛(fo),
>
> 大喇叭正广播(bo),
>
> 爱护大佛(fo)不(bu)要摸(mo)。

这首儿歌将四个字母融于诗情画意之中,赋予了它们鲜活的生命,学生在享受美的熏陶的同时学会了这四个字母,而且汉语语感也得到了一定的锻炼。

二　游戏激发学习兴趣,巩固新知

心理学家皮亚杰指出:一切有效的活动要以某种兴趣作为先决条件。兴趣是一种内驱力,形象、有趣的游戏活动可以使学生的这种动力得以充分发挥。如在 ie、üe、er 的教学中,我让学生玩"对号入座"游戏,即让学生把音节贴在相应的图片下面,给出的音节有:

yē　　　zi　　　yè　　　zi　　　yē
shù　　　yuè　　ěr　　　duo　　èr

这样一来,不仅插图始终贯穿于课堂之中,起到借图发音、看图说话的作用,而且学生在"对号入座"的游戏当中,享受乐趣的同时巩固了新知。

三　借助肢体语言,读悟互动

小学生善于形象思维,而且喜欢表演,自我表现的欲望非常强。我在教学看图读拼音句子的内容时,采用恰当的形体表演训练学生的语感,在读中演、演中悟的基础上培养他们读好句子的能力。

"看图读拼音句子"是很贴近学生生活的教学内容。首先由一个音节组成一个词,由一个词扩展成一个短语,由一个短语扩展出所要学习的长句,然后提出问题:

①你怎样来向大家表示"wǒ de jī mù zhēn hǎo wán"呀?
②想一想,fēi jī fēi lán tiān 时是怎样的景色啊?

在学生交流后要求他们边朗读边表演给同桌看。表演的余波未平,我又抛出新的问题:

你的积木还可以搭成什么呀? 老师想请你们用自己的表演方式来告诉我。

这样有声有色的朗读辅之以肢体语言的表现力,无须对句子的意思做过多讲解,学生自然会在边读边悟、边悟边读的双向互动中潜移默化地受到熏陶感染,并为今后的课文朗读打下了基础。

四　分组合作,赏识激励

《语文课程标准》提出:语文课程必须根据学生身心发展和语文学习的特点,关注学生的个体差异和不同的学习需求,爱护学生的好奇心、求知欲,充分激发学生的主动意识和进取精神,倡导自主、合作、探究的学习方式。对于刚入学的一年级儿童,在拼音教学这样的起始阶段,能否马上就采用自主合作式的教学? 笔者曾经矛盾过,但通过一段时间的实践,渐渐豁然:只要组织得当,找准合作点,赏识每一位学生,就能顺利进行!

　　如我在教学声母和韵母相拼的音节中,要求四个学生为一组,挑选一组音节尝试合作学习。提倡学生之间以"我会读、我教你、我帮你"的态度一起学习、共同进步。在交流过程中,要求每小组以自己的方式汇报学习成果(如齐读、组长领读、轮读等)。在抄写音节的练习中,小组成员可以共同选择大家都喜欢的两三个音节词抄下来,也可以自己挑选哪些音节或者音节词抄一抄,尊重了学生的自主性。

　　在这样的合作学习中,每个学生有了展示表现的机会,每个学生都能享受到成功的快乐。教师再及时辅之以不同形式的赏识表扬,那么学生会喜欢你、喜欢拼音,进而喜欢我们的语文。

五　以"授人以渔"的儿歌激发学习热情

　　低年级的儿童贪玩、好动。依据一年级新生的认知特点,笔者在拼音教学中特别注重教学的直观性和趣味性,以达到调动学生学习兴趣和营造活跃欢乐课堂气氛的目的,让儿童在不拘一格的学习方式中积极愉快地渡过汉语学习的第一道难关——汉语拼音。在课上笔者经常让学生动动手动动脚做做知识性的游戏,如利用拼音的声母、韵母、整体认读音节编成汉语拼音休息操,在课上让学生做做,一来可以缓解学生的疲劳感,二来又巩固了拼音知识。内容如下:

　　　　点点头,动动脚,我们来做拼音休息操;
　　　　动动手,动动脚,我们来背声母表;
　　　　扭扭脖子,扭扭腰,我们来背韵母表;
　　　　站要直,坐要正,我们来背整体认读音节表。
　　　　专心听,勤动脑,学好拼音基础牢。

　　以前在教汉语拼音时,笔者总是将每个字母编成一句有趣的儿歌教给学生。后来,我给出示范,引导学生联系课文的情境图或生活中见到的事物找出与字母相似的地方,自己创作儿歌。如在教学 b 时,给出一句儿歌"大哥哥玩帆板,右下半圆 b b b",而在教学 p 时,我就引导:"小朋友们准备怎样记住 p 呀?"学生在我的启发下动起了脑子,想了许多办法,也编了好多儿歌,如:

　　　　小猴儿上坡,右上半圆 p p p。
　　　　妈妈泼水 p p p。

教学 m 时,学生又编出了"两扇小门 m m m"、"我吃麦当劳 m m m"等。

这样的儿歌记忆形式不仅使学生对学习拼音有了浓厚的兴趣,同时也使他们的语言能力得到了发展。我们不仅做到了"授人以鱼",更做到了"授人以渔"。

六　课外实践与拼音教学相结合,学以致用

语言源于生活,并运用于生活。在教学拼音时,笔者努力将拼音学习生活化,让学生更加熟悉拼音这套学习工具。笔者每天抽出 10 分钟的时间集中练习词组拼读,有时练习拼读学习用品的名称、动物名称、日常生活用品名称、水果名称,有时则教孩子们拼读家庭成员的称呼等。在拼读音节的基础上,还让学生选择其中的词语进行说话练习。此外,笔者还把学生的姓名做成卡片,正面写汉字,背面写汉语拼音,让学生在拼拼读读中认识全班同学的姓名,并进行简单的自我介绍。这样一来既增进了同学之间的友谊,又锻炼了学生的语言表达能力。

七　利用图片读准发音,记住形状

每一个孩子都喜欢色彩鲜艳、生动直观的图画。笔者利用书中的插图引导学生掌握借图发音的学习方法,让学生能从图中明白并记住字母的形状。如在学习第一课时,先让学生认真观察图上画的是谁、他在干什么,学生在读准的情况下,引导他们用收音机的样子记住 b 的形状:天线就好像是 b 的竖,收音机的身子就好像是 b 的右半圆。

除了课本上的图片外,我们还可以在日常生活中收集一些课上可以用上的图片,也可以即兴在黑板上画简笔画。在学习üe 时,笔者就在黑板上画了一个月牙儿;在学习 er 时,则画一只耳朵。这样一来,可改变千篇一律的教学模式,让学生有一种新鲜感,这样就有了学习兴趣,并留下深刻印象。

外国学生说汉语零声母音节起始段初探

北京第十五中学　茹　意

汉语语音方面的特点是：没有复辅音，元音占优势，且带有声调。这些特点很容易导致外国人说汉语时有很重的"洋腔洋调"现象。本文主要以外国留学生零声母音节起始段的发音现象为例，探讨"洋腔洋调"的部分成因和解决方法。

本研究通过对实验性语料的分析来展开，该实验词语表是将普通话中合口呼、撮口呼和齐齿呼的零声母出现的全部情况囊括在内。本套实验词语表主要是以读音为主，词义或句义只起辅助作用。本次实验语料录制的对象情况如下（表1）：

表1

学习时间	8个月	2年	1年	7个月	2个月	1年	1年	1年
性　　别	男	男	男	女	男	男	女	男
母　　语	韩语	韩语	韩语	日语	日语	法语	西班牙语	西班牙语

一　零声母音节的起始段

零声母音节是指汉语中没有声母而只有韵母的音节。这种音节的特点主要就是以元音开头。在实际发音中，要想发出纯粹的元音，是不自然的。因为有声音发出，必有力的作用，有力的作用，必将经历从零能量到有能量的过程，而这个过程，语音学中称之为"启动阶段"（initiation），这是发所有音必需的。就像吴宗济先生说过的："在普通话中，当说一个不带辅音的音节即零声母音节时，如果前面没有别的音节，那么一开始的音色，实际上有时是会出现一些别的音而不是一起始就是纯粹的元音。这种零声母音节的'前奏'，有时是比元音紧一些的'通音'，有时是再紧一些而发生摩擦音的'浊擦音'，这两种音在语音学上统称为'半元音'，把它归入辅音一类。"所以在实际中没有纯粹的一出口就是元音的现象,在某种程度上,我们可以把这种元音前带有辅音的现象看作是凡是有以元音开头的语言发音的默认规则。

二　语料及分析

由于留学生和我们的汉语使用情况差别很大,零声母音节起始段的问题并不是唯一的问题,所以,声学分析对比中难免有其他因素的干扰,最常见的是韵母发音不准和音调不准等问题。为了集中针对零声母音节起始段的观察,留学生说汉语的其他差误此处不做说明和比较。因篇幅所限,很多现象只列出一例。

(一) 音调的协同关系

同样的一个音色由于音调的不同而零声母音节起始段发音情况不同,或者我们可以说是音调和零声母音节之间的协同发音的问题,"言语音段的相互叠接是言语产生的一个不可避免的特征,协同发音就是这种彼此交叠、相互渗透的实施过程"。以下是一位北京人读 lǐwù(礼物)和 nǚwū(女巫)时的声学分析图(图1):

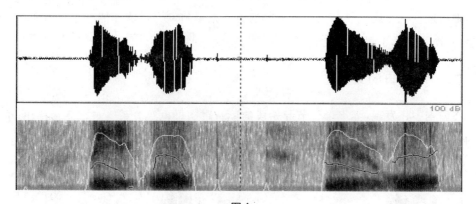

图1

图中白线为音强显示(intensity display),黑线为基频显示(F0 display)。从图中可以看到,该北京人读 wù 和 wū 时,起始段没有明显的喉塞音,即起始段的发音在图中显得比较平缓,喉塞音不重。以比较平稳的方式发出去声和阴平两个音调的音。而下面是一个韩国人读 lǐwù(礼物)和 nǚwū(女巫)时的声学分析图(图2):

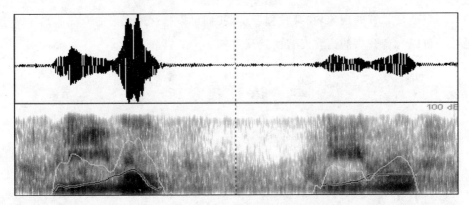

图2

从这个图中可以明显看到,wù 和 wū 两个零声母音节的起始段发音的不同,在去声 wù 的起始段有比较明显的喉塞音的存在,而在阴平 wū 的起始段则对比不明显。之所以在这个情况下出现喉塞音,最大的可能就是和声调有关,即声调协同发音的关系。对于低起调的 wū 来说,需要用的力比较小,也就是所需的必要的能量会少于 wù 所需要的必要能量,这就使得在发高起调的 wù 这个音的时候,如果力量控制不到位,会出现喉塞音。有时为了更好地发出高起调的零声母音节,很多外国人在发这些音时,会下意识地通过喉塞音或仅仅是用声带夹紧的方法来瞬间发力。这种情况尤其出现在日韩学生中,而欧美学生则很少有。

(二)同韵母的关系

在调查中还发现,零声母音节起始段的读音跟韵母也有关系。与复元音相比,单元音的零声母发音难度要相对大一些,甚至可以导致发音的偏误,如图3和图4所示:

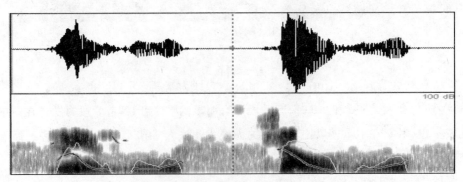

图3

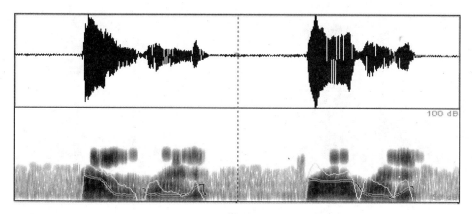

图4

图3是一位韩国留学生读 liànwǔ（练舞）和 tiàowǔ（跳舞）时的声学分析图,图4是该留学生读 bàngwǎn（傍晚）和 huāwǎn（花碗）时的声学分析图,同样都是上声,但是该留学生发单元音的上声却明显不如他发复元音的上声饱满、到位。不光是声调的问题,在所有的这些外国人的录音中,往往复元音的音要更准确,而单元音就比较模糊不清。给人的感觉好像是复元音要比单元音好发。尤其是出现在合口呼中,单元音的合口呼/u/难度似乎更大些,零声母前面的辅音也会更夸张。由此带来的一系列问题,比如音调的情况、与前后语境的衔接情况等,都会因为单元音的发音缺陷而受到影响。

（三）同语境的关系

零声母音节起始段的发音情况还和零声母前后的语境有关系,与该字前后的音律、节奏有关。很多外国人说汉语时忽略了字与字之间的关联,以至于在读词的时候像蹦豆一样一个音一个音地发。如果切断的词语中的后一个音节是零声母音节,那么势必导致该零声母音节前插入了其他的音以发挥一种零声母音节前的启动作用。切断的现象对于以汉语为母语的使用者来说也许不算什么,即使切断也不会有太大的偏误,只是自然度会降低,就像语音合成。而对于外国留学生来讲,汉语的音调本来就不好掌握,这样切断后,音调的位置要重新定位,这势必会导致音调的不准和启动阶段发音的错误。我们来看下面两个声学分析图:图5是一个法国留学生读"白袜子"和"红袜子"的声学分析图,图6是一个中国学生读"白袜子"和"红袜子"的声学分析图。

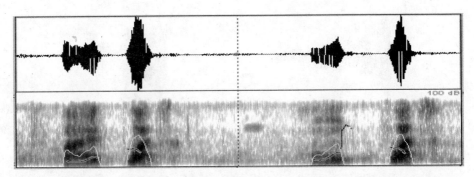

图 5

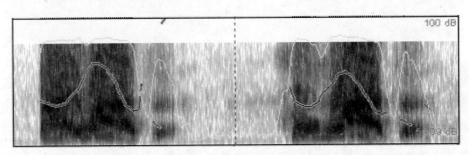

图 6

从图 5 中可以看出,法国留学生发音时,第一个音节和第二个音节间明显有个停顿,将两个本来可以连在一起的音隔开,使得第二个零声母音节需要重新启动,继而会有浊擦音参与,因此,发音显得生硬且听上去很别扭。图 6 的发音人是个中国人,她的第一个音节和第二个音节则自然地连在一起,这样,第二个零声母音节不用重新发音,而只需要借助第一个音节韵尾的音稍加用力便可自然地发出,所以没有明显的浊擦音。

三　零声母音节起始段偏误原因分析

(一) 不是所有的音都存在这种偏误

在调查中发现,并不是外国人读所有的音都会发生这种零声母音节起始段发音过于夸张的情况。无论是声调的协同关系,还是韵母单复的关系,抑或是音节间的切断,都是跟语言发音的自然度和协同发音有关。如果该音本身涉及的协同发音的问题并不是很明显突出,那么,发音者在发这个音的时候就不会出现明显的偏误情况;而如果该音与前面的音可以紧密地连接起来发的时候,而发音人不能正确掌握或敏感地意识到它们之间的协同关系,那么发的音将有明显的缺陷。

（二）不是所有的人都会出现这种偏误

零声母音节起始段的发音情况跟学习者的母语有关，就像德国人发 e 这个音会带有喉音一样，因为他们的语言里不存在这样的音。而且，欧美人对清音浊音的认识迥异于中国人，进而在发合口呼的时候，尤其是 u 和 v 的音，起始段会存在较明显浊音。

欧美学生发音的自然度要高于日韩学生。欧美学生在发音的时候，很随意，却基本掌握了协同发音的规律；而日韩学生发起音来就谨慎很多，试图按着一个刻板的规律走，效果却适得其反。

四　对教学的启示

在对外汉语教学中，我们除了要教学生，强调单个字的饱满、完全发音，还应该强调在语境中的连续性，强调此音与前后音的关联和协同关系。这里还是有规律可循的。一方面，我们要把它找出来并告诉汉语学习者；另一方面，要让汉语学习者自己去体会这种应用性的规律。我们可以总结出更多类似上声连读变调、同化、异化、脱落等现象，告诉学习者这是汉语本身固有的，而不是汉语说得好才需要的。我们可以告诉学生，同样一个字，单独发音和在一个词里面发音是不太一样的，有可能是声调不再完整，有可能声调长短发生变化，也有可能该音的起始阶段发生变化。

在带着学生读课文时，我们可以明显发现，其实在很多学习者的眼里，一句话只是若干字的拼接。如果稍加留心，就可以听出来他们实际在读的还是字，他们甚至可以把一个词断开，也可以把意思完全不相干的两个字联系得很紧密。他们在读的时候，往往先是根据字音的发音难度来断句：难度小而不构成一个词的两个音节，他们可能连在一起很快地读过去，致使我们听上去是一个词；而在难发的音前后停留较长的时间。这种现象在学习者中间是很普遍的，带来的问题也很多，比如断句依赖语音而非语感不利于学习者对句子的理解，在某种程度上割裂了语音和语义的联系，使得语言的自然度被人为地降低了。

针对这些现象，我们在教学中一定要强调词语的读音、句子的整体语调。老师在带读的时候，要突出词语间的语音关联，让学生注意汉语本身的自然度问题，用一种尽可能接近汉语规律的、省力的方法来发音。本次调查的对象有一位来自巴西的汉语学习者，她的发音协调、自然度等方面都很优秀，而她的这个汉语水平，除了有她自身的语言天赋，还有一部分原因是她非常留意身边的语言环境。因此，掌握一门第二语言，要"学习"和"习得"并进，发挥各自应有的优势。

参考文献

曹剑芬 (1995)《普通话音节间音联的时域特征》,中国社会科学院语言研究所《语音研究报告 1994—1995》。

曹剑芬 (1999)《从协同发音看语音的结合与变化》,《中国语言学的新拓展》,香港城市大学出版社。

陈　原 (2004)《社会语言学》,商务印书馆。

陈肖霞 (1997)《普通话音段协同发音研究》,《中国语文》第 5 期。

李兆同 (1985)《关于普通话零声母的分析问题》,《语文研究》第 1 期。

沈　炯 (1987)《北京话开口呼零声母的语音分析》,《中国语文》第 5 期。

吴宗济 (2004)《吴宗济语言学论文集》,商务印书馆。

游汝杰等 (1980)《论普通话的音位系统》,《中国语文》第 5 期。

浅谈对外汉语词义教学的策略和方法

北京育才学校　　张卫红

词汇是语言的建筑材料,是句子的基本结构单位,没有词汇就无法传递信息,也就无从交际。正如威尔金斯在《语言教学中的语言学》一书中所说:"如果没有语音和语法,还可以传达一点信息;但是如果没有词汇,那就不能传达任何信息。"[①]由此可见词汇教学的重要性。许多研究表明词语理解和运用不当以及词汇量不足是影响汉语水平提高的最主要因素之一。因而,在对外汉语教学中,加强对词汇教学和习得的研究具有非常重要的意义。

在词的形、音、义三要素中,词义是核心,在词的结构体中起着决定性的作用。因为"一个词所以能成为词,首先决定于它的意义。意义成为辨析词与其他成分的最重要的标准,意义也会对词形的存在状态产生去留变存的巨大影响。词义的变化总会带来词形的变化,词形的变异则总是词义变异的反映。"[②]因而,词义就成了对外汉语词汇教学的核心内容,掌握每一词语的具体意义和用法是教学的重点所在。另外,从习得的角度看,词义掌握得好不好也会直接影响到学生对句子的理解和使用。可见词义在对外汉语词汇教学中有着举足轻重的地位。

本文结合词语教学的具体实践,提出一些词义教学的策略和方法。

一　树立对比意识,加强词义对比

(一) 加强汉外词义对比

汉语和留学生的母语词义系统之间存在着很复杂的关系,要想让学生更好更准确地掌握汉语词义,在对外汉语词汇教学中就要有对比意识,对汉外词义进行对比,主要

---

① 转引自盛言(1990)《语言教学原理》,重庆出版社。
② 苏新春(1997)《汉语词义学》,广东教育出版社。

是找出其中的差异,对汉语词义中那些跟学生母语中对应词的词义不同的地方做重点讲解,以让学生准确地把握汉语词义,从而恰当地运用词语。另外,通过词义对比可预测学生在词语学习中的难点和错误,特别是在初级阶段。当目的语与母语的词义相对应时词义的学习负担就轻。然而,两种语言间词义绝对对等的情况很少,但是如果两种语言间词义大部分重叠(对应),词义的学习负担也轻。因而,应该对汉外词义进行对比。我们可根据词义习得难易程度对所学汉语词汇进行分类,如完全对应和完全不对应的词为"易",大部分对应的词为"轻难",部分对应的词为"难",貌合神离以及错综复杂的对应词为"重难"。这种分类将有助于我们在汉语词汇教学中有针对性地把握重点和难点,详细透彻地讲解,帮助学生准确掌握汉语词义。

汉外词义对比可从理性意义、色彩意义、文化意义、语义搭配等层面进行对比。当然,在具体的词义讲解中,并不是把汉英对应词的所有意义之间的异同一股脑儿地教给学生,而应根据留学生的具体情况,有选择、适度地开展词义教学。留学生已基本掌握母语的词义系统,对本族语的词义已经非常明确,因而在词义对比时,只应重点讲解汉语词义中不同于学生母语词义的地方,不需再对学生母语的词义进行讲解。如果要讲的词是多义词,只讲所要学习的那个意义,不要过多地讲解多义词的其他意义,以免增加学生学习的负担。

对外汉语教师应该具有这种对比意识,对汉语词义和学生母语中对应词的词义进行对比分析,以预测学生可能会在词义的哪一层面上出现理解偏误和运用偏误,从而在教学中有针对性地对汉语词义进行讲解和训练,更好地提高词义教学的效率。例如,教师课前若对汉语中的"参观"和英语中的 visit 进行词义对比,了解它们只是在"到一个地方游览、参观"这个语义特征上是相同的,而"参观"没有 visit 的"访问;拜访(某人)"这些语义特征,也就是说"参观"后不能跟表示人的名词,只能跟表示地点的名词,那么在讲解"参观"这个词时,就可以把它的词义特征揭示出来,即其后只跟表示地点的名词。学生明确了这一点,就不会出现"我回家参观我妈妈"这样的错误。

(二)加强同义词之间的词义对比

同义词始终是留学生学习汉语的难点,从学生用词的偏误中我们可以看出,留学生因对同义词之间细微的差别了解不清楚而出现的用词偏误很多,尤其是在中高级阶段。因而,教师应加强同义词之间的词义对比,帮助学生更准确地把握词义、更恰当地运用词语。

同义词的词义辨析一般应从词的理性意义、色彩意义等多个层面入手。

1. 区别理性意义。

对于那些理性意义区别比较明显,而留学生因某种原因容易弄混的词,需要从理性意义上加以区分。如在学生母语中是同义词的词,像"认识"与"知道"、"生活"与"住"、"旧"与"老"等。对于那些理性意义极为接近,只有细微差别的同义词,辨析的重点则要放在这些细微之处。它们的差异主要表现在:

(1)指称范围大小不同。如"灾难"指天灾人祸所造成的损害和痛苦,"灾荒"只指天灾,"灾难"的指称范围要比"灾荒"大。这类的同义词还有"事件"与"事故"、"性质"与"性格"等。

(2)词义轻重不同。如"轻视"与"蔑视":两个词都有"看不起"的意思,但"蔑视"的程度比"轻视"重。"蔑视霸权主义"里的"蔑视"不能改为"轻视"。"损坏"与"毁坏"、"失望"与"绝望"、"请求"与"恳求"等这几组词都是后者比前者意义重。

(3)词义的侧重点不同。如"旅行"与"旅游":两者都有"从一个地方到较远的另一个地方"的意思,而"旅行"侧重于出行,"旅游"侧重于游览。这类词还有"保护"与"爱护"、"感激"与"感谢"等。

(4)适用对象不同。词的适用对象是词的理性意义中的一部分,同义词可以从适用对象方面进行辨析。如"低"与"矮":"矮"适用对象是具体事物,"低"的适用对象多是抽象事物。还有"胖"与"肥","胖"的适用对象是人,"肥"的适用对象是动物。

2. 分析词的色彩意义。

对于那些理性意义大体相同,而色彩意义不同的词,则应主要分析它的色彩意义。

(1)感情色彩不同。如"成果"、"结果"与"后果":"成果"指工作或事业的收获,含褒义;"后果"专指坏的结果,含贬义。因而不能说"那件事的成果不太好",也不能说"那件事的后果很好"。一般地陈述事情发展的最后状态,应该用具有中性色彩的"结果"。

(2)语体色彩不同。如"谈话"与"聊天儿":"谈话"是书面语,显得庄重;"聊天儿"是口语,显得随便。再如"走访"与"串门儿":"走访"显得典雅,"串门儿"则显得通俗。

不同感情色彩、不同语体色彩的词适用于不同的对象和不同的场合,因而在给学生分析这类词时,免不了会涉及中国人的文化心理及语用方面的问题。

3. 词义搭配不同。

"爱护"与"爱惜"都有"爱,重视而不糟蹋"的意思,但"爱护"着重在"护",保护好,不使受伤害,所以与其搭配的都是易受伤害的人、生物或其他事物,如"同学"、"花草"、"公物"等;"爱惜"着重在"惜",不使白白消耗掉,舍不得,所以与其搭配的是在使用的而又容易逐渐消耗的事物,如"时间"、"人力"、"金钱"等。汉语是一种非形态语言,组合规则中没有或极少词形变化的约束,因而词义搭配问题就显得格外重要。一个词有什么样的组合搭配,就表现了其相应的意义。只有了解、掌握词的组合搭配,才能真正理解、掌握词语。在对外汉语同义词教学中应重视词语的搭配现象,引导留学生从词的搭配对比来领会、理解同义词之间的细微差别。

同义词的辨析主要从以上几个方面进行，但在一组同义词身上，几个方面的区别是交错在一起的，如："爱护"与"爱惜"、"发挥"与"发扬"，可以说是词义的侧重点不同，也可以说是词义搭配关系不同。对于这些同义词，就要根据学生易混的原因，选择最便于他们区分和记忆的角度去辨析。

二　在讲解词义的同时对语素义进行解释说明

我们知道汉语词汇是以单音节语素为基础建构起来的，大量的复合词都是由单音节语素依一定的构词规律构成的，并且汉语词汇具有很强的意合特征，复合词的意义总是反射出语素所含的某些意义。复合词的词义和构成它的语素义之间有某种关系，可以通过分析语素义来认知复合词的词义。因而苏宝荣先生说："对汉语词义，特别是合成词的词义的理解和释义，应当而且必须以语素为突破口。"[①]

笔者认为，在教学中对于语素义发生变化的词侧重讲授词的整体意义，而对于构词时语素义不发生变化的词，在讲授词义的同时，还应分析词语中的语素，对其进行解释说明，并且还可以一定的义项为单位与其他已学或未学的语素进行再组合，从而巩固所学词语（包括目标词语和已学词语）和扩大新词的学习范围。如学到"服装"一词，该词本身的意义并不难懂，用法也不复杂，但"服装"是一个可以离析成两个极富构词能力的语素的复合词，教师应该向学生讲清楚，在"服装"一词中，"服"="装"，并且请学生说出有"服"和"装"两个字的词，学生可以说出"西装"（西服）、"时装"、"羽绒服"（此词已学过）、"衣服"、"服装店"、"服装厂"、"服装公司"等词语。这时，教师可试着让学生猜"童装"、"男装"、"女装"、"老年装"、"洋装"（洋服）、"中山装"等词语的意思。一般来说，由于学生明白了"服装"一词的语素构成及语素义，在猜测和学习新出现的词语时，成功率往往很高。如果学生的接受能力和课时允许的话，还可以由"服"字系连到"衣服"一词，提出"衣服"的构造和语素义，从而带出"外衣"、"内衣"、"上衣"（上装）、"下衣"、"睡衣"等词语。这些带"服"、"装"、"衣"语素的词成为一个小型语义场，学生容易识记。当然，那些一个字的单纯词也可以作为语素适当地加以系连，以扩大词汇学习范围，如"票"，可以系连出"机票"、"车票"、"电影票"、"门票"、"发票"等。但是，教师头脑中的"语素"概念必须是十分清楚的，而且要在课堂教学中加以体现。汉语词汇的这种特点在教学中的潜力应当充分地发掘出来。

---

①　苏宝荣(2002)《词义研究与汉语的语法——语义结构》,《语言教学与研究》第 1 期。

通过分析词义及其构成语素的语素义,可以使学生更深入地理解词义,便于记忆。我们知道语素义支撑着词义的要点,提供了词义的理据,在已知词义的基础上,通过语素义可以加深对词义的理解。

另外,在分析合成词的词义和语素义时应结合构词法的知识来进行。用语素义解释词义时,结合构词法,说明语素与语素之间的各种关系,也能使学生在理解运用词语时举一反三,较快地扩大词汇量,并加深对汉语语法结构的理解。这是从认知的角度,让学生认识一些构词的基本模式,有利于学生掌握语素之间的关系,比如联合结构中的并列关系、动宾结构中的支配关系、主谓结构中的陈述关系、偏正结构中的修饰关系以及补充结构中的解说关系。同时,还可以利用构词知识来解释学生应用中的一些错误用例。有些词的语素之间是紧密结合在一起的,不能拆开来说,而有些则是可以的,后者叫离合词。我们可以说"理了一次发"、"洗完了澡"、"开了一个小时的会",但是,我们也看到学生作文中这样的说法:"时间不停地走,我也已改了很多变"、"我在北京学了一年的习",这都是因为学生不了解词的结构造成的。因而在分析合成词及其语素时,一定要结合构词法的教学来进行。这样根据汉语词语的特点来进行词语教学,还有利于较快地培养学生对汉语的语感。

三　准确讲解词义每个层次的内容

词义包括理性意义、色彩意义、文化意义等多个层次,因而在讲解词义时,不能笼统地去说明,要用精确的语言来阐释词的理性意义,对于词的明显的色彩意义要着重给予说明,否则就会出现因对多个层次的词义理解不当而出现的偏误。

首先,突出理性意义,弄清词语的含义。理性意义是词义的核心,也是掌握一个词语的基础,每个词的感情、语体、文化、搭配意义都有侧重,但是理性意义是每个词都具备的,是我们首先应该讲清楚的。对于理性意义的揭示要精当而准确,否则就会误导学生,从而引起词义理解的偏误。例如,有的老师在解释"加强"时说:"加强"就是"多做某件事情",结果学生就造出了"我们要加强吃饭"、"我们要加强休息"这样的句子。如果能把"加强"一词"使之坚固或更有效"的含义揭示出来,学生就不会犯上面的错误。还有,应避免用与一个词的某一义项对应的英文进行释义,一个汉语词往往有几个义项,每个义项对应不同的英文意思。如果用某一义项的英文来解释,那么学生就会把与该英文对应的其他词语当成该词来使用。例如,"联系"可以用 touch 来解释,但是反过来,touch 还有"接触"的意思。于是,在该用"联系"的地方学生用上了"接触":"从此我一次也没有接触过她,但是她一直在我的记忆中。"因而对理性意义的讲解一定要准确、精当,这是词义教学中的重中之重。

其次,注意词语的色彩义,避免使用不当。留学生学习第二语言,由于不是母语,所以对有些词语的感情色彩、文化色彩和语体色彩很难通过已有的词语知识积累去自然地体会出来,尤其是初级阶段的学生,缺少语感,所以就更要突出其色彩义。

最后,要揭示词语深藏的文化内涵和"言外之意"。有些词语除了理性意义之外,还蕴涵有特定民族文化信息,这就是词语所具有的文化意义,如"红色"所具有的"吉庆"、"顺利、成功或受人重视、欢迎"、"革命和政治觉悟高"等文化意义,"竹"所具有的"正直、有骨气"的文化意义。词语的文化意义具有很强的民族性,所以在讲解这些词时,对于其具有的文化意义,教师一定要给予明确的讲解,其中包括对与词语有关的文化背景知识的适当补充等,以便学生更准确、更深入地理解汉语词语和句子,从而顺利地完成跨文化交际。当然,对词语文化意义的揭示一定要注意阶段性。

四   重视语境,在语境中进行词义教学

我们要教给学生的,不是语言中的词语,而是言语中的词语。语言中的词语是静态的、用描述的方式来释义,例如词典中的释义、教材中生词的释义。我们要教给学生的词,应该是动态的,也就是说,要教会学生使用这个词,用这个词来表达思想内容。一个词总是出现在一定的句子或上下文中,正是语言环境的制约,才使一个词有了某种特定的具体含义。大多数词在不同的语境中有不同的意思,词语释义和使用离不开语言环境。因此,我们要结合语境和句子来进行词语教学。如在讲解"进步"这个词时,笔者设置了这样的语境:"玛丽上次考试考了 30 分,这次期中考试考了 80 分,所以我们可以说:玛丽学习_____了。"学生很自然地说出了"进步"。通过这样的语境,学生既理解了"进步"的词义,又了解了"进步"这个词的用法。

同时词语的语用色彩往往是在一定的语言环境中表现出来的,解释词的语用特点时也要结合语境。"下榻"、"会晤"这样的词,如果不结合句子或者给出适用的语言环境,学生往往造出这样的句子:

①﹡第一次到北京,我下榻在中国大酒店。

②﹡开学第一天,我会晤了很多新同学。

如果我们告诉学生这是两个文言色彩很重的词,用在非常正式的场合,并且用在大人物身上,这样,学生就不会犯类似的错误了。

另外,学生要了解一个词的褒贬色彩以及与其他词的搭配关系,也要在具体的语境中教学。特别是近义词、多义词、虚词,一定要结合句子进行讲解。

参考文献

Evelyn Hatch,Cheryl Brown,*Vocabulary*(2001),*Semantics and Language Education*,Foreign Language Teaching and Research Press,Cambridge University Press.

符淮青（1996）《词义的分析和描写》,语文出版社。

葛本仪（2001）《现代汉语词汇学》,山东人民出版社。

江　新（1998）《词汇习得研究及其在教学上的意义》,《语言教学与研究》第 3 期。

万艺玲（1997）《对外汉语词义教学中的两个问题》,《语言教学与研究》第 3 期。

王希杰（1995）《关于词义的层次性问题的思索》,《汉语学习》第 3 期。

王　寅（2001）《语义理论与语言教学》,上海教育出版社。

肖贤彬（2002）《对外汉语教学中"语素法"的几个问题》,《汉语学习》第 6 期。

语境设置在对外汉语词汇教学中的运用

北京师范大学附属中学　　董少华

　　在对外汉语教学中利用并创造与教学内容和教学形式有关的语境,这种方法很重要,而且在口语课和听力课中运用非常广泛。但是以词汇讲解为主的综合课却很少注意发挥语境的作用。其实,词语都是从一个个典型的语境中抽象出来的,与其空讲词语,让学生听得云里来雾里去,不如重新回到语境中去,让学生在真实(或仿真)的语境中自己发现、总结词语的词义和用法,进而掌握并运用。

　　在词语教学中,目前比较普遍的方法是先解释词语,后引出例句,教师讲解,然后练习。这里例句的选择很关键,我们需要了解学生已掌握的语言知识,利用学生已形成的概念、社会知识和文化背景。这样设置语境才能贴近他们的生活,激发他们的兴趣,进而提高他们的理解和表达能力。"一个规定的语境能使语言形式与某个特定的意义联系起来,这就是语境的解释功能。"[①]下面将通过一些实例的分析,来讨论词汇教学中语境设置的重要性。

一　心存语境,精心设计语境例句

　　语言的教学过程是学习者对语言的认知过程。语言最本质的功能是社会交际功能,因而语言教学的根本目的是培养学生的交际能力。而语言交际不可能在真空中进行,它必须发生在一定的场合里。因此,要提高学生运用语言进行交际的能力,语言教学必须根植于语境之中,使学生学会在不同的语境中运用不同的表达方式实现自己的不同交际目的。

　　教材中对词语呈现的方式主要有两种,一是在课文中出现,二是在课文后词语用法例解中出现。但课文中有些重点词语,例解里并没有。讲解起来又非常困难,就需要仔细琢磨,精心设置情境,一步一步,层层铺垫,最后自然引出教学中心。以《汉语教程》第

---

　　①　裴文(2000)《现代英语语境学》,安徽大学出版社。

三册下《一盒生日蛋糕》中的词语为例。如讲"来不及"一词时可以设置如下语境：

> 老师：我们买了首都影院的电影票。
> 学生：几点开演？
> 老师：今天下午五点半开演？
> 学生：我们怎么去？
> 老师：打车去，不然就来不及了。
> 学生：是的，不然就来不及了。
> 老师：要是打车呢？
> 学生：打车去就来得及。

有了这样的语境，学生可以很清楚地知道"来得及"、"来不及"的词义，教师已无须再解释该词的意思了。值得注意的是，用语境法导入新词，必须注意语境中用到的其他词语是学生学过的，否则语境反而成为理解词义的障碍了，也就是说语境设置要跟学生的认知水平相联系。

再如讲"软下来"时我们可以设置如下的情境对话：

> 老师：你的手机被张小明碰掉地上，你会怎样？
> 学生：我很生气。
> 老师：你本来想责怪他，可是张小明诚恳地向你道歉。你会怎样？
> 学生：我的心软下来了，原谅他了。

"软下来"就是原谅别人，不追究责任了。

通俗地说，语境法就是通过绕弯子，利用已知语境创造新的语境，从而让学生获取新的语言点。再如下例：

> 甲：现在为什么不打电话给他呢？
> 乙：你忘了，我的手机前几天刚丢。
> 甲：对，我把这茬儿给忘了。

如果教师就词讲词，显然过于死板，学生也难以接受。"茬儿"是北方的方言词，由于缺乏社会环境背景知识，学生理解起来比较困难。教师可以利用上下文的语境对"茬儿"

进行解释。如上例中"手机前几天刚丢"这件事就是"茬儿"在这一言语情境中的具体意思。有了这样具体的语境,既完成了对话内容,又理解了词义,还与生活语言密切相连,达到了事半功倍的效果。教师需要一双慧眼,即时捕捉有利于教学的信息。语言的基本功能就是交际,而设置合适的语境就强化了交际功能。因此,在对外汉语教学中尤其是词汇教学中,教师一定要心存"语境",即一定要时刻关注语言教学中的语境利用。

二　创造性地使用文后词语用法例句,再造语境

以《攀登——中级汉语教程》第一册中"急于"一词的讲解为例。教材对该词的解释是"动词,表示想要马上实现或成功",所用的例句是这样排列的:

> ①在对别人进行道德评判之前,我们应该三思而后行,要先弄清楚是与非,要想到别人好的一面,而不要急于去做负面的判断。
> ②一考完试,他就急于回国。
> ③干什么事都不能急于求成。
> ④他因为急于想发财,所以上了骗子的当。

例句数量不少,但排列杂乱。第一句最难,讲课时要给它们重新排列,按②③④①的顺序,由浅入深进行讲解。我们发现这些例句既有共性的东西,又有个性的东西。"急于"后边必须加动宾短语(表示"去做什么"),而且这个宾语常常是谓词性的。例②是留学生生活中常遇到的情况,一到寒暑假,大多数同学都想马上回国,所以放在第一句讲。例③④①可以用设置对话的形式讲解:

> 老师:学汉语是需要一定的时间的。我们学汉语不要什么?
> 学生:我们学汉语不要急于求成。
> 老师:干什么事都不能急于求成。
> 老师:他急于想发财,他可能会遇到什么问题?
> 学生:所以上了骗子的当。
> 老师:我们评判别人时应该怎样做,不应该怎样做?
> 学生:在对别人进行道德评判之前,我们应该三思而后行,要先弄清是与非,要想到别人好的一面,而不用要急于去做负面的判断。

这样学生对"急于"一词的意思和用法，就真的明白并掌握了。教学时，如果老师不做深入思考和分析，只是照本宣科，学生还是不明白这个词的意义和用法。而在这个语境中，几个例子由浅入深，在对话交流中，多次使用"急于"，学生在使用中明白并掌握了这个词。马林诺夫斯基曾说过：词亦如任一人造物品，只有在各种场合下被使用，并且被合适使用后才变成有意义的。

三　挖掘例句语境的隐含信息，使语义显现出来

自然语言往往以省略的形式表现丰富的思想内容。对于语言学习者来说这是个难点。我们在教学中，应设置相应的语境信息，使隐含的语义显现出来，让学生了解、掌握和运用语义背景。以"毕竟"一词为例，学生在完成句子的练习中，造了病句：

> ***毕竟**他学汉语才三个月，这些话他都能听得懂。

这说明他们没有明白"毕竟"一词的真正含义和用法。"毕竟"是副词，强调事物的状态、性质、特点，表示不管怎么说，事实还是这样；即使有了新的变化，原有状况也不能忽视。有到底、究竟的意思。常用在前一分句，强调原因。后来，笔者设置了如下的例句语境，把省略的挖掘出来：

> 老师：毕竟他来中国三年了，学了三年汉语。
> 学生：这些话他都能听得懂。

也就是强调正是由于他来中国时间长，学汉语时间长的原因，才有了他听懂这个结果。以书上例句为例：

> ①我毕竟是个男子汉，不知不觉地开始注意他的言行，并且在学习上暗暗地跟她比赛。
> ②他毕竟是外国人，对中国的情况还不十分了解。

这两个例句学生理解起来比较困难，我们可以添加一个语义背景，设计一个简单的话语情境：

①（她这个女孩，长得漂亮，学习又好，有独到见解，我欣赏她，我虽然是个男孩，但在这个优秀女孩面前，要想脸上有光，也不甘落后。）

——我**毕竟**是个男子汉，不知不觉地开始注意她的言行，并且在学习上暗暗地跟她比赛。

②（他来中国时间不长，就染了头发，学校不允许染发。）

——他**毕竟**是外国人，对中国的情况还不十分了解。

有了这样的语义背景和话语情境，学生理解起来就顺畅多了。

四　利用正反语境进行词汇教学

在词语教学中，可以利用词语自身内部的正反义成分或者正反义词语设置适当的语境来进行讲解，如"远近闻名"、"贫富差距"、"喜新厌旧"、"落后——先进"、"干净——肮脏"、"整齐——杂乱"、"温柔——粗暴"、"湿润——干燥"、"赞扬——批判"等，这些词本身就互相映衬，更利于加深理解。如在教学"湿润"这个词的时候，可以一边用水杯往地上洒水演示，一边跟学生展开对话：

教师：这教室里很干燥。我洒点儿水就不干燥了。不干燥了就怎样了？
学生：就湿润了。

五　创设词汇语境要注意典型性和科学性

在整个对外汉语教学过程中，特别是在词汇教学中，教师应当利用各种语境知识，帮助学生理解词语的意思和用法，建立新旧知识的联系，学会灵活运用。但是，语境的设置不是随意的，我们设置的语境应当具有典型性和科学性。

典型性就是设置的语境既能体现词语的用法，又是生活中经常遇到、出现频率较高的典型语境。这样的语境既有利于学生的理解和记忆，同时由于生活中出现频率高，所以在学生运用过程中更容易从课堂交际回归现实生活中的交际。科学性就是设计出的语境要能真实地反映语言的本质规律、符合学生的认知规律。我们要针对学生层次的不同，设计相应的语境。一般说来，针对初级水平的学生，应当是一些形象化的、简单的、和生活联系紧密的语境。而针对中、高级水平的学生，语境设计就可以相对地抽象一些、复杂一些。只有真正地了解了学生，深入到他们的学习、生活，才可能设计出贴近学生生活的、满足学生交际需要的典型语境。所以,教师要走进学生生活,和学生建立起朋友式的师生关系。

对外汉语词语教学不是一般的知识的传授,也不是一般的结构技巧操练,而是要培养学习者的语言运用能力。这就要求所有从具体语境中抽象提取出来的语言知识和语用知识都必须重新回到具体的语境中运用。词语教学活动的目的就是为了会用,培养学习者的交际能力。教师有目的地设置情景语境,这样无疑会帮助学生更快、更好地掌握汉语,进而提高学生的汉语交际能力,达到语言教学的目的。

参考文献

陈昱等 (2006)《对外汉语课堂教学的原则》,《北京市中小学对外汉语教学》(北京市中小学对外汉语教学研究会 2006 年论文专刊)。

方　艳 (2004)《对外汉语教学中词汇语境的设置》,《北京教育学院学报》第 3 期。

黄仁锋 (2001)《语境分析与语言教学取向》,《北方论丛》第 5 期。

刘月华等 (2001)《实用现代汉语语法(增订本)》,商务印书馆。

张　华 (2006)《语境与对外汉语语法教学》,《现代语文(语言研究)》第 7 期。

浅谈对韩国学生离合词的教学

北京市大兴区第一中学　宫　岩

作为一名对外汉语教师,在留学生的日常会话或作业中,我们经常会听到或看到这样的句子:

① * 昨天我在超市见面了老师。

② * 你为什么生气我?

③ * 如果你有时间,我们**散步散步**。

④ * 刚才我**洗脸**过了。

⑤ * 今天考了试一天。

⑥ * 我们班他**唱歌**得很好。

这里的偏误主要发生在离合词上。离合词是汉语所特有的词汇现象,留学生的母语中几乎没有类似这种词语的"离合"现象。母语的负迁移作用以及目的语知识的缺乏,致使留学生使用汉语离合词时常出现偏误。比如,汉语动词可以重叠(如"看看"、"学习学习"、"打扫打扫"),重叠后常表示容易、时间短、轻松等含义。"散步"也是动词,留学生想表达散步的时间短时,就有可能说成"散步散步"。这其实是由学过的汉语规则过度泛化造成的。针对留学生离合词使用偏误现象,我们必须加强研究,积极探索离合词教学的有效途径和方法。

一　离合词及其结构类型

(一) 离合词与短语

离合词是汉语词汇中一类比较特殊的词语。关于离合词的语法性质,学术界一直存在争议。有人认为离合词不论是分是合都是词,有人则认为它们是短语,还有人认为它们不分开时是词,分开后是短语。现代汉语复合词的构成与短语的构成方式基本一致。有些组合形式,如"理发"、"散步"、"洗澡"、"睡觉"等,介于复合词和短语之间。它们不分开时是复合词,分开(扩展)时是短语。但不分开时较多,而且拆分要受到条件的限制,跟自由组合的短语又有所不同。我们把这部分组合形式叫"离合词"。

离合词和一般词组的区别在于:一般词组可以无限扩展,而离合词只能有限扩展;一般词组的意义是它组成成分的意义的综合,而离合词的意义却不一定能从组成成分的意义看出来。如"操心"、"关心"、"忘掉"、"拼命"、"谈心"等。

(二) 离合词的结构类型

离合词从构成方式看主要有以下几种类型:

1. 主谓式。

这类离合词的前一部分为名词性成分,后一部分为动词性或形容词性成分,如"嘴硬"、"眼红"、"手软"等。这类词语合在一起时是形容词,拆开(中间能加入程度副词"真"、"很",否定副词"不"等)使用时则构成主谓结构的短语,但拆开前后意思保持基本一致。如:

① 他还真嘴硬。——　他嘴还真硬。
② 别看别人有什么就眼红。——别看别人有什么眼就红。

在这个过程中要注意的是离合词语义的一致性。如果拆开时的语义和未拆开时不一致,我们不把它们看成是同一个语言形式。如:

这件事真让人头疼。——今天我头很疼。

这里的"头很疼"的意义跟"头疼"并不一样。前一个我们认为是主谓结构的形容词,后一个我们认为是主谓结构的短语。

2. 动补式。

这类离合词的前一部分为动词性成分,后一部分为动词性或形容词性成分,如"躲开"、"搬动"、"降低"、"叫醒"、"看见"等。动补结构中的补语又分为表示趋向的和表示结果的。如:

① 他想挽回我的感情。——他再也挽不回这些损失。

② 你能**搬动**那台冰箱吗？——这个箱子**搬得动**。

③ **叫醒**她，我们出发了。——**叫不醒**她怎么办。

这里我们把"挽回"看成表示趋向的动补式离合词，"搬动"、"叫醒"看成是表示结果的动补式离合词。

3. 动宾式。

这类离合词前一部分为动词性成分，后一部分为名词性成分。这是数量最多、最主要的结构类型。这种离合词扩展前主要以三种表现形式出现：

(1) 动词。这占绝大部分，这部分的离合词中有的能重叠，重叠的方式是"AAB"式、"A一AB"式、"A不(没)AB"式、"A了AB"式。如：

① 天气好的话我们一起**散散步**吧。

② 今天晚上的晚会主要是**唱一唱歌**、**跳一跳舞**。

③ 上周你们学校**补没补课**？

④ 她知道这个场合很重要，所以**化了化妆**。

(2) 形容词。这类离合词可以受程度副词修饰，但不带宾语。它们一般不能重叠，主要通过"AB不(没)AB"式、"A不(没)AB"式来表示疑问。如：

① 昨天我没有给你回电话你**生气没生气**？

＝昨天我没有给你回电话你**生没生气**？

② 我突然出现在你面前，**吃惊不吃惊**？

＝我突然出现在你面前，**吃不吃惊**？

③ 你说他的话**扫兴不扫兴**？

＝你说他的话**扫不扫兴**？

④ 再做一遍，**费劲不费劲**？

＝再做一遍，**费不费劲**？

(3) 副词。这类离合词很少，不能重叠，在句中只充当状语。如：

① 有什么话**当面**说清楚。——有什么话**当着我的面**说清楚。

② **趁便**把东西买了。——他**趁**职务**之便**做了这件事。

动宾式离合词在扩展使用时,中间可以插入的词语较多,常见的有"着"、"了"、"过"、"不"、"起"、"来"等,还可以插入数量词以及"名(代)词＋的"等。如:

① 他年纪不小了,父母为了他的婚姻大事**担起心来**。
② 金鱼已经**帮了**农夫三次**忙了**,所以再也没有出现。
③ 他考试考得不错,所以**请了**班里所有同学的**客**。
④ 我们老师**备了**一天的**课**。

由于离合词中绝大多数为动宾式离合词,所以本文主要以动宾式离合词为例,着重分析其几种扩展形式。

二　离合词的扩展形式

由于动宾结构的离合词的两个语素是动宾关系,多由单音节的动词性语素加单音节名词性语素构成。这些离合词多属动作性动词,如"上学"、"理发"、"备课"等;也有一些兼属名词或形容词,如"贷款"、"导游"、"安心"、"努力"、"着急"、"倒霉"等。离合词的构成是丰富多彩的,其扩展形式也是多种多样的。怎样扩展、扩展部分的位置在哪里都是学生必须掌握的。一般来说,离合词扩展有以下几种方式:

(一) 用助词扩展

1. 插入动态助词"着"、"了"、"过"。
其基本形式为:V＋着/了/过＋O。
(1) 能插入"着"的离合词一般为可持续性的词语,如:

① 小点儿声,孩子正**睡着觉**呢。
② 你打电话的时候我正**洗着澡**呢。

(2) 能插入"了"的,一般也能插入"过"。如:

① 他在这件事上**吃了亏**。
② 他在这件事上**吃过亏**。

③ 今年他**结了婚**。

④ 事实上他**结过婚**。

2. 插入助词"的"。

主要表示强调,其主要的扩展形式为:V+的+O。如:

① 你在哪所大学**毕的业**?(强调"哪所")

② 你去哪儿**出的差**?(强调"哪儿")

③ 你们几点**下的课**?(强调"几点")

(二)用补语扩展

离合词的中间可以插入结果补语、趋向补语、时量补语和数量补语。离合词中间插入"着"后就不能再同时插入其他补语,但插入"了/过"后还能插入别的补语。

1. 插入结果补语或趋向补语。

补语一般为单音节的,这个补语要紧跟在 V 后,并且只用在"了"的前面。其扩展形式主要为:V+补(结果/趋向)+(了)+O。如:

① 他莫名其妙的就**生上了气**。

② 知道他完全脱离了危险,我们才**安下了心**。

③ 昨天我去了他家,才和他**见着(了)面**。

④ 他觉得真是**伤透了心**。

2. 插入数量补语。

补语一般为动量补语,通常为双音节的,放在"了/过"的后面。其扩展形式主要为:V+了/过+数量补语+O。如:

① 哦!我们以前**见过一次面**。

② 他**上了好几回当**了。

3. 插入时量补语。

补语表示时量,和"了/过"同时用,可放在"了/过"的后面,也可以在 O 前加"的"。其主要扩展形式为:V+了/过+时量补语+(的)+O。如:

① 他昨天**生**了一晚上的**气**。

② 我**理**过三个小时的**发**。

（三）用定语扩展

插入离合词的定语可以是数量词、名词、代词、动词、形容词或短语。插入定语时只有一个位置，即紧挨着宾语。

1. 插入数量词。

一般的情况前面的例句中就有。还有一种情况是只插入量词或不定量的数词。这种情况下并不是为了表达量，而是带有一种轻松、短暂、随便的语气。其主要扩展形式为：V＋（了/过）＋数＋量＋O。如：

① 我们一起**照个相**吧。

② 没事他就**撒个谎**骗人。

③ 以后在公众场合还是要**注点儿意**。

2. 插入代词。

离合词可以插入人称代词或疑问代词。一般人称代词后要加"的"。其主要扩展形式：V＋代词＋（的）＋O。如：

① 我们一起**革他的命**。

② 又没有什么事，你**担什么心**？

3. 插入动词、形容词、名词。

其主要扩展形式为：V ＋了/过＋名词/动词/形容词＋（的）＋O。如：

① 你这样做**伤了妈妈的心**。

② 我可不想这样**受窝囊气**。

③ 政府很快就给我们**拨了救命的款**。

4. 插入短语。

能插入离合词的短语主要是偏正短语，整个偏正短语主要是起到修饰离合词中后一个语素的作用。如：

　　　　终于他还是**吃**了无知、肤浅、虚荣的**亏**。

（四）用其他成分扩展

1. 否定形式。

在离合词的两个语素之间插入"不"，如：

　　① 这件事情我也**帮不上忙**。

　　② 我真的**放不下心**，你就告诉我实情吧。

2. VO 颠倒。

这必须扩展后才能实现，只能在上下文问答中单独用，一般情况下需要加后续句。如：

　　① **舞跳**了，**歌也唱**了，我们也该散了。

　　② **客也请**了，你快点儿把东西给我吧！

三　离合词的语法特点及功能

在教学中，对于离合词不仅要分析它的内部结构，研究它的各种离合方式，还要研究它的功能，研究它作为一个整体在句子中起什么作用。作为谓词，离合词主要体现出动词的语法特征，但是离合词还具有一些特殊性，主要表现在：

（一）大多数离合词不能带宾语

大多数离合词不能再带宾语，只有一小部分能带宾语。如"担心考试"、"出口汽车"等。离合词带宾语时要用它的原式，不能用它的扩展式。这部分离合词带宾语时，有两种形式。一是用介词把宾语提前，如：

　　① ＊ 我明天**见面**他。

　　　　我明天**和**他**见面**。

　　② ＊ 今天下班后我们**帮忙**他。

　　　　今天下班后我们**给**他**帮忙**。

二是把宾语插在中间,如:

　① ＊ 你为什么生气他?

　　 你为什么生他的气?

　② ＊ 我们都上当那个司机。

　　 我们都上了那个司机的当。

(二) 带时量补语、程度补语时要重复前一个语素

离合词在带时量补语、程度补语时,要重复离合词的前一个语素。如:

　① ＊ 他游泳了三个小时。

　　 他游泳游了三个小时。

　② ? 他跳舞很美。

　　 他跳舞跳得很美。

带程度补语时,VO 可以颠倒成 OV,如“他舞跳得很美”。带时量补语的时候,可以扩展为“他游了三个小时的泳”。

(三) 一些离合词能受程度副词的修饰

有些表示心理活动的离合词可以受程度副词的修饰,同时还能带宾语,如:

　① 我很着急明天的面试。

　② 我们都非常吃惊他的举动。

还有一些离合词可以受程度副词修饰,但不能带宾语,如:

　① 总是这么下雨可真要命啊!

　② 她来公司这么一闹可真够丢脸的!

四　离合词的偏误类型

留学生使用离合词时,会出现各种各样的偏误,类型不尽相同,但是大体可以分为

以下几种：

（一）应该"离"而没有"离"

离合词区别于其他动词的一个最大的不同就是可"离"可"合"，"离"就是中间可以插入其他成分。留学生们往往不知道什么时候、在什么位置插入什么成分，于是在使用中就出现了偏误。如：

> ① ＊ 他**帮忙**我了，我一定**请客**他。
> ② ＊ 我今天**洗澡**两次了。
> ③ ＊ 他讲话完，我们**鼓掌**着。

面对这种问题，我们首先要讲清楚离合词的特别之处，如例①，我们就要让学生明白，如果"合"，要把宾语用介词提到前面——"他给我帮忙了"，如果"离"，则要把宾语放在离合词中间——"我一定请他的客"。如"着/了/过"这种动态助词，我们就要放入离合词中间，如"我今天洗了两次澡"、"他讲完话，我们鼓着掌"。

（二）"离"了，但是插入成分处理不完善

> ① ＊ 他因为考试**担起来心**。
> ② ＊ 他上过**当**两回。

学生已经掌握了一部分关于离合词的知识，但是处理得不完善。我们要和普通的动词对比让学生记忆深刻。上两例正确的形式应该是："担起心来"、"上过两回当"。

（三）重叠形式的偏误

> ① ＊ 我们到操场**散步散步**行吗？
> ② ＊ 见面时我们**握手了握手**。

离合词的重叠形式为"AAB"、"A 了/一 AB"。上两例正确形式应该为"散散步"、"握了/一握手"。

（四）"倒装"形式的偏误

> ① ＊ **照相**也**照相**了，后悔也晚了。

②＊**相客也请客**了，你就帮我吧。

③＊**连结婚还没结婚**，孩子就生了。

这三例的正确形式应该是："相也照了"、"客也请了"、"连婚还没结"。

五　离合词的教学

在离合词的教学过程中应该注意以下几个问题：首先，不纠缠于尚无定论的理论问题，但是要明确这类词的特殊之处，让留学生学会如何使用这些词才是教学的目标。其次，离合词的特点决定了离合词的教学必须兼顾"离"和"合"两种形式的用法特点，要遵循先"合"后"离"的原则，主要通过先出现生词再讲解语法点的方法，让学生循序渐进地了解离合词。即先让学生掌握离合词"合"（即作为一个词）时的意义和用法，然后针对离合词的语法特点进行扩展式的讲解，让学生牢记离合词的特殊扩展形式。这也符合先易后难的学习原则。再次，要清楚地勾勒出离合词扩展式的用法，突出其常用的基本句式。对学生来说，清晰而有条理的句式，是解决语法问题的最有利方式。同时也要切记把一些特有用法明确点出，以免学生根据一般规则类推，造成新的偏误。

离合词的教学，其难度主要集中在扩展式上。本文主要是针对离合词的特点进行了总结和归纳，希望能够通过这种方式找出更多的规律和特点，帮助留学生们更好地掌握和使用离合词。

参考文献

曹保平、冯桂华（2003）《"离合词"的构成及离合规律》，《广播电视大学学报》第 4 期。

高书贵（1993）《有关对外汉语教材如何处理离合词的问题》，《世界汉语教学》第 2 期。

韩　明（2003）《论对外汉语教学中的离合词》，《温州师范学院学报》第 8 期。

黄晓琴（2006）《"离合词"研究综述》，《伊犁师范学院学报》第 6 期。

饶　勤（1997）《离合词的结构特点和语用分析——兼论中高级对外汉语离合词的教学》，《汉语学习》第 1 期。

王瑞敏（2005）《留学生汉语离合词使用偏误的分析》，《语言文字应用》第 S1 期。

赵淑华、张宝林（1996）《离合词的确定与离合词的性质》，《语言教学与研究》第 1 期。

留学生作文中的词汇偏误类型分析

北京十一学校　刘俊玲

　　从学生的学习情况来看,词汇偏误是大量的,而且几乎是随着学习的开始就发生的。通过分析在北京学习汉语的各类留学生在同一学年里的 100 篇作文,我们发现,在各种偏误中,词汇偏误占到 80％左右。对这些词汇偏误的类型进行分析,无疑有助于我们对词汇偏误的认识和理解,可以更有效地避免词汇偏误的发生,从而更好地进行词汇教学。

　　对于学生学习中出现的词汇偏误,采取的角度不同,划分方法、划分类型也就不同,本文主要从语义的角度进行划分。朱志平在《汉语双音复合词属性研究》一书中指出,这方面的"偏误"是学习者语用实践的具体表现,这个表现的促成原因从理论上讲可以从三个角度来看:一个是学习者的主观认知角度,一个是偏误词汇的客观存在,还有一个是与词汇语义相关的语用条件。这三个角度都关乎学习者对词语意义的理解:一方面,学习者可能会根据自己对目的语个别语素的理解,按照构词规则造出一些不规范的词语;另一方面,学习者对目的语中已有的、在意义上存在某种关联的词语的误用。由此,我们可以在宏观上把词汇偏误的类型分为两种:一是生造汉语中原本没有的词语,一是对意义相关联词语的误用。

一　生造词语

　　语言是约定俗成的产物,是不能随意改变的。如果自己生造汉语中原本没有的词语,别人不会懂,即使懂了,也不易接受。学习者在学习第二语言的过程中往往会依据自己对目的语中个别语素的理解,按照母语或者目的语的构词规则,生造出不符合目的语规范的词语。这是学习者在学习第二语言的过程中所出现的一种偏误。通过调查,我们发现了一些诸如下面句子中的词语偏误现象:

　　① ＊ 二十四号圣诞节到来（　　）,我买（　　）一件很漂亮的**晚会服**。（晚礼服）

②＊如果**妊产妇**抽烟的话，……（孕妇）

③＊但是对抽烟来说，没有文化，抽烟只是一种**嗜好品**。（嗜好）

④＊当时钱包里入了三千多元，原来是**打扫人**拿走了。（放；打扫卫生的人）

⑤＊我家离游乐场很远。大概五个小时左右到。以后看动物或者坐游乐**器构**。（器械）

⑥＊一进教室，**脸前**坐着很多来自亚洲的学生。（面前）

以上例子中的"晚会服"、"妊产妇"、"嗜好品"、"打扫人"、"器构"、"脸前"都是学习者根据自己对个别语素的理解而生造出的词语。之所以出现这种情况，原因之一就是他们头脑中缺乏相应的汉语词语的储备，也就是说词汇量不够。在这种情况下，他们就根据自己对相应语素意义的理解，组合成自己认为正确的词语。如"晚会服"，他们想表达"参加晚会时穿的衣服"这一概念，而头脑中却没有"晚礼服"这一与之对应的词语，于是就把已掌握"晚会"和"服"拼凑在一起构成了"晚会服"这个并不存在的词语。其实，这也是过度泛化汉语的构词规则的结果。

二　意义相关词语的使用偏误

此类偏误是对汉语中已有词语的误用。汉语中有一些词语在意义上相近或有相交叉的地方，这些词语有时能互换，有时不能互换。比如词语甲和词语乙在意义上相近或是有相交叉的地方，这种相近或交叉导致学习者在应该用词语甲的地方误用了词语乙。我们可以把这类偏误分为理性意义相近词语的使用偏误和理性意义差别较大词语的使用偏误。

（一）理性意义相近词语的使用偏误

理性意义是客观事物在人脑中概括反映后所形成的意义，它是词义中同概念有关的意义部分，是词义的主要部分、核心部分，是词与词相互区别的关键所在。有些词语虽然理性意义相同或相近，但其附属义可能不一样；或者词的理性意义的对象范围、侧重点不一样。留学生要在运用中做出正确选择，就要有较大的词汇量以及对词义的正确认识作为基础。但学生受到词汇量和语义辨识能力两方面的限制，往往选择不当，造成偏误。此类偏误又可以分为：

1. 不同词类词语的误用。

汉语没有印欧语那样的形态标志，而且汉语中词语的兼类、活用的情况比较多，所以在运用的过程中，学习者对汉语词所属词类无从把握，难以辨别，从而导致词语的误用。即使知道了某一个词所属的词类,但是由于该词的用法与他们大脑中所储存的该词所属词类的用法存在差异,所以在运用过程中也会出现这样或那样的偏误。如:

① ＊ 如果**破落**一个国家的文化和传统,那个国家就容易**破落**。(破坏、破败)

② ＊ 因为那酒是**热**一点儿身体。(酒可以暖身)

例①中"破落"是形容词,它后面一般不能带宾语,所以应改为可以带宾语的动词"破坏";同时"破落"一词隐含着一个由盛而衰的转变,多指家境而言,所以第二个分句处的"破落"宜改为"破败"。例②中的"热"是形容词,后面同样不能带宾语。这类偏误在于留学生没能明辨词语所属的词类及使用条件。这类偏误比较容易发生在名词、动词和形容词之间。

2. 忽略适用对象、环境或范围的误用。

词语之间的组合,既有语法上的限制,也有语义条件上的要求和表达习惯的影响。词语之间的组合必须要考虑到语义条件方面的限制。如:

① ＊ 在日本,十二月的气温非常**冷**。(低)

② ＊ 力气比我**强**。(大)

③ ＊ 就是跟我看的电视剧一模一样的**光景**在我面前。(景象)

④ ＊ 我没**方法**反抗她。(办法)

这类偏误比较多。例①中,"冷"指温度低,但更强调的是一种主观的感觉、感受,对"气温"的描述往往是比较客观的,应该用表示在一般标准或平均程度之上的"高"或之下的"低"来描述,而不用"暖"、"冷"描述。例②中"力气"只能用"大"来形容,而不能用"强"。如果我们平时在教学中有意识地点出这些词的适用对象的话,就可以比较容易地避免偏误的发生。例③中"光景"跟时间有些关系,而"景象"则侧重于情景状况,故此句中用"景象"更为合适,这个偏误出现的原因是学生不了解这些词的使用环境及意义的侧重点。"办法"很具体,是指解决具体问题的途径;相对于"办法"而言,"方法"往往比较抽象。所以例④中用"办法"更为恰当。从这些偏误我们可以看出,如果我们在讲授时能拿出相近的词语去比较,能比较全面地说明词语所适用的环境、对象、范围,那么势必会减少此类偏误的发生。

3. 对词义轻重把握不当的误用。

有些意义相关词语的差别往往表现在语义程度的轻重上。在运用词语时,如果不

注意词语的这些细微差别,随意替代就会引起偏误。如:

　　①＊我有好多学汉语的又好笑、又**悲伤**的事。(伤心)

　　②＊医生**绝望**地接过护士手里的针线。(失望)

　　"悲伤"在难过的程度上比"伤心"重得多,例①中把"悲伤"用在"学汉语"这件事上很不合适。"绝望"和"失望"都有丧失了希望和信心的意思,单是"失望"表示希望落了空,失去了信心;"绝望"表示毫无希望,断了希望的念头,比"失望"程度深,语义重。例②的意思是要说明医生对这个护士失去了信心,所以宜选用程度较轻的"失望"。

　　4. 不辨语体风格色彩的误用。

　　在词语的语义分析中,表达色彩越来越受到重视。在语段与语篇中,不同风格色彩的词语的选择很重要。如感情色彩的褒贬、口语色彩、书面语色彩以及语体色彩上呈中性之间的对照等等都会影响意思的表达。如:

　　①＊服务员说:"这就是你的**差错**!"(错)

　　②　＊反正我**轻视**喝酒的人。(看不起)

　　③＊我回忆那时有个**忘不了**的事情。(难忘)

　　④＊我决定了,不能**骗**我的良心。(欺骗)

　　⑤＊我可以**无视**吗?(不理)

　　例①是口语对话,而"差错"的书面语色彩很强,所以应该选用"错"这一口语色彩比较明显的词。例②中的偏误与例①类似。例③、例④则与例①、例②正好相反,"忘不了"和"骗"都太口语了。例⑤中的"无视"也带有很强的书面语色彩,故改为"不理"比较恰当。

(二)理性意义差别较大词语的使用偏误

　　有些词或者具有相同的语素,或者形体相近,或者意义上有一定的关联,但意义差别较大,用法上有明显的区别。这些词对以汉语为母语的人来讲,很容易区分,但对以汉语为第二语言的外国学习者来说,却常常容易出错。

　　1. 两个词中有相同的语素。

　　①＊我听说云南省在中国国内最**适应**去**游行**。(适合)(旅游)

　　②＊这是我以前一直想要的耳环,但**为了**价钱我买不了的。(因为)

  ③ ＊ 我不是科学家，所以不知道**仔细**的理由。（详细）

  ④ ＊ 但是那样的人只**有**一部分而已。（只是）

  "适应"指适合顺应，是随着自然界或社会的客观条件的变化而做相应的改变，"适合"是指合宜、符合，多用于该词所涉及的主语和宾语的相互适宜性，其宾语常常是动词性的词语，因此，例①中应该用"适合"而不是"适应"；"游行"与"旅游"有一个共同的语素"游"，例①中，"云南省"是适合"旅游"的地方，而不是适合"游行"的地方。"为了"表示目的，"因为"表示原因，因两者都有一个"为"字而导致例②中的误用。"仔细"是指办事认真，例③的意思是具体而全面的理由，所以不应该用"仔细"，而应该用"详细"。"只有"含有存在义，而例④中表达的是一个意义上的转折，所以应该用"只是"。

  2. 两个词没有相同的语素。

  ① ＊ 办公室的老师给我需要的书以后**指导**我去初级班的教室。（安排）

  ② ＊ 可是我**说话**是喝酒不是最好的办法，而是办法之一。（认为）

  ③ ＊ 所以我**看成**抽烟没有什么好处。（认为）

  ④ ＊ 她**博得**勇气。（鼓起）

  例①中"指导"与例句表达的意思不一致，是留学生对这个词的词义理解有偏差。此处偏误出现的原因可能是：学生认为是老师告诉他应该去哪个教室的，这在某种意义上有"指点"的意思，所以就用了"指导"一词。然而"指导"往往是指在学习、工作、人生观等方面给予非常重要的或有意义的指点和帮助，而例①中宜把"指导"一词改为"安排"。例②中"喝酒不是最好的办法，而是办法之一"是说话者所要表达的自己的见解、观点，所以应该用"认为"，而不应该用表示具体行为的"说话"。例③与例②类似，也是表明自己的观点，所以宜把"看成"改为"认为"。例④中，"博得"与"鼓起"的词义不同，搭配对象也不同，"博得"是取得、赢得的意思，常与"掌声"、"信任"、"喝彩"等词语搭配，而与"勇气"搭配的应该是表示振作起来的"鼓起"。

三　结语

  从以上我们对留学生作文中词汇偏误类型所作的归类可以看出，这些偏误基本上都与语义有着很大的关系，出错的原因或者是由于他们没有搞清楚词的词义，或者是因为不清楚词语的使用范围、语义条件及语义搭配对象，不清楚这些词语使用的环境，或者是没有弄明白这些词语的附属意义。可见,要正确运用汉语词汇,就要对词语的语义内涵、出现条件等有较为全面的了解。而我们对外汉语教师在词语教学的过程中也应该注意从语义关系的角度去引导学生。

参考文献

李建成（2005）《汉语作为第二语言的词汇习得研究综述》,北京语言大学中文学术网。

卿雪华（2004）《留学生汉语习得近义词偏误研究——以泰国学生为例》,暨南大学硕士研究生学位论文。

朱志平（2005）《汉语双音复合词属性研究》,北京大学出版社。

韩国留学生作文中的语言偏误分析^①

北京汇文中学　　林芳艳

　　受母语的负迁移影响,韩国留学生在汉语学习上存在着很多偏误,而且个体间的偏误具有极强的雷同性。如果能对韩国留学生的语言偏误进行系统分析、找出这些偏误的原因、提出相应的解决方案的话,那么将会对我们的对外汉语教学有很大帮助。而要系统搜集韩国留学生的语言偏误,学生作文中的病句搜集、研究是最为直接有用的。基于上面的考虑,笔者在教学中有意识地搜集韩国留学生(汉语水平参差不齐,各种程度的都有)作文中的病句,并对病句进行了分类研究。鉴于人们在学习外语时多少都会受到母语的正负迁移影响这一理论,笔者还就韩语表达习惯对汉语表达的影响进行了调查,以期对研究有一定的帮助。

　　韩国留学生作文中常出现的语言偏误大致可以分为以下几类:

一　　直接套用韩语固有词引起的偏误

　　① * 我**家族**决定带着这狗。

　　② * "嗯,我没伤害。""呀! **大幸**了!"

　　③ * 我看小狗的时候**气氛**很高兴。

　　④ * 我听到爸爸的说话以后,感到了爸爸对烟头的**爱情**很沉。

　　⑤ * 对孩子父母的**爱情**真了不起。

　　上面①②③句中的"家族"、"大幸"、"气氛"都是韩语固有的表达,它们分别对应汉语中的"家人"、"幸运"、"心情"。④⑤句中的"爱情"一词在韩语中的运用范围比在汉语中的运用范围广得多,韩国学生在学汉语时也就相应地扩大了这个词的用法。要想解

---

　　① 　语料来自北京汇文中学国际部 2006—2007 年度高二(3)班的五次作文。五次作文中,两次是命题作文,题目为"儿子的礼物"、"逃学的人";一次是半命题作文,题目为"一件让我____的事情";两次是自命题作文,一篇与桂林旅游见闻有关,另一篇是以"动物"为话题来写的。

决这类语言偏误,我们平时必须有意识地搜集学生作文中直接移用的韩语词,找出这些词在汉语中的对应词,并比较用法上的异同,进而在课上进行集中强调。

二　常见语法偏误

（一）名词充当谓语并带上宾语

　　① * 我在韩国小学 6 年级的时候,**经验**了真难忘的事情。
　　② * 但是我绝不**愿望**这件事情,反而还希望记得很长时间呢。

名词充当谓语的情况较少,即使充当谓语,后面一般也不带宾语。

（二）形容词用法上的偏误

1. 偏误一:程度副词 ＋ 形容词 ＋ 动词/形容词。

　　① * 这个周我**很多吃**了好吃的东西。
　　② * 妹妹比以前的狗死的时候**更多哭**还有失望了。

2. 偏误二:形容词 ＋ 宾语。

　　* 儿子渐渐**无聊**这件事。

形容词可以充当定语修饰名词性词语,可以直接充当谓语,但其后不能有宾语。而当形容词前有程度副词修饰时,后面一般带着名词性结构。

（三）副词用法上的偏误

1. 偏误一:副词 ＋ 名词。

　　① * **最印象**的一个是公园里的动物园。
　　② * 所有的人跟作品**一起照片**。

2. 偏误二:程度副词 ＋ 动词/形容词。

①＊**最留下我的记忆的**地方是七星公园。

②＊其实我第一次**想做这么长时间感觉**挺有趣的，但我当火车的时候我的**想法十分错**了。

副词的主要功能是充当状语，修饰动词性词语或形容词性词语，很少修饰名词性词语；程度副词常跟心理动词、能愿动词、形容词搭配，而韩国留学生常会不自觉地扩大程度副词的使用范围。

（四）结构助词"的"用法的偏误

①＊我听到**爸爸的说话**以后，感到了爸爸对烟头的爱情很沉。

②＊时间越长**我的生病**越恶化。

结构助词"的"的主要用法是用在名词极其修饰语之间，也可以用在主谓短语之间使主谓短语成为名词性结构，但是韩国留学生在使用中常会扩大这种用法。

韩国留学生之所以常出现这类错误，原因在于初学汉语对汉语各类词的用法掌握得不是很牢固。因此教师上课时必须有意识地对汉语中各类词的常见用法进行强调，讲授生词时也必须对各个词的词性进行强调。

（五）动宾搭配上的偏误

1. 动宾位置颠倒。

①＊朋友说："我去旅游**请我的狗保护**一下。"

②＊那天，孩子睡懒觉了，所以**爸爸孩子的房间来**以后说："孩子快点儿起床。"

③＊有一个冬天，**爸爸给我一个特别的事情带**来了。

该类偏误是由韩语"主语—宾语—谓语"表达顺序的影响造成的，教师在教学时可采用比较教学的方法加以纠正。

2. 不及物动词等带上宾语。

①＊下次我生长以后，打算**旅游桂林**和家人一起。

②＊我听说他的狗**出生了几个小狗**。

③ ＊ 那样流了时间,不知不觉我的哥毕业了高中学,入学了名门大学。

④ ＊ 我看病你。

韩国学生容易在两类不能带宾语的动词性词语后面带上宾语:一类是离合词或本身已是带有宾语的动词性短语,如"见面"、"看病"、"打电话"、"入学";一类是不及物动词,如"出生"、"旅游"。前一类教学时可以分析这类词语的特殊结构特点,引导学生学会运用该类词语;后一类词语则需要师生一起慢慢积累,在教学中给予强调。

(六) 动作与时间搭配上的问题

① ＊ 很多长时间爸爸做这样的事。

② ＊ 大概这样二十分钟过了。

③ ＊ 我们坐船很长时间。

④ ＊ 在漓江我们坐船,很长时间过在船上。

汉语中常用"动作 ＋ 时间"表示一个动作或一种状态持续多长时间。如果动词后面还带有宾语,那么常用的表达方式为:"动词 ＋ 名词 ＋ 动词 ＋ 时间"和"动词 ＋ 时间 ＋(的)＋ 名词"。因此以上①②③④表达是错误的。教学时教师可以把该类表达的正确句型教给学生,多进行一些相关句型的操练。

(七) 动词、形容词重叠形式使用有误

① ＊ 他很高高兴兴的跑来跑去了。

② ＊ 但它不在它的家,所我一直找一找。

③ ＊ 下雪的雪格外白白的。

形容词的重叠常表示一种较高的程度,前后一般不能再与"很"、"格外"、"非常"等程度副词搭配。动词重叠表示的意思是持续时间短或进行的次数少,故不能与"一直"等词搭配。对于此类偏误,教学时教师可以把形容词、动词重叠时可能表达的语义教给学生,以此引导学生正确使用该类词语。

(八) 副词、连词使用上的错误

① ＊ 才爸爸明白儿子的野心。

② ＊ 爸爸身材高大,也个子高。

　　③ ＊ **经常我感到朋友的珍贵性。**

　　④ ＊ **从来我没有养过动物。**

　　这种表达偏误在一定程度上受了韩语表达的影响,韩语在表达时可以把副词放在句子的前面,而在汉语里,我们习惯把副词放在谓语前、主语后。教学时可把这点差别跟学生讲明。

（九）介词使用上的问题

　　1. 介词短语位置错误。

　　① ＊ **我当时没有交流跟我年龄同样的中国人。**

　　② ＊ **下次我生长以后,打算旅游桂林和家人一起。**

　　2. 介词混用。

　　① ＊ **我很高兴能跟在不同的国家来的人一起学习。**

　　② ＊ **这是中国学生的文化,对中国人的角度看真奇怪。**

　　3. 强用介词。

　　①**朋友们都对我感谢了。**

　　②**给他的儿子原谅一下。**

　　③**我不想去别的房间,所以我对那个朋友回答我不想去。**

　　4. 缺少介词。

　　所以我这次旅游的期望也很大。

　　介词的用法是相对比较难把握的,硬给学生介绍一些抽象的用法,学生未必能听得懂。所以,教学时教师可以有意识地对一些常见的动介搭配进行强调。另外,韩国留学生表达时常把充当状语的介宾短语放在动词后面,因此,课上也有必要对动介搭配的位置进行强调。

（十）助词“了”的使用问题

① * 窗外的风景让我心里很感动了。

② * 但是这个东西打碎了,我很伤心了。

③ * 我一直找了这样子的东西。

韩国学生在使用助词“了”的时候常犯的错误有:一是“程度副词 ＋ 形容词 ＋了”,一是“一直 ＋ 动词 ＋ 了”。出现以上错误,很大程度上是他们还没有很好地掌握动态助词“了”的用法。“了”在作为动态助词使用时表示动作行为的发生或状态的出现,它前面不能再受程度副词或频率副词的修饰。教学时必须强调清楚这一点。

（十一）助词“着”的使用问题

① * 爸爸**出去着**对儿子说:“好好儿的休息吧。”

② * 儿子不高兴的**表情着**去学校了。

③ * 儿子内心很高兴,但是他没表现外表,就外表**没力气着**这时点头了。

④ * 他心里十分**失望着**等爸爸赶快去工作。

⑤ * 爸爸坐在椅子上**抽烟着**看儿子。

动态助词“着”常表示动作或状态的持续,它常用在动词的后面、名词的前面,而当一个句子是连动句时,“着”常放在第一个动词的后面。教师把“着”在句中的用法讲明了,学生的错误也就会减少。

（十二）趋向补语使用上的问题

① * 我们都**拿出来**相机拍了美丽的山水。

② * 他**回去天国**以后,我太孤独了。

③ * 爷爷把那个细棒**放进去**他吸的那支烟里。

当动词后同时带上趋向补语和宾语时,正确的表达应该是把宾语放在动词和简单趋向补语之间,或把宾语放在复杂趋向动词的中间。韩国留学生常把宾语放在趋向补语后,教学时可把这种表达方式教给学生,做一些必要的巩固练习。

（十三）并列、递进结构使用上的问题

① ＊ 在那里我们所有的高二年级然后我们班照相了。

② ＊ 七星公园看的动物都是很新奇和很有意思。

③ ＊ 我很，怎么说呢？很难过，也有点儿笑了。

④ ＊ 我很辛酸了，还有很冤枉了。

韩国学生常用"然后"、"和"、"也"、"还有"等词来连接两个并列或递进成分，极容易出现错误，如：用"然后"连接两个名词，用"和"连接两个动词或形容词，用"也"、"还有"连接形容词或动词等。关于这个问题，教师可以尝试着从三个方面进行解决：一是针对病句，讲解"然后"、"和"、"也"、"还有"等词的用法；二是提倡学生用简单句式写作；三是鼓励学生写作时多用一些关联词语（如"又……又"、"既……又"、"不但……而且"、"一边……一边"、"不仅……还"等）来写句子，但教师必须对这些关联词语的使用条件进行清楚介绍。

（十四）比字句使用上的问题

① ＊ 那儿岩比第一天去的岩又大又长。

② ＊ 他一看那个就再哭了比以前大。

③ ＊ 据我看你身体比几时那么好。

韩国留学生容易写出、说出这样的比字句："A 比 B ＋ 不/很/非常 ＋ 形容词"、"A 比 B ＋ 又 ＋ 形容词 ＋ 又 ＋ 形容词"、"A 比 B ＋ 不/很/非常 ＋ 形容词 ＋ 动词"（如"首尔比北京很多下雨"）。关于比字句的教学，教师可以给学生几个常用的表达格式，如"A 比 B ＋ 形容词"、"A 比 B ＋ 形容词 ＋ 得多"、"A 比 B ＋ 形容词 ＋ 一点儿"，并针对性地做一些强化练习。

三 特定语义表达上的常见偏误

（一）特定时间词表达上的问题

① ＊ 旅游先日整天坐上火车，可是朋友一起谈话，一起游戏，有意思。

② ＊ 最后天，跟我的妈妈、妹妹一起谈话。

③ * 下一天,我在学校跟朋友们说了这个事情。

④ * 下天他们一家人都一起出去吃饭。

对于"今天"、"明天"、"后天"、"昨天"、"前天"、"今年"、"明年"、"后年"、"去年"、"前年"这些常见的时间词,韩国留学生基本上都能表达出来,但以某一天为基点的之前、之后的一两天时间的表达,他们常会出错。教学时有必要对该知识点进行系统讲解。

(二) 表地点的词、短语使用上的问题

① * 我们到桂林就去**在桂林很有名的地方**。

② * 桂林是**在中国里**最有名的旅游区。

③ * **在门口**出了钥匙声音。

④ * 我进教室去的时候,**在里边**一个人也没有。

⑤ * 到了他的家,但是**在他的儿子房间**出了奇怪的声音,他进去房间。

⑥ * 在做的时候,一直都想起**在你的脸上的微笑**,但我弄坏了。

⑦ * 我看过**在电视里的老虎**。

初学汉语的韩国留学生分不清各种表地点的词语之间的差别,在表达时一律用上"在……上/里/中"结构。其实"在……上/里/中"结构常适用于地点状语的表达,而当地点词在句中充当主语或定语、表示领属意思时,情况有所不同,要分情况而定:像"中国"、"桂林"、"门口"、"里边"类词语本身就表示地点,所以可以直接表达,而无须再附加上什么方位词;像"脸"、"电视"、"房间"类词语本身不表地点或不是在任何句子里都严格表示地点,使用时应该在词语后附加上"里"、"上"、"后"等方位词。教学时可采用对比教学的方法把两类词语的不同用法展现给学生,这样更有利于学生的掌握。

四 常见的词语混用错误

(一) 看、见

① * 我有时候想**看**它们,让我感到很多感情的两只狗……

② * 两年以前,爸爸有事所以去家乡,那时候,现在我家狗**看**了。

③ * 那时候我才知道这只猫我不**看**的时候进来我房间里。

④ * 我**看**这个画图以后,很感动了。

"看"只表示动作,而"见"则表示动作的结果。韩国学生常在该用"见"的地方用"看"表示,而且句中的"看"后常缺少必要的补语或助词。

(二) 生、出生、活

　　① ＊ 我听说龟生了很长时间。

　　② ＊ 我听说他的狗出生了几个小狗。

初学汉语的韩国留学生容易搞混"生"和"出生"、"生"和"活"。后面一组教学时只要把意思讲明了学生大致就不会用错了,但前一组学生较易用错。讲解时应重点抓住两个动词的及物性、不及物性以及它们的主语特点来区分它们。

(三) 再、又

　　① ＊ 爸爸再说:"我看你手能知道你多么辛苦了。"

　　② ＊ 儿子再对爸爸问:"爸爸,你做什么了?"

学生常会在该用"又"的地方用上"再"。在汉语里"再"用于未实现的动作,而"又"用于已实现的动作。

(四) 一点儿、有点儿

　　① ＊ 狗很不好看,一点儿瘦了。

　　② ＊ 我们家族都是喜欢狗,妈妈一点儿不喜欢。

"有点儿"常用来修饰形容词或动词,而"一点儿"则常用于形容词后面或名词前面,以上用"一点儿"的地方都应该用"有点儿"。

(五) 能、会

　　① ＊ 一说这句话就会里边很镇镇静静的,你会不会想象。

　　② ＊ 他很辛苦,但高兴,因为会买那个铜像。

　　③ ＊ 因为我是你的儿子,不会理解你的心里的话,我怎么可以当你的儿子呢?

初学汉语的韩国留学生常会在该用"能"的地方用上"会"。表可能、有能力有条件做某事的时候常用"能"。

（六）不、没

　　＊　我昨天**不**学习了。

初学汉语的韩国留学生常会在该用"没"的地方用上"不"。实际上表已经发生某事时常用"没"。

（七）以后、后来

　　①＊　因为我要去中国留学，所以我没复习，**以后**我被爸爸又打了。
　　②＊　我第一次看的动物是虎，然后我看熊猫，熊猫很可爱，**以后**我看的是小猴子。

初学汉语的韩国留学生常会在该用"后来"的地方用上"以后"。表过去的某一个时间以后的时间常用"后来"。

上文就韩国学生作文中常见的偏误进行了分类研究，浅显地探讨了每一类偏误出现的原因，并就相应的解决策略进行了思考。基于以上的整理分析，我们可以在平常的实际教学中更有针对性地、更有效地指导学生学习汉语。大致说来，教师可以通过以下几种方式来指导韩国学生纠正或减少汉语学习上的语言偏误：（1）可以利用课堂针对一些常见的语言偏误进行集中讲解，并适时以修改病句的方式进行强化练习；（2）针对个别学生的语言问题进行课下辅导纠正；（3）教师在平常的课堂教学中如遇到容易出现语言偏误的知识点时应当进行重点讲解和训练，这样做可以更有效地防止各种语言偏误的出现。除了以上三点外，教师在平常的课堂上还必须重视对学生的语言训练，只有多说、多练，学生才能逐渐养成正确的语言表达习惯。

参考文献

刘月华等（2003）《实用现代汉语语法（增订本）》，商务印书馆。
吕叔湘等（2004）《现代汉语八百词（增订本）》，商务印书馆。
盛　炎（1990）《语言教学原理》，重庆出版社。
赵永新（1998）《汉外语言文化对比与对外汉语教学》，北京语言文化大学出版社。

韩国学生汉语典型语法偏误分析

北京育才学校　张　立[①]

韩国学生学习汉语时出现的一些语法错误，不少是带有普遍性的。本文想以偏误分析理论为依据，探究初学汉语的韩国学生的语法偏误在各种语法形式上的表现。笔者的做法是把自己在教学中搜集到的初学汉语的韩国学生的语法错误按照鲁健骥先生的《外国人汉语语法偏误分析》分为遗漏、误加、错序三大类。鲁先生在文章中列举的是以英语为母语的外国人学习汉语的各种偏误，本文则选取韩国学生容易出现的带有普遍性的、典型的偏误来分析。希望这些分析能对针对韩国学生的汉语教学有一些帮助。

一　遗漏偏误

（一）状语或补语中的介词遗漏

① 我们想[在]这里照相。[②]

② 第一场比赛[在]紧张的气氛中开始了。

③ [在]我们韩国人的心中永远地留下来的一句话。

④ [在]他的帮助下，现在我能听懂语文课。

⑤ 我和哥哥、姐姐们一起坐[在]了电视前边。

出现这种遗漏偏误的主要原因是母语的干扰。韩语中介词和宾语的语序是"宾语＋介词"，而现代汉语中介词和宾语的语序是"介词 ＋ 宾语"。初学汉语的韩国学生很容易写出宾语，而介词处在后面，就人的思维习惯来讲也容易被忽略。所以初学汉语的韩国学生在还

---

① 作者原在北京市海淀区教师进修学校附属实验学校任教，现任教于北京育才学校。

② ［　］中的成分是常被遗漏的。"一、遗漏偏误"部分例句中的［　］用法同此。

没有养成汉语的语言习惯时,常常受已有母语习惯的影响,出现这样的遗漏偏误。

(二)序数词中"第"的遗漏

①晚会从[第]六节课开始了。
②虽然[第]一次见到他的时候对他的印象不好。

在韩语中,有两种表示数量的数词,一种是固有词,另一种是汉字词。根据后面使用的量词的种类,选择使用固有词或汉字词。固有词和量词连用的时候通常表示数量,汉字词和量词连用的时候通常表示序数意义。有的量词既可以和汉字词连用,也可以和固有词连用。比如"月"这个词,在和汉字词连用的时候表示序数意义"月份",在和固有词连用的时候表示数量"几个月"。在韩语中是没有与汉语"第"对应的序数词的,要表示序数意义,只能通过选择数词来表示。所以,韩国学生在初学汉语的时候就很容易把这个"第"丢掉。

(三)某些意义比较虚的成分容易被遗漏

1. 趋向补语常常被遗漏。

①我们高兴地跳[起来]了。
②我很着急地背[起]书包离开家了。

例①②的"[　　]"中常被遗漏。出现这种偏误的可能原因是学生想表达这样一种带有方向性的动作时,还没有学习趋向补语这个语法点,或是学习了但是还没有掌握。

2. 某些动词的结果补语常常被遗漏。

①到了宿舍门口,我听[到]了奇怪的声音。
②我们到香山后,看[到]了香山的风景。
③我来到这个班级,学到了很多东西,见[到]了很多朋友。
④他变[成]了这样奇怪的孩子。

韩语靠粘贴词尾来实现语法功能,有词形的变化。在表示完成时态时是通过把动词变形,加上一个词尾来实现的;汉语靠语序和虚词来是实现语法功能,没有词形变化,汉语中动词是没有时态变化的,如果要表示动作完成有结果,通常在动词后面加上"到"、"成"等构成动补结构。由于受母语的干扰,初学汉语的韩国学生容易忽略这个补语。

3. 一些虚词,如句中和句尾的助词等,容易被遗漏。

①啊! 太漂亮[了]!
②我们一直到 12 点,上[了]五节课。
③后人也可以看出来,西施是真[的]很美丽。
④我看到她就想起我在韩国[的]奶奶。

初学汉语的韩国学生由于汉语学习时间短,汉语储备有限,所以在实际运用中往往只注意到句子的主要成分,而忽略了一些次要的却又不可或缺的成分,比如上面例句中这些没有实在意义而只在语法上起一定作用的虚词。

(四)需要重复的成分容易被遗漏

①我猜想他是否[是]和父母走散的一个纨绔。
②有一位奶奶像[抱]亲孙子一样温暖地抱住他。

这主要是因为初学汉语的学生对这种结构所表示的意义没有完全理解,所以在实际运用中虽然想到了用这种结构,但是不知道正确的用法,所以出现偏误。

二　误加偏误

(一)介词"对"、"跟"的误加

①＊我对韩国队很感动了。
②＊我介绍一下对我很高兴的一件事情。
③＊有一天,她对我问过,我怎么不回国。
④＊对世界杯开幕的热烈地欢庆。

⑤ * 对工资和主要家务方面的事情我们谈起来了。

⑥ * 他跟我问了好几次了。

⑦ * 我跟父母告诉了我们的对话。

　　出现这种偏误主要是因为过度泛化汉语词语中的某些使用规则。学生在学习介词"对"的用法时,知道了"对"可以引出动作的对象,比如"他对我笑了笑",所以在想要表达某人对某件事怎么样的时候,就套用这种用法,于是就出现了不该用"对"的句子用上了"对"。但是学生不了解"感动"、"高兴"、"问"这样的动词的使用规则,不了解"对"可以跟哪些动词搭配。⑥⑦两个句子中的"跟"的用法也同样被泛化了。"跟"作为介词时,常用来引进动作的对象,但后面搭配"问"、"告诉"这样的动词,显然是不合适的。

(二)"了"的误加

① * 那天我们都互相帮助[了]。①

② * 那时候我听不懂[了],所以心里更担心了。

③ * 这天真有意思[了]。

④ * 我回到学校以后没吃饭,因为我吃惊[了]。

⑤ * 我去[了]买票了。

⑥ * 我已经来[了]北京两年了。

⑦ * 但是我们想[了]现在是上半场,所以韩国队还有机会。

⑧ * 我告诉他[了]我是 HSK 六级。

⑨ * 虽然那天没有下雪[了]。

　　"了"是一个带有语法标志性质的成分,但并不是完全意义上的标志。但韩国学生常常把它看成一个完全的语法标志,并且把它与韩语中的过去时态等同起来。①②③④句中只陈述了一种情况、状态和心情,是不可以用"了"的。⑤句是一个连动词组,前一个"了"是误加的。⑥句中"来"带的宾语后面还带时间补语,这种情况下,"来"的后面就不能有"了"。⑦句中"想"带的宾语是一个句子,这时"想"后面就不能有"了"。⑧句中有双宾语,第二个宾语也是一个句子,这种情况下,第一个宾语后面也不能有"了"。⑨句中有否定词"没有"一般不再用"了",但如果时间补语前置,比如"我已经三天没有

---

① [　]中的成分是误加的,"二、误加偏误"部分例句中的[　]用法同此。

睡觉了。"表示强调作用,也可以有"了"。"了"是一个语法难点,如果没有完全了解"了"的性质和用法,过度泛化"了"的使用规则,就会造成误加的偏误。

(三) 形容词谓语句和名词谓语句中误用"是"

①＊朋友们都[是]很善良。

②＊从头到脚都[是]很脏。

③＊我[是]十二岁。

形容词谓语句和名词谓语句,除表强调,一般不再用"是"。这里例句均不表强调。出现这种偏误,一方面是受母语影响。在韩语中,这两种谓语句里都有与"是"对应的动词,所以学生一一对应地翻译过来就会有"是"。另一方面,"我是××"、"这是……,那是……"这种简单的陈述句是基础汉语教学阶段最早学习的句子。在初学阶段,教师往往以高复现的方式,采用重复、替换等机械操练方法来强化这个句型,所以这些简单的句型结构在学生的头脑中留下了深刻的印象。之后学生再学形容词谓语句和名词谓语句时,就很容易套用以往记忆深刻的句型结构,在句中加入了"是",出现误加偏误。

三 错序偏误

(一) 主谓语序、动宾语序的颠倒

①＊6 月 19 日,开始了韩国对法国的足球比赛。

②＊2006 年在德国开幕了世界杯。

③＊终于来了我们的班主任。

④＊过了一周,终于出来了去旅游的名单。

⑤＊这句话听了以后,我心里很感动。

出现这种偏误主要由于过度泛化汉语语序规则的结果。由于韩语的语序和汉语的语序差别很大:汉语主要句型结构是"主语－谓语－宾语",韩语是"主语－宾语－谓语"。在刚开始学习汉语的时候,学生就注意到了这一点,老师也有意识地强化这一点,所以这条规则在学生的头脑中留下了深刻的烙印。学生会主动地把韩语语序的"我苹

果吃"、"我学校来"变成"我吃苹果"、"我来学校"。这样,学生会慢慢地形成一种习惯——把动词放在名词宾语的前面。这对于动宾关系是完全正确的,而对于主谓关系就容易造成谓语和主语关系的颠倒。初学汉语的韩国学生有时会把主谓关系写成动宾关系,有时会把动宾关系写成主谓关系。在没有宾语的主谓结构中,初学汉语的韩国学生很容易把主语当成宾语,把原本的"主语+谓语"错成了"谓语+主语",像上面的①②③④句的错序偏误。⑤句中"这句话听了以后"错把动宾关系写成了主谓关系。

(二) 连动关系中宾语位置错误

①﹡我们一起去玩儿了五道口。

②﹡有的人上去讲台上跳舞。

连动结构中如果有宾语,正确的语序是"动词$_1$＋宾语＋动词$_2$"。但是初学汉语的韩国学生往往写成"动词$_1$＋动词$_2$＋宾语"。这主要还是过度泛化汉语语序规则的结果。学生在安排动词和宾语时,总是刻意地扭转韩语"主语－宾语(状语)－谓语"结构,于是常把动词统统放在宾语前,所以就出现了上面这种错序偏误。

以上所举的偏误例句是笔者在教学中收集的,是出现频率最高的、带有典型性的偏误。通过分析,我们可以看到:从学生习得方面看,语法偏误主要有两大来源,一是母语干扰,一是已经学过但尚未完全掌握的语法现象的干扰。从教学方面看,讲解与训练的失误是造成语法偏误的主要原因。现在中小学国际部授课的教师多是未受过对外汉语教学方面专业训练的语文教师,他们往往按照中小学语文教学的经验确定教学目标和重点难点,加上他们对学生的母语——韩语不甚了解,对对外汉语教学常用的教学方法、教学程序也不甚了解,因此缺乏针对韩国小留学生设计的教学内容和方法。要提高中小学对外汉语教学的水平,更好地针对不同母语、不同文化背景的留学生进行汉语教学,我们还需要在很多方面进行深入探索。

参考文献

鲁健骥(1994),《外国人学汉语的语法偏误分析》,《语言教学与研究》第 1 期。

《中国人争看韩剧 韩国人争学汉语》,http://www.zaobao.com/special/newspapers/2002/03/。

朴昌根、金秀子(2003)《韩语及其文字的特点》,《全球化与韩国的应付》,白山资料院(韩国首尔),
　　http://www.xn—4gq141i3jcctu0xdyqp.net/CBNBlogs/piaochanggen。

"别说"句式的语义预设研究及其应用

北京市第五十五中学　简　丽

在对外汉语教学实践中,我们发现留学生经常混淆"别说"和"不但……而且……",教师也很难从理论、形式上对二者加以准确区分。笔者使用北京语言大学信息处理所的语料检索系统,共统计 176 个含有"别说"的句子(以下简称"'别说'句")。根据统计结果,我们用"别说……,就是……也/都……"表示"别说"句的基本格式,且用公式"别说 C(D),就是 A 也/都 B"(D 项可省略,D、B 两项意义等同)来表示。以下均用"别说 C(D),就是 A 也/都 B"代表"别说……就是……也/都……"来进行讨论,其他"别说"句变体也在讨论范围之内。

一　"别说 C(D),就是 A 也/都 B"的基本逻辑关系

先看两个例子:

①别说普通人,就是最出色的气象专家,面对如此庞杂的资料也难以理清头绪。(《人民日报》1994.1)

②别说晚上,就连白天我们出租车司机也不敢上街。(《人民日报》2000.5)

例①中 D 项省略,C、A 共用一个判断描写项 B。CB 项表达的意思是"普通人面对如此庞杂的资料难以理清头绪",AB 项表述的意思是"最出色的气象专家,面对如此庞杂的资料也难以理清头绪"。C、A、B 项进入"别说"句式后表达的逻辑推理是:"最出色的气象专家(A)面对如此庞杂的资料难以理清头绪(B),普通人的气象知识当然不如最出色的气象专家,所以普通人(C)面对如此庞杂的资料难以理清头绪(B)的可能性大,如果最出色的气象专家面对如此庞杂的资料也难以理清头绪,普通人就更可能难以理清头绪",以此对"别说"后的 C 项成分"普通人"进行贬抑,对 CB 的发生(C 情况下 B 发生)表示"不成问题"、"不值一提"。例②表达的逻辑推理是:"白天(A)我们出租车司机

不敢上街(B)的可能性小,晚上(C)我们不敢上街(B)的可能性大,那么白天我们不敢上街,晚上就更不敢上街了"。由以上两例,我们可以发现"别说 C(D),就是 A 也/都 B"表达的逻辑关系是:CB(D)发生的可能性大,AB 发生的可能性小,如果 AB 发生,CB(D)更应该发生。我们用三段论来表达其推理形式:

前提一:在 C 情况下 D(B)成立的可能性大于在 A 情况下 B 成立的可能性
前提二:在 A 情况下 B 成立
结论:在 C 情况下,D(B)更应该成立

为了方便讨论,我们把 CB(D)(即 C 情况下 B 或 D 发生)表示为 p,AB(A 情况下 B 发生)表示为 q,那么其推理形式相应变为:

前提一：p 成立的可能性大于的 q 成立的可能性
前提二：q 成立
结论:p 更应该成立

值得我们注意的是,"别说"句的逻辑推理属于或然性推理,而不是必然性推理,也就是说虽然 p 成立的可能性大于 q 成立的可能性,q 如果成立,p 不是必然成立,p 只是按常理来说应该更可能成立。这种推理的或然性给事件发展的反常规也提供了可能。

二　"别说 C(D),就是 A 也/都 B"的语义预设

语义预设也称为逻辑预设,从语句的真值条件的角度来看,语义预设可以分析为两个命题之间的一种关系。为了深入探究"别说 C(D),就是 A 也/都 B"句内部的逻辑关系,我们必须要考察一下"别说"句的语义预设。但是"别说"句逻辑推理是或然性推理,这样从语句真值条件角度就不能准确地分析其语义预设。为了确切地描写这类复句中关联词语所表示的分句之间的逻辑语义关系,并对之加以形式化,必须在标准逻辑的基础上,引进新的因素和符号,发展新的逻辑系统。

在"别说 C(D),就是 A 也/都 B"句中,分析 p(CD)、q(AB)两个语句的逻辑关系时,我们比较的是 p、q 各自成立的可能性,因此可以引入统计学中的"概率",它是反映某一事物发生可能性大小的量,用大写 P 来表示。那么"别说 C(D),就是 A 也/都 B"句语义逻辑的前提即预设是 p 发生的可能性大于 q 发生的可能性,用公式表示即 P(p)>P(q)。

既然"别说 C(D)，就是 A 也/都 B"句的逻辑推理属于或然性推理，那么一定会伴有偶然性的存在，我们在分析其语义预设时也应该把偶然性的存在考虑进去。p 发生的可能性大于 q 发生的可能性，按常理推论，可以推断出 p 比 q 更容易发生，这样 p 发生与否和 q 发生与否之间的关系有四种：p 发生且 q 也发生，即 p 和 q 有同时存在的可能（用 M 表示可能），用公式表达为 $M(p \wedge q)$；p 发生而 q 不一定发生，就是说 p 和 $\bar{q}$ 有同时存在的可能，用公式表达为 $M(p \wedge \bar{q})$；q 发生而 p 有可能不发生，或者 p 不发生而 q 可能发生，即 q 和 $\bar{p}$ 有同时存在的可能，用公式表示为 $M(\bar{p} \wedge q)$；p 和 q 都不发生，即 $\bar{p}$ 和 $\bar{q}$ 有同时存在的可能，用公式表达为 $M(\bar{p} \wedge \bar{q})$。

上文我们分析了"别说 C(D)，就是 A 也/都 B"句的基本逻辑关系，其逻辑推理的结论是 p 更应该成立，即说话者更倾向承认 p 是应该发生的，也就是说 $M(p \wedge q)$ 和 $M(p \wedge \bar{q})$ 并不属于例外，而 $M(\bar{p} \wedge q)$ 和 $M(\bar{p} \wedge \bar{q})$ 则属于非常理的例外。但四种情况都有存在的可能，因此，在分析"别说"句的语义预设时都应给予考虑。以上四种情况存在是可能的，满足一种即可，不能同时存在，所以四者之间是不相容析取关系，即 $M(p \wedge q)$ $\vee$ $M(p \wedge \bar{q}) \vee M(\bar{p} \wedge q) \vee M(\bar{p} \wedge \bar{q})$。"别说……就是……也/都……"句是一种或然性推理逻辑，它的推理前提（P(p)＞P(q)）必然会伴随着以上四种情况之一发生，即 P(p)＞P(q) 和四种可能之一同时存在，是合取的关系。因此"别说 C(D)，就是 A 也/都 B"句的语义预设完整的表达式为（$\wedge$ 表示合取，$\vee$ 表示不相容析取）：

$$(P(p) > P(q)) \wedge (M(p \wedge q) \vee M(p \wedge \bar{q}) \vee M(\bar{p} \wedge q) \vee M(\bar{p} \wedge \bar{q}))$$

$$(0 \leqslant P(p) \leqslant 1 \qquad 0 \leqslant P(q) \leqslant 1)$$

以下面的句子为例来说明这个公式：

> 别说牛奶了，就是白开水也喝不上。

例句的逻辑前提即语义预设是"牛奶喝不上（p）"的可能性大于"白开水喝不上（q）"的可能性，即 P(p)＞P(q)。在这个前提下我们可以推出：牛奶喝不上，白开水也喝不上，即 $M(p \wedge q)$；但我们不能推出：牛奶喝不上，白开水就一定喝不上，就是说牛奶喝不上可能白开水喝得上，即 $M(p \wedge \bar{q})$；我们也不能推出白开水喝不上（q），牛奶一定喝不上，牛奶可能喝得上（$\bar{p}$），即 $M(\bar{p} \wedge q)$；还有一种可能性：牛奶和水都喝得上，即 $M(\bar{p} \wedge \bar{q})$。实际上，说话人更倾向承认前两种可能性。伴随着 P(p)＞P(q)，这四种情况的存在都是可能的。

本文对"别说"句语义预设逻辑公式的推导有助于更深层次地理解该句式的逻辑关系，为该句式和其他相关句式的对比提供新视角。

三　"别说"句逻辑语义预设的应用

（一）"别说……就是……也/都……"和"不但……而且……"的比较

目前对于"别说"句的认识还不够全面与深入，所以"别说"句与其他相关句式的比较也相对模糊，"别说……就是……也/都……"句和"不但……而且……"句（分别简称"别说"句和"不但"句）都类属于递进复句，"不但"句表示以一层意思向另一层意思顺递推进，是递进句的典型句式。那么怎样区分"别说"句和"不但"句呢？丁力从二者的逻辑语义角度比较过两者的相同点与不同点。这里，我们从另一个角度，即用语义预设作为二者比较的基准和转化的条件。我们认为这将在一定程度上解决留学生对两种句式的混淆问题。

周刚提出"不但……而且……"的两个分句 p 和 q 之间有递进关系，其语义是既肯定 p，又要进一步肯定 q，而肯定的必要性是来自 p 和非 q 同时存在的可能性。如果 p 和非 q 根本没有这种可能性，即有 p 一定有 q，那么肯定了 p 再进一步肯定 q，就没有必要了，所以"不但……而且……"的语义预设就是：

$$M(p \wedge \bar{q})$$

为了方便讨论，我们给"不但"句的语义预设添加一个条件，前后两个分句都是被肯定的，是一定发生了的事情，所以 $P(p)=1$，$P(q)=1$，那么"不但"句式语义预设完整的表达是：

$$M(p \wedge \bar{q}) \qquad (P(p)=1, \ P(q)=1)$$

上文我们已经讨论过"别说……就是……也/都……"语义预设：

$$(P(p) > P(q)) \wedge (M(p \wedge q) \vee M(p \wedge \bar{q}) \vee M(\bar{p} \wedge q) \vee M(\bar{p} \wedge \bar{q}))$$
$$(0 \leqslant P(p) \leqslant 1 \qquad 0 \leqslant P(q) \leqslant 1)$$

"别说……就是……也/都……"句式和"不但……而且……"句式的比较及转化我们从两个方面来分析：

首先，"不但"句转化为"别说"句。从二者的语义预设公式来看，"别说"句预设中的 $(M(p \wedge q) \vee M(p \wedge \bar{q}) \vee M(\bar{p} \wedge q) \vee M(\bar{p} \wedge \bar{q}))$ 的意思是四种可能任选一个，"不但"句式的预设 $M(p \wedge \bar{q})$ 已经满足了这个条件，那么只需满足 $P(p) > P(q)$ 就可以转化为"别说"句。例如：

> 三年工夫，不仅欠账还清，而且，在企业自有基金方面，成了临江首户，真正的百万富翁。（李国文《花园街 5 号》）
> ——三年工夫，别说欠账还清，就是在企业自有基金方面，也成了临江首户，真正的百万富翁。

原句是一个"不但"句，p 是"欠账还清"，q 是"在企业自有基金方面，成了临江首户，真正的百万富翁"。从逻辑上，欠账还清以后才能够在自由基金方面成为首户，即欠账还清的可能性大于成为首户的可能性，所以 $P(p) > P(q)$，满足"别说"的条件，可以转化为"别说"句。再看一例：

> 他不但能讲法语，而且还能讲日语。
> ——＊别说他会讲法语，就是日语也会讲。

上例"不但"句转化为"别说"句后，就相当于承认一个前提"法语比日语简单"，而法语和日语是两种语言，无所谓哪种语言更难。因此对于本例，我们不能说会讲法语的可能性大于会讲日语的可能性，不符合 $P(p) > P(q)$，不能转化为"别说"句。

其次，"别说"句转化为"不但"句。"别说"句预设的条件比"不但"句的预设条件更为严格，就是说"别说"句的预设条件多于"不但"，从这个意义上讲，"别说"句都可以转化为"不但"句。但实际不是这样，"不但"句预设成立的前提是 $P(p) = 1$、$P(q) = 1$，而"别说"句预设成立的前提不一样，前后分句不一定是肯定发生过：前一分句有时在特殊语境中也可能是虚拟发生的，后一分句也可能是说话者想确认的事情，但有时只是为了突出 C 项的不容怀疑；假设发生的，有时在特殊语境下前后分句都可能是虚拟的，所以其预设的前提进入句式后是 $P(p) = 1$ 或 $P(p) = 0$，$P(q) = 1$ 或 $P(q) = 0$。$P(p) = 0$ 或 $P(q) = 0$ 的"别说"句就不能转化为"不但"句，只有 $P(p) = 1$ 且 $P(q) = 1$ 时"别说"句可以转化为"不但"句，而且如果 D 项省略，转化时需要补足。例如：

别说红绿灯对他们毫无约束力,就是手持警棍的警察也奈何他们不得。(《人民日报》)

──→不但红绿灯对他们毫无约束力,而且手持警棍的警察也奈何他们不得。

例中 p"红绿灯对他们毫无约束力"是可以真实存在的,q"手持警棍的警察也奈何他不得"是说话人确认的事实,即 P(p)＝1 且 P(q)＝1,符合"不但"句的要求,因此此句可以转化为"不但"句。再看一例:

别说刮风下雨,就是下刀子,我们的礼兵哨也是笔直地站在国门口的。(《人民日报》)

──→ ＊ 不但刮风下雨我们的礼兵哨笔直地站在国门口,而且下刀子我们的礼兵哨也是笔直地站在国门口的。

这个"别说"句中 p 可以是真实的,A 项是"下刀子",这只是一个假设,那么 p"下刀子,我们的礼兵哨也是笔直地站在国门口"也是假的,即 P(p)＝1 且 P(q)＝0,不符合"不但"句预设的前提,所以不能转化为"不但"句。再看一例:

甲:别说下雨,就是下刀子我也去见她。

乙:真要是下刀子,你就不去啦!

甲:谁说的! 别说下刀子了,就是下原子弹我也去!

上面的对话中,在特殊的上下文情景之下,"别说下刀子了,就是下原子弹我也去"中的 p 是虚拟的,说话人是想确定"虚拟的情况如果真实发生,他也会那样做"是不容怀疑的。此例中 P(p)＝0 且 P(q)＝0,也不能转化为"不但"句式。

以上我们分析了"别说"句式和"不但"句式相互转化的条件,但是说话人具体使用哪种句式来表达,还是由二者的语值决定。即使两种句式都能表达,二者的使用价值也仍然是不一样的。

(二)"别说……就是……也/都……"句的对外汉语教学

在《汉语水平等级标准与语法等级大纲》中,"别说……就是……也/都……"句属丁级,留学生掌握起来有较大难度。但是该句式在日常生活中表达了特定的意思,语值方面不能用其他句式代替，这种矛盾给对外汉语教学提出了一个挑战。

"别说"句一般出现在中级对外汉语教材中，但是一般都讲得很笼统，留学生能通过例句大概明白书上的讲解，但是脱离课本则不会使用。另外，几乎没有教材对"别说"句和相近的易混淆的句式进行对比。在教学实践中，留学生经常问"别说"句怎么用，他们觉得都可以用"不但……而且……"代替。这就提示我们，在讲解语法点时，进行对比教学是有必要的。

《桥梁》实用汉语中级教程（上）第十一课《热爱绿色》中讲到了"别说"句的语法点，认为"别说"与"即使……也……"构成的多重格式，用于表示比较和递进关系的多重复句中。"别说"引出一句陪衬的话，借以突出和强调要表达的主要意思。这个讲解很笼统，对留学生来讲，相对抽象不易理解。另外，我们并不认为"别说"后面是陪衬的话，借以突出和强调要表达的主要意思。相反，"别说"后面才是最终要证明的话，整个复句的语义回归点是"别说"后的成分，复句的目的是要表达"别说"后成分的不可怀疑性。所以这个讲解可能会误导学生。"对外汉语本科系列教材"之《汉语听说教程》二年级第六课《来龙去脉》中的讲解提到"别说……就是……"表示让步，"别说"后面跟"就是"后面的情况相比较，用来说明连后者都这样，前者更应该这样。相比较而言，我们认为《汉语听说教程》的讲解相对容易理解，和我们的观点大致相同，但是讲解过于简单。我们认为供留学生使用的汉语教材关于"别说"句的讲解，应该注意以下几个方面：

一是应该提到"别说"句中可以替换的关联词语，并且指出"别说……就是……也/都……"句是其最常用的句式。

二是应该用简单明了的语言突出"别说"句式的逻辑预设，公式化讲解更有利于操作与理解。

三是应该把"别说"句和递进句的典型句式"不但"句进行对比。对比可以让留学生明白两者语用价值的区别即表达目的不一样，并且明确二者互相转化的条件，这样在实际交际时可以减少错误。我们可以尝试利用下表讲解（以下只是一个设想，还需要进一步地在对外汉语教学实践中检验）：

From			To
不但 p 而且 q	$P(p) > P(q)$	$\longrightarrow$	别说 p 就是 q
	$P(p) = P(q)$	$\nrightarrow$	
别说 p 就是 q	$P(p) = 1\ P(q) = 1$	$\longrightarrow$	不但 p 而且 q
	$P(p) = 0$ 或 $P(q) = 0$	$\nrightarrow$	

注：P 表示可能性（possibility），$P(q) = 1$ 表示 q 可能发生，$P(q) = 0$ 表示 q 不可能发生。

上表可以配以例句解释：

例 1：这道题很难，不但<u>学生不会</u>，而且<u>老师也不会</u>。
　　　　　　　　　　　p　　　　　　　q

　　　"学生不会"的可能性比"老师不会"的可能性大，P(p)＞P(q)，所以：

　　　——→ 这道题很难，别说学生不会，就是老师也不会。

例 2：约翰不但<u>会说汉语</u>，而且<u>会说日语</u>。
　　　　　　　　p　　　　　　q

　　　"会说汉语"的可能性等于"会说日语"的可能性，P(p)＝P(q)，所以：

　　　—×→约翰别说会说汉语，就是日语也会说。

例 3：动物园里的熊猫，别说<u>小孩喜欢</u>，就是<u>大人也爱看</u>。
　　　　　　　　　　　　　　　p　　　　　　　q

　　　"大人也爱看"是发生了或可能发生的，P(q)＝1，所以：

　　　——→ 动物园里的熊猫，不但小孩喜欢，而且大人也爱看。

例 4：别说<u>他 50 岁（没我跑得快）</u>，就是<u>他 20 岁，也没有我跑得快</u>。
　　　　　　　　p　　　　　　　　　　　　q

　　　"他 20 岁，也没有我跑得快"不太可能发生，P(q)＝0，所以：

　　　—×→ 不但他 50 岁没我跑得快，而且他 20 岁也没有我跑得快。

参考文献

陈昌来（2000）《现代汉语句子》，华东师范大学出版社。

崔希亮（1990）《试论关联形式"连……也/都……"的多重语言信息》，《世界汉语教学》第 3 期。

丁　力（1999）《反逼"别说"句》，《语言研究》第 1 期。

范　晓（1998）《汉语的句子类型》，书海出版社。

范开泰、张亚军（2000）《现代汉语语法分析》，华东师范大学出版社。

方　梅（1995）《汉语对比焦点的句法表现手段》，《中国语文》第 4 期。

黄伯荣、廖序东（1991）《现代汉语》，高等教育出版社。

王维贤（1997）《现代汉语语法理论研究》，语文出版社。

邢福义（1990）《现代汉语语法研究的两个"三角"》，《语言文字学》第 1 期。

邢福义（1999）《汉语复句格式对复句语义关系的反制约》，《中国语文》第 1 期。

邢福义（2000）《汉语复句研究》，商务印书馆。

张卫国（1991）《现代汉语实用语型》，中国人民大学出版社。

赵恩芳、唐雪凝（1998）《现代汉语复句研究》，山东教育出版社。

周　刚（2002）《连词与相关问题》，安徽教育出版社。

浅析疑问句中的语气词
及其在对外汉语教学中的应用

北京市通州区潞河中学　崔启林

一　引言

　　语气词"吗"、"呢"、"吧"、"啊"、"么"等都可以用在疑问句中,但笔者认为疑问语气词只有一个"吗"。"呢"、"吧"、"啊"、"么"可以用在疑问句中,但不属于疑问语气词,因为判断一个语气词是不是疑问语气词要看这个词本身是否承载全句的主要疑问信息。

　　本文拟对现代汉语普通话语气词系统中可以用在疑问句末尾的语气词进行考察,并以之为根据,为对外汉语教学实践中学生出现的偏误提供相应的解决策略。在展开论述之前,有必要明晰以下几方面内容。

(一) 语气

　　所谓语气,是通过语法形式表达的说话人针对句子命题的一种主观意识。我们在说话的时候,每一句话都想表达一个完整的意思,向听话人传达一条信息。在大多数情况下,每一句话都带有一定的情绪。这种情绪的表达主要是靠语调来完成的。但人们的感情是那么的复杂细腻,往往需要表达更多、更丰富的感情,这就需要在一句话中加入更多的可以表达语气的成分,使各种情绪更加明显、精确。

(二) 语气的形式标记

　　从以上对语气的定义可以看出:语气是存在于句子层面上的;语气的表达必须具有形式标记。语气的形式标记中最重要的是语调,体现在书面语系统中就是句末的标点符号。如"他是你弟弟",如果标点为句号,即确定了这句话的陈述意义,读成降调。如果使用问号语义立刻变为不相信的疑问含义,读成升调。语气词、语气副词、否定副词、助动词、叹词、肯定否定重叠结构(是不是、有没有……)、"X还是Y"结构、句重音等都可以作为语气的形式标记,而且这些形式标记可以配合使用。还是以"他是你弟弟"为例:

> ① 他是你弟弟。[语调＋重音]
>
> ② 他不是你弟弟。[语调＋否定副词]
>
> ③ 他一定不是你弟弟。[语调＋否定副词＋语气副词]
>
> ④ 他应该一定不是你弟弟。[语调＋否定副词＋语气副词＋助动词]
>
> ⑤ 他应该一定不是你弟弟吧。[语调＋否定副词＋语气副词＋助动词＋语气词]
>
> ⑥ 他应该一定不是你弟弟吧,啊?[语调＋否定副词＋语气副词＋助动词＋语气词＋叹词]

从以上例句可以看出,每增加一个新的形式标记,这句话的语义内容就更丰富一层,甚至曲折复杂到让人难以理解的地步。

(三)疑问语气的形式标记

我们先来看几个例句:

> ① 他是你哥哥?
>
> ② 你不认识她?
>
> ③ 你去参加招聘会吗?
>
> ④ 你没去过兵马俑吗?
>
> ⑤ 你怎么不说话?
>
> ⑥ 谁去吃晚饭?
>
> ⑦ 她什么时候去北京?
>
> ⑧ 他是去师大,还是去外院?
>
> ⑨ 你去不去上课?(有的语法书单独立为一类,称为"反复问句")

①②③④属于是非问句,⑤⑥⑦属于特指问句,⑧⑨属于选择问句。从这些例句可以看出,用在疑问句中并表达疑问语气的形式标记主要有:上升语调、语气词、特殊疑问词、"X还是Y"结构、肯定否定重叠结构等。进而可以得出:在一个疑问句中至少有一个疑

问形式标记,而且这个形式标记承载着主要的疑问信息,称为主要疑问标记。在一个疑问句里主要疑问标记只能有一个,其他疑问标记可以与之配合使用,但进入的同时也增加了句子语气的复杂程度。

二　常用于疑问句的语气词分析

(一)"吗"的用法分析

1. 用于是非问句。

用于是非问句的基本结构格式是:陈述句＋吗＋↗语调。如:

① 他是老师吗?
② 你去过西安吗?
③ 你不吃辣椒吗?
④ 你不喜欢看电影吗?

①②是因完全不知道答案而发问,需要听话人给出正面的肯定或否定的回答。而③④句使用了否定副词"不"这个语气标记,稍微降低了疑问程度。说话人通过某种迹象而有初步的判断,为求确切答案而发问。回答可以是正面的,也可以是"一点点"、"还可以"、"一般般"等这样的迂回折中的回答。

从结构格式中可以看出,这里使用了"吗"和"↗语调"两个疑问标记。之所以将"吗"定为疑问语气词,是因为疑问句中的"吗"承担了主要的疑问信息,"↗语调"起辅助作用。如果把"吗"去掉,仍保留"↗语调",这句话仍然符合疑问句至少具有一个疑问标记这个条件,仍然是一个疑问句,成为了"语调是非问句",但是在语义上却有很大差异。试比较:

①a. 他是老师吗?("我"不知道"他"的身份,又想知道,所以发问。)
　b. 他是老师?("我"不相信"他"是老师,"我"觉得"他"不是老师,但不知道确切与否,所以发问。)
②a. 你不吃辣椒吗?("我"想知道"你"到底吃不吃辣椒。)
　b. 你不吃辣椒?("我"觉得"你"应该可以吃辣椒。)

上面例句中的"吗"承担了主要的疑问信息,如果去掉就变成了由语调承担主要疑问信息的语调是非问句,句子的语气和语义发生了较大改变。"吗"字是非问句重点在问,语调是非问句重点在疑,所以在是非问句末尾的"吗"是疑问语气词。

2. 用在反问句中。

用于反问句中的基本结构格式是:主要语气标记＋"吗"字是非问句。如:

① 你现在像个学生的样子吗?

② 难道要我亲自动手吗?

③ 这些问题不是讨论过了吗?

④ 难道一点儿办法也没有吗?

例句都是由一个"吗"字是非问句加入了一个语气形式标记而构成的反诘语气的疑问句。先对比下面几组句子:

①a. 你现在像个学生的样子吗?(反诘语气,"像"字读重音,不需要回答。语义背景设计:你作业也不写,课也不去上,你现在像个学生的样子吗?)

　　b. 你现在像个学生的样子吗?(询问语气,"像"字不读重音,需要肯定或否定回答。语义背景设计:听说你今天买了一套运动服和一个学生包,那么,你现在像个学生的样子吗?)

②a. 难道要我亲自动手吗?(反诘语气,主要语气来自于语气副词"难道"这个语气标记,不需要回答。)

　　b. 要我亲自动手吗?(询问语气,主要语气来自于疑问语气词"吗",需要肯定或否定回答。)

③a. 这些问题不是讨论过了吗?(反诘语气,主要语气来自于否定副词"不是"这个语气标记,不需要回答。)

　　b. 这些问题讨论过了吗?(询问语气,主要语气来自于疑问语气词"吗",需要肯定或否定回答。)

①a、②a、③a 句里面重音、语气副词、否定副词这些语气标记的加入并没有带来疑问信息,但是增加的这个语气标记却是主要语气标记,因为它的加入使得整句话的语义和语气都有了巨大的变化。"吗"虽然仍然是疑问信息的承担者,仍然是疑问语气词,但是整句话的语气已不再是询问,而是无疑而问的反诘语气了,因此也就不需要回答。

　　笔者对自然运用中的 396 例疑问句做了一个粗略统计,见表 1。

表 1

疑问句类型	特指问句				是非问句		选择问句	
	无句尾语气词	有句尾语气词			"吗"字是非问	语调是非问句	肯定否定重叠	X 还是 Y
		呢	吧	啊				
用例数	251	14	3	8	69	8	35	8
百分比	63.4	3.5	0.76	2	17.4	2	8.8	2

从上表可以看出,无句尾语气词的特指问句(63.4％)、"吗"字是非问句(17.4％)、肯定否定重叠结构的选择问句(8.8％)是使用较多的疑问句类型,三种加起来就占到了总数的 89.6％,而"呢"、"吧"、"啊"等使用的比例却很小。这也从另一个侧面揭示了"吗"与其他几个语气词的不同性质。"吗"作为疑问语气词的地位是不可动摇的。但是仅凭用例较少还不足以证明其他几个语气词不是疑问语气词,因此还要进行下面的具体分析。

(二)"呢"和"么"的用法分析

　　1. "呢"的用法分析。

　　"呢"用于特指问句、选择问句、反问句中,构成的基本结构格式是:非是非问句＋呢＋(↗语调)。如:

　　　　① 你什么时候去香港呢?
　　　　② 我该怎么办呢?
　　　　③ 晚上你是看书,还是看电视呢?
　　　　④ 今天她会不会来呢?
　　　　⑤ 没有鸡怎么会有鸡蛋呢?
　　　　⑥ 哪个当家长的不心疼自己的孩子呢?
　　　　⑦ 你们何必大惊小怪呢?

在这些例句中,特殊疑问词、"X 还是 Y"结构、肯定否定重叠结构分别负载了主要疑问信息,句调读成升调或降调都可以。"呢"的加入并没有改变句子的主要语气,而是增加了"深究"的意味。这里的"呢"也可以换作"啊","啊"带来的是更强的"深究"语气。但

"呢"较之于"啊",因为其发音的开口度较小,音强和音长都明显不及"啊",所以使句子婉转而不生硬。总之,"呢"在"非是非问句＋呢＋(↗语调)"结构中不负载主要疑问信息,只起附加作用,它并不是一个疑问语气词。

"呢"还用于承前省略问句中,基本结构是:NP＋呢＋(↗语调)。如:

① ——教室里面空荡荡的。
　　——人呢?(人在哪里呢?)
② ——一辆满载生猪的卡车翻下山崖,猪却没事。
　　——人呢?(人怎么样呢?)

在这种结构中,"呢"同样具有"深究"的意思。但是由于句中没有出现主要疑问形式标记,而是承接上文语义关系,为了叙述的简便而省略了。这种形式又多出现在口语中,所以对"NP＋呢＋(↗语调)"的考察必须联系具体语境。正如上例所体现的一样,同样一句"人呢?"在不同语境下,被省略的疑问标记分别是"在哪里"和"怎么样"。那么,"NP＋呢＋(↗语调)"结构里的"呢"是否承载了承前省略的疑问信息呢?笔者认为不是这样的。这个被省略的疑问信息是依附于整个语篇上的,而不是孤立地附着在一个语气标记上,必须有交谈双方的共同认知基础才能成立。所以这里的"呢"不承担主要疑问信息,不是疑问语气词。"呢"用在疑问句中的主要功用是加入一种"深究"的语气。

2."么"与"呢"的用法对比分析。

特别值得注意的一点是:我们在"'呢'的用法分析"部分开始段所举的七个例句中,"呢"都可以与"么"互换,句调使用降调,并且主要语气并无太大变化。传统观点认为"么"是"吗"的一个异体字,现存的重要语法著作都持此观点,并认为"吗"和"呢"成互补态势。但是经过上面的分析,"呢"不是疑问语气词,不负载疑问信息,它使用在疑问句中带来的是"深究"的语气,并且使句子表达更加婉转客气。并且有"NP＋呢＋(↗语调)"这个不容忽视的结构存在,所以笔者认为"吗"、"呢"的互补是巧合。真正与"吗"形成互补的是"么"。"吗"用在是非问句中,句调用升调;"么"用在非是非问句中,句调用降调。"嘛"是"么"的异体字,"么"在降调的同时嘴型稍一变大(语气有所加强),听起来就是"嘛"。现实的语言材料中确实有大量的是非问句中句尾写作"么"的情况存在,也有很多非是非问句末尾写作"吗"的情况。这正是汉语规范化要做的事。试分析下面的句子:

① 你什么时候去香港么?

② 我该怎么办么？

③ 晚上你是看书，还是看电视么？

④ 今天她会不会来么？

⑤ 没有鸡怎么会有鸡蛋么？

⑥ 哪个当家长的不心疼自己的孩子么？

⑦ 你们何必大惊小怪么？

这些句子的结构格式是：非是非问句＋么＋↘语调。首先确定上述例句都是正确的，在日常交际中可以使用的句子。通过和"呢"的对比可以发现："么"用在真性疑问句（特指、选择）中主要的语法意义是"深究"，与"呢"差不多都可以在主语后加"到底"以强调问题的紧迫性，但不同的是"呢"有使句子婉转得体的作用；"么"用在假性疑问句（反问）中主要的语法意义是增强句子的肯定性，降低疑问度。下面是具体例证（①是真性疑问句，②是假性疑问句）：

①a. 你什么时候去香港么？（"我"非常想知道具体的时间。语气迫切直率。）

　　b. 你什么时候去香港呢？（"我"想知道具体时间。语气委婉、谦虚、客气。）

假性疑问句：

②a. 你们何必大惊小怪么？（"么"带来"深究"的语气，加强了句意的肯定性，语调的下降更使疑问度几乎为零。）

　　b. 你们何必大惊小怪呢？（"呢"带来"深究"语气的同时，也行使了它"委婉"的功能。疑问度稍强。）

通过以上分析，我们可以知道"么"在语气意义、出现条件、语音形式上都有很强的独立性，应该单独成为一个语气词，而不是"吗"众多异体字当中的一个。"么"这个语气标记并不承担句中主要疑问信息，疑问信息由特殊疑问词、"X还是Y"结构、肯定否定重叠结构来承担，所以虽然是语气词，但不是疑问语气词。

（三）"吧"的用法分析

"吧"用于疑问句的基本结构格式是：非疑问句＋吧＋↗语调。如：

①　你衣服穿少了吧？

②　他的工资有两三千吧？

③　有五里地吧？

④　你也说一说吧？

⑤　你太强了吧？

关于语气词"吧"，有不同的观点：有学者认为"吧"有两个，"吧₁"表示疑问，"吧₂"表示祈使；有学者认为"吧"是半个疑问语气词，表示"信疑之间的口气"；有学者认为"吧"不表示疑问、祈使，只"赋予说话内容以不肯定的口气"。笔者认为"吧"只有一个，附着在非疑问句末尾，起缓和语气的作用。试比较：

①a. 他的工资有两三千。（陈述句，语气非常肯定。）

　　b. 他的工资有两三千吧。（陈述句，陈述句＋吧＋语调，由于"吧"的加入，肯定语气明显减弱。）

　　c. 他的工资有两三千吧？（疑问句，陈述句＋吧＋语调，由于"↗语调"这个疑问标记的加入，使句子的主要语气由不肯定变为弱疑问。）

②a. 你也说一说。（强硬的祈使语气。）

　　b. 你也说一说吧。（"吧"的加入使语气缓和，减弱了祈使之意。）

　　c. 你也说一说吧？（"↗语调"是主要疑问信息来源并改变了句类。）

通过比较便可以发现，带"吧"的句子口气明显和缓，不带"吧"的句子口气比较生硬。因为语气词"吧"降低了句子"信"的程度，大大削弱了肯定语气。太肯定的语气往往给人一种不客气的感觉。

根据邵敬敏的语音实验，"有五里地吧？"和"有五里地吧。"这两句话在调域的高低宽窄、"吧"字的音高音长上都有明显的不同。这也证实了在"非疑问句＋吧＋↗语调"中，"吧"不负载疑问信息，不是疑问语气词。

（四）"啊"的用法分析

"啊"用于疑问句的基本结构格式是：非"吗"字疑问句＋啊。如：

①　我们什么时候放假啊？

②　谁能帮我翻译论文啊？

③ 你到底是买苹果还是买香蕉啊？

④ 你是不是一天没吃饭了啊？

⑤ 你不知道啊？

⑥ 他说的是真事儿啊？

"啊"本身不表示任何语气，它可以作用于任何语气的句子末尾，起加强原句语气的作用。试比较：

①a. 我们什么时候放假？（特指问句。问话人想要知道具体时间。）

b. 我们什么时候放假啊？（特指问句。问话人已经等不及了，迫切地想要知道具体时间。）

②a. 你不知道？（语调是非问句。我以为你知道，你到底知不知道呢？）

b. 你不知道啊？（语调是非问句。这么重要的事情，你怎么能不知道呢？）

如上例所示，"啊"的加入增加了"追问、深究"的语气。

三　对外汉语教学应用

由于留学生的母语中大多没有语气词，所以由少数几个语气词和众多的语气成分构成的纷繁复杂的汉语语气系统就成为留学生学习的难点，这当然就成为我们教学的重点之一。下面我们运用上文的分析来解决教学过程中出现在留学生身上的疑问句中语气词使用偏误。

首先应该明确的是，在讲授疑问句时教师就需要明确地告诉学生一个疑问句中有且只能有一个主要疑问标记。主要疑问标记有特殊疑问词、"吗"、肯定否定重叠结构、"X 还是 Y"结构、语调等。在教学中多数教材把"吗"字疑问句安排在比较靠前的语法点中，这样有利于学生学以致用，迅速地运用其进行交际。但这同时也带来了由于过度泛化而出现的不管是什么疑问句都在句尾加"吗"的问题。如：

① * 你是不是学生吗？

② * 昨天你丢的东西是否找到了吗？

③ * 你是什么时候来这儿的吗？

④ * 我们去哪儿吗？

①②这两句话的语病是多余。一个疑问句里只能有一个主要疑问标记,而本句出现了疑问语气词"吗"和"是不是"两个主要疑问标记。修改方法是去掉任何一个都可以:

> ①a. 你是学生吗?
>   b. 你是不是学生?
> ②a. 昨天你丢的东西找到了吗?
>   b. 昨天你丢的东西是否找到了?

③④这两句话的语病是误用。这两句话中具有特指问句的标记,而"吗"只用在是非问句中,不能用于特指问句。修改方法是去掉"吗",或者换成"么"、"呢"、"啊"等表示"深究"的任何一个语气词都可以。

其次是进一步明确其他几个句尾语气词的语法意义和语气作用,避免出现语气配合的错误。这里做一个简单的总结:"呢"在疑问句中的主要作用是加入一种"深究"的语气,并使句子婉转而不生硬。"么"有两种情况:用在真性疑问句中主要表示"深究",可以在主语后加"到底"以强调问题的紧迫性;用在假性疑问句中主要表示"强调",因为反问句本身就是无疑而问,"么"的加入更会增强句子的肯定性,降低疑问度。"吧"主要起缓和语气的作用,增强句子的不肯定性。"啊"本身不表示任何语气,它可以作用于任何语气的句子末尾,起加强原句语气的作用。借此就可以解决留学生在疑问句中出现的一些语气偏误,如:

> ① * 这种款式的鞋子,你大概很喜欢呢?
> ② * 难道你不相信我呢?
> ③ * 你是什么时候来这儿的吗?
> ④ * 这是怎么回事吗?
> ⑤ * 咱们现在这么忙,哪里有时间去旅游吗?

①这句话的语病是误用。由于语气副词"大概"奠定了不肯定的或然语气,所以不能再附加一个表示"深究"语气的"呢"。修改方法是去掉"呢"或者换成同样表示不肯定语气的"吧"。②为是非问句,而通过前文对结构格式的总结我们可以得到反问句的表达有以下几种:带"呢"反问句"非是非问句＋呢＋(↗语调)";带"吗"反问句"主要语气标记＋'吗'字是非问句";不带任何句尾语气词的反问句"难道/莫非/岂不＋语调是非问句"。所以②可改为:"难道你不相信我吗?""难道你不相信我?"③④⑤几句可以去掉疑

问语气词"吗"，只保留句中各自的主要疑问标记，使句子成为非是非问句。也可以把句中的"吗"都换成"么"，语调使用降调，起"深究"、"强调"的作用。

四　结　语

综上所述，现代汉语普通话中的疑问语气词只有一个"吗"。"吗"和其他几个主要疑问标记一样在疑问句中承担主要的疑问信息。其他语气词和语气成分的加入使句子所表达的语义和语气更加复杂、精确。本文对每一个语气词在疑问句中的使用情况都用结构格式的形式予以表述，这样不仅使语法层次更加明显，也有利于对外汉语教学过程中的讲解和应用。对几个常用语气词的详细考察并归纳出了各自的基本语气含义和作用，简化了语法分析归纳出的用法数量，这将利于教学实践。

参考文献

Chu，Chauncey C.（1998）*A Discourse Grammar of Mandarin Chinese*［M］. New York and Bern：Peter Lang Publishing.

Shie，Chi-chiang.（1991）*A Discourse - Functional Analysis of Mandarin Sentence - Final Particles*［M］. Taipei：National Chengchi University M. A. thesis.

李　静（2005）《留学生正反疑问句中语气词"吗"的使用偏误》，《广西社会科学》第4期。

刘月华（1998）《语调是非问句》，《语言教学与研究》第2期。

陆庆和（2006）《实用对外汉语教学语法》，北京大学出版社。

吕叔湘等（2005）《现代汉语八百词（增订本）》，商务印书馆。

马　真（2004）《现代汉语虚词研究方法论》，商务印书馆。

齐沪扬（2002）《语气词与语气系统》，安徽教育出版社。

邵敬敏（2000）《汉语语法的立体研究》，商务印书馆。

徐丽华（2002）《外国学生语气词使用偏误分析》，《浙江师范大学学报（社会科学版）》第5期。

张　斌等（2001）《现代汉语虚词词典》，商务印书馆。

张谊生（2000）《现代汉语虚词》，华东师范大学出版社。

两种汉字教学手段
对外国学生识记汉字作用的量化分析

北京育才学校　张　立

汉字教学的任务是以汉字形、音、义的构成特点和规律为教学内容,帮助学习者获得认读和书写的技能。在对外汉语教学实践中,根据汉字的构字规律,运用汉字的形、音、义的关系进行识字教学的字理识字法是最常用的教学方法之一。在课堂上,教师用板书或 flash 演示笔顺帮助学生记忆字形,用分析形声字的部首和声旁来帮助学生记忆字音,是比较有效的教学手段之一。最近笔者在自己任教的班级做了一些实验,取得了一些数据,下面量化分析这两种汉字教学手段对外国留学生识记汉字的作用。

笔者任教的语言班参加实验的有 10 人。笔者将"汉字圈国家"学生定为 A 类(共 8 人,韩国留学生 7 人,日本留学生 1 人);"非汉字圈国家"学生定为 B 类(共 2 人,泰国留学生)。这些学生 2008 年 2 月 25 日来到中国,都属于汉语零起点的学生,截至 2008 年 4 月 16 日,一共学习将近 8 周,他们每周学习汉语 32 学时,共计大约 256 学时。

笔者从 804 个乙级词中选取了 40 个学生没学过的、笔画都是 10 画的汉字,并把这些汉字分成 4 组,每组 10 个汉字。第一组有"臭"、"竞"、"宽"、"壶"、"扇"、"积"、"损"、"脑"、"倡"、"致",第二组有"益"、"党"、"害"、"乘"、"席"、"称"、"捉"、"脆"、"俱"、"敌",第三组有"翅"、"逗"、"案"、"粉"、"哩"、"牺"、"格"、"效"、"株"、"烫",第四组有"赶"、"递"、"资"、"悔"、"捕"、"涨"、"捆"、"宾"、"胳"、"烤"。

第一组和第二组的字都只给出读音,每组 10 个字的结构一一对应,部首基本相同。第一组让学生自己学习,限时 10 分钟,然后检测这 10 个字的书写。第二组让学生观看笔顺 flash,看 flash 和学生自己学习的时间一共也是 10 分钟,然后检测这 10 个字的书写。正确率统计结果见表 1 和表 2:

表 1　第一组汉字的学习结果

| 分组 | 序号 | 汉字 | A 类 8 人 | | B 类 2 人 | | 总计 10 人 |
			人数	百分比	人数	百分比	百分比
第一组	1	臭	5	62.5	2	100	
	2	竞	5	62.5	2	100	
	3	宽	4	50	2	100	
	4	壶	6	75	2	100	
	5	扇	5	62.5	0	0	
	6	积	6	75	0	0	
	7	损	4	50	0	0	
	8	脑	8	100	0	0	
	9	倡	6	75	0	0	
	10	致	1	12.5	0	0	
			平均:62.5%		平均:40%		全体平均:40%

表 2　第二组汉字的学习结果

| 分组 | 序号 | 汉字 | A 类 8 人 | | B 类 2 人 | | 总计 10 人 |
			人数	百分比	人数	百分比	百分比
第二组	1	益	8	100	2	100	
	2	党	8	100	2	100	
	3	害	7	87.5	2	100	
	4	乘	5	62.5	0	0	
	5	席	6	75	1	50	
	6	称	6	75	0	0	
	7	捉	3	37.5	0	0	
	8	脆	5	62.5	1	50	
	9	俱	3	37.5	1	50	
	10	敌	6	75	1	50	
			平均:71.25%		平均:50%		全体平均:67%

　　表1说明:汉字圈国家学生自学汉字的准确率比非汉字圈国家学生自学汉字的准确率高22.5%。这是因为在正式学习汉语之前,他们已经在母语教育中接受了汉字,所以感觉汉字并不陌生。

　　表2说明:(1)相对于第一组汉字的识记,第二组汉字的识记有了flash的辅助,识记的情况要好得多,识字的正确率普遍提高27%。(2)汉字圈国家学生识字的正确率提高8.75%,非汉字圈国家学生识字的正确率提高10%。说明教师演示汉字笔顺对非汉字圈国家学生识字有更大的帮助。

　　第三组和第四组的汉字也同样给出字形和字音,不给字义。这两组的汉字都是形声字,而且声旁都是学生学过的,每组10个汉字字的结构也是一一对应、基本相同的。第三组的汉字让学生自己学习,老师不点出这些形声字的发音特点。第四组的汉字,老师利用形声字的知识讲授读音,帮助学生记忆字音。两组汉字让学生学习的时间都是10分钟(第四组连同老师讲解和学生自学一共10分钟)。两组汉字学习情况检测的结果见表3和表4。

表3　第三组汉字的学习结果

| 分组 | 序号 | 汉字 | A类8人 | | B类2人 | | 总计10人 |
			人数	百分比	人数	百分比	百分比
第三组	1	翅	5	62.5			
	2	逗	3	37.5			
	3	案	5	62.5			
	4	粉	6	75	1	50	
	5	哩	8	100			
	6	牺	6	75	1	50%	
	7	格	1	12.5	1	50%	
	8	效	6	75			
	9	株	2	25			
	10	烫	2	25			
			平均:55%		平均:15%		全体平均:47%

表 4   第四组汉字的学习结果

| 分组 | 序号 | 汉字 | A类8人 | | B类2人 | | 总计10 |
			人数	百分比	人数	百分比	百分比
第四组	1	赶	8	100	2	100	
	2	递	4	50	2	100	
	3	资	7	87.5	1	50	
	4	悔	7	87.5	1	50	
	5	捕	7	87.5	2	100	
	6	涨	6	75	2	100	
	7	捆	7	87.5	2	100	
	8	宾	6	75	1	50	
	9	胳	4	50	2	100	
	10	烤	6	75	2	100	
			平均:77.5%		平均:85%		全体平均:79%

表 3 说明:(1)汉字圈国家学生自己记忆生字读音比非汉字圈国家学生好 40%。(2)无论是汉字圈国家学生还是非汉字圈国家学生记忆生字的读音都没有记忆字形好,自学字音的正确率比自学字形的正确率要低 7%。汉字圈国家学生要低 7.5%;非汉字圈国家学生要低 25%。

表 4 说明:(1)教师分析形声字的发音特点对所有的学生都有很大帮助,记忆读音的正确率比第三组普遍提高了 32%。(2)教师分析形声字的发音特点后,汉字圈国家学生比原来提高了 22.5%;非汉字圈国家学生比原来提高了 70%。这说明分析形声字的读音对非汉字圈国家学生帮助更大。(3)非汉字圈国家学生在老师分析了形声字的发音特点之后,首次比汉字圈国家学生记忆生字读音的正确率高了 7.5%。

从以上的四组测试中我们可以看出,给学生分析字形笔画和发音特点对学生识记汉字的形、音确实帮助很大,对非汉语圈国家学生的帮助更大。

在测试实验时,笔者发现学生自学的方法都是抄写,少则写上两三遍,多则写上十几遍,但是很少有人读出声音,这对于识记字音是不利的。在第三组测试时,没有老师的指点,学生并未发现这 10 个字是形声字,所以记忆时有些困难。在第四组测试时,有了老师的讲解和归类,学生记忆就显得容易多了。

第二组和第四组测试的正确率高,是由于同学们一起观看汉字笔顺演示或听老师的分析讲解时,学习状态都很好,聚精会神,这对提高学习效率有很大帮助。

　　需要补充说明的是,测试中由于有的汉字的部件学生已经学过了,或某些形似字学生学过,如学生学过"常"、"到"、"度",这对于学生记忆"党"、"致"、"席"是有帮助的,这就对测试结果产生了一些影响。还有,学生的学习状态不一样,有的很努力,有的比较懈怠,并没有努力地记忆,所以测试结果也会受到一些影响。此外,非汉语圈国家学生数量比较少,这也使得测试结果带有一定的随机性和偶然性。不过笔者只是希望通过这个测试让老师们更为真切地感受到这两种教学手段所起的作用,从而在教学实践中有意识地、更多更合理地使用它们。

在游戏中识字

——如何对外籍低年级小学生进行识字教学

北京市朝阳区芳草地国际学校　侯亚丽

对于外籍学生,如果只是单纯地讲生字的结构,恐怕不会引起他们的注意,而且这对于他们有很大的难度。众所周知,游戏是每一个学生自愿参与而又乐此不疲的活动,是学生兴趣所在,而兴趣是学生学习的原始动力和最好的老师。假如小学生对课堂教学的知识及内容、对教学组织形式及方法丝毫也感觉不到兴趣,那么,学生的学习兴趣就无从培养。而按照弗洛伊德的观点,游戏是由快乐原则支配的,往往给人以一种积极的情感体验,如成功感、自信心、自尊心等。一年级学生刚涉足正规的学习,识字教学又是语文学习的起步阶段,因此,培养学生对汉字的兴趣,做到快乐学习,在学习中体验到成功、自信和自尊等情感,对汉字教学具有非常重要的意义。

基于多年积累的识字教学实践经验,与为实现识字教学目的、完成教与学的任务而采用的教学方法的反思,笔者尝试了游戏与识字教学有机结合的教学方法。在小学识字教学中,笔者用儿童喜闻乐见的游戏形式促使一年级学生自发性地进入积极的、愉悦的和浓厚兴趣的状态。笔者的意图是,把游戏与识字教学进行有机结合并合理转化,使施教的过程转变为教师引导下学生主动学习的过程,在相对轻松的环境中促使学生体验到游戏般的乐趣,使学生的学习变外在要求为内在需要,变厌烦为兴趣,变被动为主动。

笔者采用了十二种"游戏识字"的方法对一年级学生进行了"先识后写,识多写少,大量阅读,优化写字"的教学实践,取得了可喜的成效。现将十二种"游戏识字法"和应用这些方法进行教学的成效归纳如下:

方法一:认识同伴。开学初,要求每位学生准备一张自己的照片并制作成卡片,卡片上端端正正地写上自己的汉语名字,并按照自己的个性、喜好进行美化。教室布置"找朋友"专栏,学生在下课时和课余时,对照照片,认识同伴的名字,一两周后进行比赛,比赛方法是帮老师发本子,比比谁认识的同伴最多,发出的本子多,并依据这个比赛选出语文课代表(课代表可以每天轮流担任)。比赛名次的排位,以每次发本子时学生轮流尝试的结果为评判依据。

方法二:送信识字。把一定数量的生字与拼音分开,先在黑板上贴上一个个音节,再把各个生字的卡片发放到每一位学生手中,然后请学生上来送信,比哪一组送的信又快又准。

方法三:找找朋友。把新的生字和已经掌握的熟字混合在一起写在黑板上,请同学们随意组合词语,比比哪一组学生组合的词语最多、最好。形式为:学生四人一组自由结伴上台,按次序用小棒边点边组合词语并读出词语,其余各组学生分工协作边计算词语组合的数量、边记录组合的词语。

方法四:猜谜识字。根据字形特点,将生字编成谜语或儿歌,在生字教学中,以猜谜的方法教学生字。形式为:先出现几个编了号的生字,老师念谜语或儿歌,学生以手势表示猜得的结果,比比谁猜得又准又快。如,双 mu 不成林——“相”,人在云上走——“会”。

方法五:“啄木鸟”。用“开火车”的方式来认读生字或词语。读对的生字或词语请大家跟读一遍,读错了可自己做“小小啄木鸟”主动起立自我纠正;如不站起来自我纠正,其他同学再争做“小小啄木鸟”帮助纠正,若纠正对了,大家就跟读,若还是不对,其他同学再争做“小小啄木鸟”依此进行。

方法六:随机模仿。学生回答问题或交流发言中常常带出好词,此时,教师及时记录在黑板一角,适时请各小组选派出代表来造造短句,比谁造的短句好;还可以用“找相关或相似词”的方式进行比赛。

方法七:对号入座。把同音字或形近字写在一起编上号码,学生以拍手次数表示回答。形式为:教师把字组成词或句,学生拍手选择字,拍错了出列,比比哪一组正确率高。

方法八:叫号出征。先在黑板上将生字编上号,然后教师依据生字的编号叫号,学生会认读的起立大声读。形式为:教师问“某号某号是什么”,学生回答“某号某号是……”。回答正确前进一步,回答错误后退一步,比比谁前进得快。

方法九:情景表演。按生字教学内容设计相应的情景,学生在玩中识字。如在黑板上出示动物名称,同学们玩“逛逛动物园”的游戏,以小组为单位轮流认读动物名称、一起讲讲动物的小故事并表演,比比哪组认得好、讲得好和演得好。又如出示各种蔬菜名称,学生进行“逛逛菜市场”情景表演,形式同上。

方法十:识字比多。课余印发短小的儿童读物,学生找出生字问父母、问同学、问老师,先让学生相互进行比赛,比一比自己比同伴多认了多少字,几天后全班再进行阅读或朗读的比赛,老师发五角星以资鼓励。

方法十一:画文展示。按照拟定的主题找找词或句,配上图画,认识词或句中的字,最后进行展评。如教学《春夏秋冬》一课,学生回家与父母一起找寻课文以外的相关的词,配上画,做成卡片,同步进行识字。教师进行汇总并布置展示,全班学生课余进行评判,教师与同学们一起适时进行认读和学习。

方法十二:卡片游戏。师生共同制作生字词卡片,教学时,各小组同学依此轮流抽取一张卡片,小组成员一起认读。然后各小组内或全班开展竞赛,比比谁认得快。

游戏识字法的实践与探究提高了学生的学习兴趣,培养了他们的学习习惯,也提高了他们自学汉字的能力。经过游戏识字教学实践,笔者任教班级的一年级学生在语文学习的兴趣、态度和习惯方面有了显著的变化。全班每个同学都能回家独立阅读,而且对阅读产生了很浓厚的兴趣。游戏识字法给了外籍孩子很大的帮助,使他们掌握了一定的识字方法,对汉字及中国文化产生了很大的兴趣。这些外籍孩子来中国学习中国文化,我们作为中文教师,就应该把最好的方法传授给他们,培养他们良好的学习习惯。

参考文献

王明林 《趣味游戏识字十法》,http://www.qihangw.com/。

杨俊等 (2007)《趣味识字》,辽宁少年儿童出版社。

字理识字教学巧设计

北京市朝阳区芳草地国际学校　马　玲

在小学低年级语文教学中识字教学始终是重点。但面对只有六七岁的孩子,特别是国际部的小留学生,那么大的识字量,"怎么能够让他们在轻松愉快的心情下,正确掌握并区分这些汉字"一直是我们探索的课题。近两年,芳草地国际学校在"字理识字"方面做了一定探索和实践,笔者对小学国际部低年级阶段的识字教学有了新的认识。通过字理分析,不仅让学生知道了汉字的演变过程,而且让他们明白为什么这么写。而且在识字教学过程中,学生对汉字字理的探究产生了兴趣,增强了学习的信心和主动性。这也让小留学生更加深入地了解中国的语言文字,感受中国文化的深远魅力。

一　课件演示汉字的演变过程

教育家乌申斯基曾说过:儿童的天性明显地要求直观。教五个他所不认识的字,他将会长久地、徒劳地受这几个字的折磨;但是,如果你把 20 个这一类的字和图画联系起来,儿童就会飞快地掌握它们。你向儿童讲解很简单的意思,他不懂你所讲的;如果你对同一儿童讲解一幅复杂的图画,他很快就了解了。你可以试试把同样的事件讲给两个能力相等的儿童听:对一个儿童讲时用图画,对另一个讲时没有图画,然后你可以评价图画对儿童的全部意义。[①] 这段话道出了直观教学对儿童的重要性。课件演示是学生喜闻乐见的一种直观教学手段。选择恰当的时机运用课件,可以引起学生的好奇和注意,充分调动学生多种感官参与学习。

在教学"鸟"这个字时,笔者先给学生演示了一段课件,通过课件让学生看到"鸟"字的演变过程。然后让学生结合课件中甲骨文、金文记现代汉字的"鸟"。学生很容易就发现:第一笔撇代表的是鸟头上的羽毛,横折钩代表的是鸟头,里面的点代表的是鸟的眼睛,竖折折钩代表的是鸟的身体,最后一笔横代表的是鸟的爪子。有了这个形象的记

---

① 　乌申斯基(1979)《〈祖国语言〉教学指南》,《西方资产阶级教育论著选》,人民教育出版社。

忆,学生很快就记住了"鸟"这个字。学生的注意力被直观课件吸引住了,枯燥抽象的笔画被形象的图像代替了。可见,通过直观课件对汉字进行溯源,吸引了学生的注意力,调动了学生的学习兴趣,让他们感到这些汉字在单调的线条背后隐藏着神秘的故事,课堂气氛也随即达到了一个小高潮。

二　在游戏中归纳汉字规律

游戏是由愉快原则促动的,它是满足的源泉。游戏是儿童的天堂。做游戏不但可以使儿童注意力持久、稳定,而且可以使注意的紧张程度比较高。学生在丰富多彩的游戏活动中,情绪始终很高涨,动脑、动手、动口,以趣促思,从而发展观察能力、思维能力和表达能力,在这样的氛围中,教师也就能省时高效地完成教学任务。

在一次家长开放课上,学完汉字"鸟"和"虫"以后,笔者设计了一个"小动物找家"的游戏。笔者在"鸟"和"虫"字下面画两个小房子作为"鸟"和"虫"的家,然后发给学生一些正面有汉字背面有拼音的卡片,卡片上写的是一些鸟和虫的名称,如"鹦鹉"、"蜻蜓"、"鹰"、"蝴蝶"等,让学生用最快的速度帮它们找到自己的家。游戏结束后,先让学生借助卡片背面的拼音读出这些字词,然后笔者故作纳闷儿地问:"这些字你们都没学过,你怎么这么快就帮他们找到家了呢?"学生见老师"不知情",就非常得意地告诉老师:"汉字里很多带'鸟'旁的字都和鸟有关,很多带'虫'旁的字都与虫有关。"本来深奥抽象的汉字规律就这样被这些小留学生轻而易举地归纳出来,学生的热情被激发了,家长也为孩子们的成功而情不自禁地鼓起掌来。学生在教师巧妙安排的游戏中归纳出了汉字规律,掀起了课堂教学的小高潮。

三　运用板画突出汉字特点

好的板书是撬开学生智慧的杠杆,是知识的凝练和浓缩,是教师的微型教案,能给人以心旷神怡的艺术享受,堪称教学艺术的再创造。板画是板书的一种形式。适量恰当的板画能够在课堂上充分展示汉字的魅力,更好地调动学生学习汉语的积极性,让这些小留学生能够更加轻松地学习汉语。

在学习"竹"这个字的时候,笔者在黑板上先画上一根竹子,然后随手画上几片竹叶。学生见语文老师居然随笔就能够画出这么形象的竹叶,兴致一下子高涨起来。笔者抓住学生瞬间的情绪变化,让学生来一起画竹叶。随即抓住这个机会说:"别看这简单的几笔,古人就是根据这几笔造出了'竹'这个字。大家猜猜看,古人造的'竹'字是怎么写的呢?"学生立刻根据板画中竹叶的样子学起了古人造字。让学生尝试后,笔者及时出示"竹"字,让学生观察自己造的字和"竹"字是否一样,引导他们发现"竹"左右两边为了避免重复在写法上稍有不同,从而强化学生的记忆。在这之后,笔者又出示了几个"竹(⺮)"字头的字,如"笔"、"竿"等,让学生一方面发现"竹(⺮)"字做偏旁时形体的变化,另一方面了解"竹(⺮)"字头的字都与竹子有关。在课堂上,语文教师运用自己的特长进行板画,突出了汉字的造字特点,掀起了课堂教学的小高潮。

四 巧用学生对汉字的好奇心

教师在课堂上要激发学生的学习兴趣,调动学生的学习情绪,吸引学生的有意注意,启发学生思维,引导学生广泛参与。好奇心则是低年级孩子一切兴趣来源的火花。在识字教学过程中,如果能抓住学生瞬间擦出的这点火花,课堂气氛会立刻被这"星星之火"激活。

经过一段时间对学生字理识字能力的培养,学生见到一个生字,不再只是盲目地记笔画,而是会对一些字形产生疑问。在学"虹"字时,为了引起学生的好奇心,笔者特意往学生本来平静的情绪中投下一颗石子。学生按左右结构记完"虹"字后,笔者让学生再说出几个带"虫"字旁的字,学生说出了"蜻"、"蜓"、"蚂"、"蚁"等,这时他们发现"虹"字与昆虫无关。既然与昆虫无关,为什么也带"虫"字旁呢?好奇的火花被点亮了,他们充分发挥自己的想象,大胆猜想,最后迫不及待地要求公布答案。于是,笔者告诉他们古人对天象不了解,把彩虹当成一种怪兽,在雨后到人间弓下身子喝水,因此"虹"字就是"虫字旁"。学生对自己是否猜对了并不在意了,而是被这个字的来历深深吸引住了。这个意想不到的答案,在学生心里激起了层层涟漪,老师运用学生对汉字的好奇心,掀起了课堂教学的小高潮。

总之,字理识字给对外汉语识字教学注入了新的活力。把这种汉字教学方法巧妙地融入对外汉语汉字课堂教学环节中,可以使得我们的课堂平淡处起波澜,平坦处见突兀,让小留学生喜欢汉语,喜欢我们中华民族的古老文字。

参考文献

李乐毅 (1992)《汉字五百例》,北京语言大学出版社。
任文田 (2000)《掀起课堂教学小高潮艺术》,中国林业出版社。
萧启宏 (2002)《汉字开智之路》,北京师范大学音像出版社。

让学生成为识字的主人

——针对国际部小留学生的汉字教学方法

北京市朝阳区芳草地国际学校　张　燕

"人生识字聪明始",识字能力是学习能力的基础,是阅读和作文的基础,也是创新能力的基础。但是低年级学生观察事物不精细,对结构复杂的字形不容易记住。特别是笔者所面对的是来自世界各国与地区的国际部孩子,对他们来说汉语是一门外语,如何使他们愿学、乐学汉字呢? 兴趣是最好的老师,因此,首先就要调动学生的识字兴趣。

教师在教学时若能通过一些较为轻松、愉快的教学手段,进行生动形象的启发诱导,就能大大调动学生的参与意识和探究热情,让外国孩子在不知不觉中体会到汉字形、义的特点,感受到中国语言文字的博大精深和无穷魅力,从而培养对中国语言文字的喜爱之情。在教学中教师可以采用以下教学方法:

一　图示法

图示法就是用图画(如挂图、卡片、投影、简笔画、光盘等)追溯汉字的本源,主要用于象形字、指示字和会意字。如教"木"字,就展示树木图;教"林"字,就展示树林图,因为"林"字是由两个"木"字并排在一起构成的。"独木不成林",有了两个"木"便可以表示有较多树木的地方就是"林"了。继而引导学生理解"森"的意思,更多的树木集中在一起就构成了"森林"。又如教"休"字,就展示一个人在树木旁小憩图。通过形象生动的图像,学生们兴趣盎然,都为汉字的构形规律感叹不已。这种方法既让学生学得轻松愉快,也让学生对学好汉字满怀信心。

二　对比法

对比法就是把字形大体相同但有一两笔不同的字放在一起比较,即区分形近字。

怎样比较才能有效呢？比较要有条件,那就是学生对比较的两个字中的一个一定要掌握,在比较中特别要强调两字的不同点。如当学生巩固了"鸟"字后,在与"乌"字比较时我们可以告诉学生:"如果飞鸟没有眼睛,就一片乌黑看不见。"还可以这样告诉学生:"小鸟和乌鸦都是鸟类,可是乌鸦全身都是乌黑一片,眼睛就不明显了。一眼看去,好像没有眼睛一样。"又如教学"晴"和"睛"两字时,可以根据这两个字的字形、字义的不同编一句话进行比较:"有日天就'晴',双目叫作'睛'。"通过这样比较,学生们就能举一反三地认会许多常用字,并能在使用时区分开来了。

三　表演法

表演法就是用动作、实物、游戏等表示字理,主要用于会意字。如在教学"从"和"众"时,笔者先让一个学生在前面走,自己在后面跟着,边走边说:"一个人跟着另一个人叫'从',就是'跟从'的'从'。"然后再让一个学生站在一起,说:"三个人在一起叫'众',就是'群众'的'众',许多人的意思。"这样,具体形象的语言加上适当的动作,学生的学习兴趣浓厚,对"从"和"众"的理解也就深刻得多。

四　猜谜法

猜谜法就是用汉字的特点编成字谜的形式。让学生猜字怎样写,这样做不仅帮助学生掌握了字形,而且激发了学生学习汉字的兴趣。如教学"腹"时,笔者请学生猜"有月又有日,年去又冬残",由于学生有了预习的基础,很快就猜出是"腹"。在引起学生的兴趣后,笔者又鼓励学生自己结合字的特点编一些字谜,帮助记忆字形。由此一来,学生对记生字感兴趣了,课堂上记、学生字就成了一件"有趣"的事,学生的主动性也就增强了。

五　游戏巩固法

对低年级儿童,应把学习和游戏结合起来,儿童就会对学习有兴趣。儿童的注意力不能长时间保持,采用游戏的形式吸引孩子,让他们广泛参与到游戏活动中来,主动轻松快乐地学习。在低年级识字教学过程中,教师应当根据学生的这一心理特点激发他们的学习兴趣,适时地、有选择地运用各种游戏,为学生创设愉快的学习氛围,使识字教学步入"教师乐教、学生乐学"的理想境地。对于低年级学生识字(特别是外国学生),存在的问题是：学得快，忘得也快。通过实践，笔者发现巩固识字的最佳办法便是让学生进入"游戏乐园"，在轻松、有趣的玩耍氛围中记住汉字，游戏中也可以渗透"字理识字"。如汉字加减法（早＋艹＝草）、猜字（出示溯源的图片与甲骨文、篆文的字，让学生依据图片猜一猜是什么字，说说为什么）、超级组合（将字的两部分拆开，分别贴出来，小组进行组合比赛，帮助生字找到家）。这些游戏与活动穿插在识字教学过程中，避免了枯燥记忆；同时，在游戏中开展比赛，培养竞争意识，树立集体观念，训练口语交际能力。在培养多种能力的同时，使学生产生浓厚的识字兴趣。

　　此外，汉字教学方法还有很多，如迁移法、点拨法、故事法等。通过这些教学法，我们将这些由点点画画组成的方块字变成一幅幅图画、一个个故事，激发了学习者的好奇心，使其对汉字本身产生了浓厚的兴趣，从而怀着一种探索心理自觉主动地去了解汉字的真谛。这样更易发挥他们的主体作用，让他们品尝到创造者的快乐、成功者的喜悦，切实有效地提高识字质量，成为识字的主人。

华裔学生汉字教学点滴谈

北京育才学校　张　立

　　伴随着中国经济的强大和汉语热的普及,来中国学汉语的人与日俱增,这其中也包括越来越多的华裔孩子。这些华裔孩子在西方文化熏陶下出生与成长,也被称为"香蕉人"。他们定居海外,中文功底不深,接受的是外国的教育,学习的是外国的文化,说一口地道的外语(说英语的较多),而对于中国的文化、传统、历史背景都知之甚少。"香蕉人"现在在美国、澳大利亚、加拿大都比较多。

　　"香蕉人"的形成主要是受他们父母的影响。这些父母希望他们的孩子长大后能顺顺当当融入西方社会。有些英语较好的父母在家都不讲汉语,孩子自然没有学习汉语的环境;也有一些家庭不想孩子断了中国文化的根,课余时也会教孩子学习汉语,但缺少学习汉语的大环境,所以通常效果也比较差。随着孩子年龄的增长,在学校习惯了用英语交流,回家后和父母讲话时用英语的现象也越来越多,本来就不是很流畅的汉语也就淡忘了。对"香蕉人"来说,汉语只是父母亲的家乡土话,他们更愿意讲英语。而到中学阶段,"香蕉人"就逐渐定形了。

　　有的华裔孩子出于寻求文化认同的渴望,也有的是在父母的要求下,他们来到中国开始学习汉语。华裔学生在来中国留学之前,大多数已能听、能说一点儿简单的汉语,因此,这些留学生来到中国以后面临的主要问题不是如何提高汉语的听说能力,而是如何提高他们汉字的认读和书写能力。笔者曾教过一名来自法国的华裔学生西蒙,他能讲一口流利的汉语,出外购物毫无障碍,可是却看不懂商品的说明书。有一次他拿着药盒问售货员怎么吃,弄得人家很奇怪,怎么这么大的一个中学生竟是个文盲? 其实,对于这些孩子的汉语教学还真有点儿像"扫盲"。尤其是在初学阶段,如何让他们顺利过好汉字认读和书写关是一个迫在眉睫而又需要认真探讨的问题。近几年,笔者接触过一些华裔学生,在教学中积累了一些体会,很想和各位同人交流交流。

一 认写分流

笔者觉得来自欧美的华裔学生习惯于自主学习。他们喜欢在开学之初就收到一份教学大纲或考核标准之类的文件,上面明确了这个学期各个学科即将学习的内容和在听、说、读、写等方面需要达到的标准。在每学一课的时候,他们也喜欢老师明确告知哪些是必须掌握的、哪些是考试的范围。这样有助于学生制订自己的计划和合理安排好时间。在汉语课上,笔者一般在授课初就先让学生在书上圈出哪些字是要求会读的、哪些字是要求会写的。这其实是采取认写分流的方式,降低学习汉字的难度,加快识字的速度。因为,方形的中国文字对使用拼音文字的欧美国家的汉语学习者来说是完全不同的书写符号。一下子在孩子们面前摆出这么多形态各异的汉字,会让他们产生畏难情绪,使他们失去信心。如果我们在初学阶段,对于笔画多、比较难写的汉字先只要求读准字音、明白字义,而在大量识字之后再要求学习书写,这样更符合初学者的认知规律。

二 以听、说带识字

在学习汉字的时候,我们还可以充分利用学生汉语听、说上的优势,以说来带动识字。我们可以选取一些与日常生活紧密相关的、比较口语化的对话来学习。这些句子和对话是学生们平时经常说的,自然在发音、语法、意思的理解上都不会存在太多问题。在学生们借助拼音达到能熟读之后,我们就可以抹去拼音,只看着汉字,再让学生来读。在反复练习之后,学生就能认读其中的生字。这就帮助学生把汉字的字形和读音对上号,而且在反复操练的过程中不断地、一次次地加深印象。

三 利用声符和意符帮助识字

除了随文识字这种方法之外,我们在初级阶段一般还开设汉字课,这是专门学习有关汉字知识的课程。我们从汉字的基本笔画和笔顺规则讲到汉字的基本结构、汉字的构造规律以及汉字的偏旁和部首。在讲偏旁和部首的含义时,可以借助独体字象形的特点,一边学汉字,一边让学生根据它们的偏旁来猜字义。这样学生学着有兴趣,汉字也记得牢。而且,现代汉字从构造方法来说,形声字最多。虽然经过长期的演变,有些形旁和声旁已不太准确,但仍然可以对学习者有所帮助。我们可以引导学生从形声字的形旁辨别字义、从形声字的声旁推测读音。慢慢地学生也养成了这个习惯,遇到新的生字就有意识地拿熟悉的偏旁部首作为认知的基础。教师在教学过程中有意识地不断将声符、意符进行归纳和总结,学生也就在不断地积累中越学越明白,从而也能比较轻松地以滚雪球的方式迅速扩大识字量和词汇量。

四　通过故事识字

汉字最大限度地达到既表音又表形,所以在教学中也可采用整体字形记忆的策略,让学生观看汉字的演变图表,给学生讲解汉字中所包含的哲理和特有的睿智。但有的字经历了漫长的历史演变,从字形上讲不出什么道理来,教师就需要采用一些非常规的办法,用他们能接受、易联想,哪怕是荒诞的、幽默的解释来帮助他们记牢一些最基本的汉字,不再让学生视汉字为畏途。很多字,只要师生一起想办法,都能想出易为留学生接受的分析解释。记得一次测试结束后,一个学生对笔者说:"老师,'试'这个字我永远也忘不了,我就记得'一个人在写字,有一把刀架在他的头上,不许他说话'。这是我们那次上课的时候一起说的玩笑话,可是我记得最清了。"事实证明,这种编故事的方法不仅能帮助学生更牢固地记住一些汉字,而且也减轻了学生的识字压力。

五　设计练习

在学习完一课的生字后多设计一些练习题也不失为强化记忆的好方法。从笔者教欧美华裔学生的体会看:他们不太喜欢老师讲很多,而喜欢用自己的方法来研究学习。他们不喜欢一遍遍地抄写生字,所以不喜欢老师留很多抄写的作业,而喜欢那些需要动脑筋、独立思考才能想出答案的练习题;他们不喜欢背诵课文和对话,而喜欢用课文中所学词语和句型自己编对话和故事。根据他们的这些特点,我们应设计出多种多样、形式不一的意义理解练习题或字形记忆练习题。如我们可以把词语按各种标准分类:从窗户往外看,可以看见和看不见的;画张画儿,看看里面有什么或者没有什么;你曾经做过或没做过的事情;你喜欢做和不喜欢做的事情……诸如此类,看似无稽的问题都可以提出来。问题的答案并不重要,重要的是让学生多一些机会来重新审视这些汉字,重新辨识、区分汉字的意思,同时也提供给学生抄写汉字的机会,这总比毫无趣味的重复抄写有趣一些。

六　书法艺术激发兴趣

汉字虽然难写,但是汉字本身也具有无限的艺术魅力。每一个汉字都是一幅图画,我们可以把汉字教学变得更艺术化一些。我们还有楷书、隶书、行书、草书等各种字体，书法艺术会强烈地吸引住学生，激发他们的兴趣。我们可以在课上通过板书或者多媒体展示同一个汉字的楷书、隶书、行书、草书字体，让学生观察各种字体之间的异同，从而让学生在欣赏书法艺术的同时，熟记汉字，并喜欢汉字。

　　影响语言学习的速度和结果的个人因素有多种，包括智力、语言能力倾向、语言学习动机、语言学习策略、个性等。作为教师，我们很少能够去影响、改变学生的语言能力倾向、语言学习动机以及个性等，但我们可以鼓励学生采取更加积极有效的学习策略去完成语言学习任务。我们应当了解不同学生的汉字学习策略特点，鼓励学生采用多种方法来学习汉字。

参考文献

江　新、赵　果（2001）《初级阶段外国留学生汉字学习策略的调查研究》，《语言教学与研究》第 4 期。
王亚西（2006）《如何提高华裔留学生的汉字读写水平》，中国教育学会教育实验研究分会汉字文化
　　教育研究中心主编《识字教育科学化论文集粹》，中国轻工业出版社。

对外汉语教学中
与古诗词结合的汉字偏旁部首教学

北京育英学校　　闫　伟

汉字对于留学生,特别是非汉字文化圈的留学生来讲,是汉语学习中的一个难点。这与汉字本身的特点有很大关系。汉字是形、音、义三位一体,这和当今世界上大多数语言使用的字母文字有很大的区别,所以学生在理解、记忆上存在很大困难。汉字中形声字是主体。据统计,东汉许慎编纂的《说文解字》收录汉字 9353 个,其中的形声字有7600 多个,约占了 82%。形声字是由形旁和声旁组成的,一个形旁或声旁可以同多个汉字发生联系,充当多个汉字的偏旁部首,这样就使得汉字更加系统化,又便于学习者迅速领会字义,掌握字音,进而正确运用。所以对外汉字教学中偏旁部首教学就显得尤为重要。

大多数留学生在学习汉语的同时,希望能够对中国的文化也有所了解。而了解文化的一个重要的途径就是有关古诗词的学习。古诗词本身就是中国文化当中一个重要的组成部分,而其中所蕴涵的其他文化因素更是包罗万象,如风俗习惯、历史事件、人文地理等。而这些对于留学生的汉语学习也会大有裨益。

基于上述原因,笔者尝试着把一些中国的经典古诗词和汉字中经常出现而且构字能力较强的偏旁部首结合在一起进行教学,以下是一些具体的做法。

一　偏旁部首及古诗词的选择

（一）偏旁部首的选择

笔者在偏旁部首的选择上主要依据以下几个标准:

1. 傅永和在《汉字结构及其构成成分的统计及分析》中列出了频度排名前 20 的偏

旁部首(表1)。①

表1

序号	部件名称	出现次数	频度(%)
1	三点水	761	2.37
2	草字头	697	2.17
3	木字旁	690	2.15
4	口字旁	600	1.87
5	提手旁	543	1.69
6	单人旁	456	1.42
7	金字旁(繁体)	359	1.12
8	提土旁	332	1.04
9	虫字旁	331	1.03
10	竖心旁	311	0.97
11	金字旁(简体)	308	0.96
12	月肉旁	285	0.89
13	女字旁	278	0.87
14	竹字头	278	0.87
15	绞丝旁(繁体)	259	0.81
16	山字旁	254	0.78
17	石字旁	247	0.77
18	言字旁	243	0.76
19	斜玉旁	237	0.74
20	绞丝旁(简体)	224	0.70

2. 北京师范大学马燕华教授据《现代汉语常用字表(2500)》整理出的构字能力排名前 24 位的形旁(表2)。

---

① 傅永和(1985)《汉字结构及其构成成分的统计及分析》,《中国语文》第 4 期。

表 2

序号	名称	组字数
1	提手旁	141
2	三点水	126
3	单人旁	125
4	木字旁	97
5	口字旁	77
6	心字旁	74
7	草字头	71
8	绞丝旁	60
9	言字旁	56
10	月字旁	55
11	提土旁	54
12	走之儿	53
13	一横	49
14	宝盖头	43
15	日字旁	43
16	金字旁	41
17	火字旁	41
18	立刀旁	37
19	女字旁	34
20	禾木旁	33
21	竹字头	30
22	一撇	30
23	左耳旁	29
24	贝字旁	27
小计		1426 / 57%

3. 笔者在日常教学当中总结出的一些学生应该掌握的和日常学习生活有关系的偏旁部首。如衣字旁、食字旁、足字旁、病字旁等。

基于上述三个标准,笔者整理出了 40 个偏旁部首。

（二）古诗词的选择

古诗词的选择主要依据以下几个标准：

1. 古诗词中的汉字要包含上述偏旁部首。

2. 五言、七言兼顾，以五言为主；绝句、律诗兼顾，以绝句为主。这样做一方面让学生对中国的古诗词有一个整体的了解；另一方面是为了减轻学生的负担，以免增加他们的畏难情绪。

3. 尽量选择著名诗人的代表作。一方面，这些作品有较高的文学艺术价值，能够让留学生领会中国古诗词之美；另一方面，这些古诗词在中国基本上家喻户晓，是中小学生的必背古诗词，这样留学生在和中国学生交流时能够学以致用，增强学生的学习兴趣。

基于上述标准，笔者选择了 13 首古诗词，每首古诗词中包含 3—4 个偏旁部首。具体如下（表 3）：

表 3

朝代、作者、篇名	正文	偏旁部首及诗中范字
[唐]李白《静夜思》	床前明月光，疑是地上霜。 举头望明月，低头思故乡。	心字底：思 提土旁：地 雨字头：霜
[唐]王之涣《登鹳雀楼》	白日依山尽，黄河入海流。 欲穷千里目，更上一层楼。	三点水：河、海、流 单人旁：依 木字旁：楼
[三国·魏]曹植《七步诗》	煮豆燃豆萁，豆在釜中泣。 本是同根生，相煎何太急？	火字旁：燃 四点底：煮 草字头：萁
[唐]李绅《悯农》	锄禾日当午，汗滴禾下土。 谁知盘中餐，粒粒皆辛苦。	禾木旁：禾 竖心旁：悯 金字旁：锄
[北宋]王安石《梅花》	墙角数枝梅，凌寒独自开。 遥知不是雪，为有暗香来。	两点水：凌 反犬旁：独 反文旁：数
[南宋]李清照《夏日绝句》	生当作人杰，死亦为鬼雄。 至今思项羽，不肯过江东。	女字旁：女 宝盖头：宋 绞丝旁：绝

（续表）

[唐]柳宗元《江雪》	千山鸟飞绝，万径人踪灭。 孤舟蓑笠翁，独钓寒江雪。	双人旁：径 足字旁：踪 竹字头：笠
[唐]孟浩然《春晓》	春眠不觉晓，处处闻啼鸟。 夜来风雨声，花落知多少？	口字旁：啼 目字旁：眠 门字框：闻
[唐]白居易《问刘十九》	绿蚁新醅酒，红泥小火炉。 晚来天欲雪，能饮一杯无。	立刀旁：刘 食字旁：饮 虫字旁：蚁
[唐]李商隐《登乐游原》	向晚意不适，驱车登古原。 夕阳无限好，只是近黄昏。	日字旁：晚 左（右）耳旁：隐、限 走之旁：适、近
[唐]杜甫《绝句》	两个黄鹂鸣翠柳，一行白鹭上青天。 窗含西岭千秋雪，门泊东吴万里船。	鸟字旁：鹂、鸣、鹭 穴宝盖：窗 山字旁：岭
[唐]王维《九月九日忆 山东兄弟》	独在异乡为异客，每逢佳节倍思亲。 遥知兄弟登高处，遍插茱萸少一人。	王字旁：王 提手旁：插 月字旁：月
[唐]刘禹锡《酬乐天扬州 初逢席上见赠》	巴山楚水凄凉地，二十三年弃置身。 怀旧空吟闻笛赋，到乡翻似烂柯人。 沉舟侧畔千帆过，病树前头万木春。 今日听君歌一曲，暂凭杯酒长精神。	病字旁：病 贝字旁：赋 示字旁：神 衣字旁（本诗中没有含该偏旁部首的汉字，但为区别于示字旁，所以特此补充。）

二　课堂教学的步骤

（一）领读、齐读古诗词，让学生有韵律上的感觉

在学习古诗词的过程当中，诵读是一个很重要的方面。因为古诗词当中包含平仄变化的规律，可以让学生感受到中国古诗词的韵律之美。另外，对于纠正学生的发音也有很大的帮助。具体做法为：首先老师朗读，学生聆听；然后老师领读，学生跟读；最后

师生齐读。

（二）讲解古诗词的含义、背景故事以及其中包含的文化因素

1. 字、词的翻译。

古诗词中的一些生字、生词由学生查词典来了解具体的含义。然后将生字、生词记录在生词本上，以扩大词汇量。

2. 整首诗的理解。

（1）学生尽量将古诗词逐字翻译，说出此首古诗词字面的含义。如《静夜思》，学生可将古诗词逐字翻译为：床的前面有明亮的月光，怀疑是地上的霜。抬起头看了看月亮，低下头思念自己的故乡。老师要及时给予鼓励和肯定。

（2）教师介绍隐含在其中的一些内容。仍以《静夜思》为例：首先，霜是秋天才有的，而在中国，秋天有一个重要的节日——中秋节，这是阖家团圆的节日。可告诉学生中国人在过节时的一些风俗，如吃月饼等。其次，圆圆的满月在中国也是团圆的象征，所以作者才会在秋天的夜晚，看到月亮而想到家乡。再如《九月九日忆山东兄弟》对重阳节的介绍。还有《梅花》中的象征寓意，可介绍"梅兰竹菊"在中国古代文人心目中的特殊含义。

（3）对作者的简介。所选古诗词的作者都是中国古代极具代表性的著名诗人，可向学生简单介绍其生平及其作品特点，以扩大知识面。而且有些作者的背景对于学生进一步理解古诗词中隐藏的含义有很大帮助。如曹植与其兄曹丕的关系，可让学生充分理解诗中"豆"、"萁"的真正含义。但这些内容不可强求学生掌握，以免增加他们的学习负担。

（4）对名句的强调。所选古诗词中，有很多千古传诵的名句，甚至比古诗词本身有更高的知名度，这些要向学生强调。如《九月九日忆山东兄弟》中的"每逢佳节倍思亲"，《登乐游原》中的"夕阳无限好，只是近黄昏"等。

（5）对一些历史知识的补充。古诗词乃古代之诗，不可避免的会涉及很多历史上的知识。将一些基础的历史知识介绍给留学生，对于加深对古诗词的理解也大有裨益。如三国鼎立的情况、北宋的灭亡以及南宋的偏安、霸王别姬自刎等。大部分学生对于这些内容也有着很浓厚的兴趣。

（三）结合古诗词中的汉字教学偏旁部首

每个偏旁部首给出五个常用汉字，由学生查词典，找出此偏旁部首的含义，以及包含此偏旁部首的汉字的规律。然后让学生根据自己的理解，用这些汉字组词。也可鼓

励学有余力的学生在此之外掌握更多的包含该偏旁部首的汉字。

如《七步诗》中的三个偏旁部首：火（火字旁）、灬（四点底）、艹（草字头）。

先介绍偏旁部首的命名规则。左右结构的汉字中的偏旁部首无论在左或在右一般都称为"××旁"；而上下结构的汉字中，处于上半部分的偏旁部首一般称为"××头"，处于下半部分的一般称为"××底"。而具体的命名规则可分为：可单独成字的一般以这个字来命名，如火字旁、木字旁、女字旁等。不可单独成字的，一类以这个偏旁部首中最具代表性的汉字来命名，如草字头、病字旁、宝盖头等；另一类则主要描述这个偏旁部首的自身特点，如三点水、竖心旁、左（右）耳旁等。

然后，教师在黑板上写出范字，每个偏旁部首五个范字。范字尽量选择《汉语水平词汇与汉字等级大纲》中的甲、乙级字。如：

火（火字旁）：烧　烤　炒　灯　烦

灬（四点底）：熟　热　照　黑　点

艹（草字头）：花　茶　菜　苹　英

学生通过词典查出上述生字的意思后，教师引导学生分析其共同点，找出规律。然后，学生通过查阅词典用这些生字组词。由于一个汉字可能有多个义项，学生组出的词中，可能有一些引申义，此时教师要帮助学生加以分析，以加深理解。

特别注意一定要经常复习。在学习一首新的古诗词时，首先要让学生找出其中所包含的已学过的偏旁部首，并说出相应的汉字为什么是这个偏旁部首。这样做既可以不断地强化对偏旁部首的记忆，又可以帮助学生更好地掌握其中的规律。

（四）复习巩固

背诵、默写古诗词。听写偏旁部首及生字，复习巩固，加深印象。

三　教学效果

本文所述的教学内容适用于已有一定汉语基础的留学生，如育英学校的基础班在期中考试之后即可讲授上述内容。学生通过学习，能够掌握一定量的构字能力较强的偏旁部首，对于今后的汉字学习会有很大帮助，另外对于提高阅读等方面的能力也有一定帮助。同时，学生在学习之后能够背诵十余首经典的古诗词作品，对进一步了解中国文化、增强学习汉语的兴趣也起到了积极的作用。

语言班字词的"教"与"学"

近年来,来华留学的外籍中学生越来越多,这些学生大多要在中国学习数年。他们先在语言班集中学习汉语,然后升入学历班学习高中阶段的各门学科,最后参加高考,升入中国的大学。在这几年的教学实践中,我们看到,许多留学生确实取得了不错的成绩,对外汉语教师也积累了丰富的教学经验。但同时,我们也看到,在教学实践中依然存在着一些问题。这些问题有待我们去解决。在这里,笔者想就语言班的字词教学问题,谈谈自己的看法。

为什么选择这个话题呢? 首先,学习语言是一个漫长的、不断积累的过程,所谓的"速成"教育,虽然能够解决一时之需(如考试、工作),但从长远看,却不能为学生打下坚实的语言基础。可是在现实中,学生大都求快,不愿进入长期的汉语班学习(大都经过短期学习后就直接进入学历班学习),加之他们起点低,因此造成了他们在学历班里的"先天不足",这成为制约他们以后学习的巨大障碍。其次,语言班学生的汉字和汉语词汇储备量有限,进入学历班以后,他们可能发现自己不认识的字词有很多,或者即使认识这些汉字,而在理解和使用中依然常常出错,这导致他们在学习中困难重重。所以,在语言班教学时间有限的情况下,我们应该把字词教学作为夯实学生汉语基础的重心。

应该如何在语言班里解决字词教学的"老大难"问题呢? 我们从"教"与"学"两个方面来做简单分析。

一　汉语字词的"教"

汉字数量大,汉语词语繁多复杂,而语言班的教学时间非常有限,所以教师的教法应从具体情况出发,灵活多变。

(一) 汉字教学

掌握汉字,其实也就是掌握它的音、形、义。字音教学这里不做讨论,我们主要说说字形与字义的教法。

　　针对字形,可以使用几种不同的方法。在开始阶段,可以使用部首法。教师选择汉字中出现频率比较高的部首(构字能力强的部首),如"女"、"扌"(提手旁)、"氵"(三点水旁)、"钅"(金字旁)等,将课本中汉字按部首进行归类,如"女"旁可以引出"妈"、"姐"、"妹"、"姑"、"娘"、"奶"、"好"、"姓"等,这样就会大大加快学生的记忆速度。学生有了一些汉字的积累后,我们还可以用拆字法。现代汉字中,合体字占大多数,独体字比较少。合体字看似复杂,但不少是由独体字构成的。教师可以先教给学生一些独体字,如"人"、"日"、"寸"、"十"、"口"、"山"等,在学习合体字的时候,可以依据独体字把合体字拆分成几个部分,如"早"可以拆分为"日"和"十","时"可以拆分为"日"与"寸","分"可以拆分为"八"和"刀"等。拆分之后,一目了然,学生会感觉非常简单,再合在一起,就很容易记忆了。当学生学习了比较多的汉字后,可以用形近字比较法。如"请"、"清"、"情",如"图"、"圆"、"园"、"国"等,让学生比较这些字同在何处,异在何处,他们看清楚了,也就记得牢固了。还可以用同音字比较法,如"轻"、"青"、"清"与"借"、"介"、"界"等,让学生看看同音字的异同。通过这样的比较,学生对汉字就会记得很牢固。

　　讲授字义可以采用如下方法:一是根据形旁(或部首)释义。如上面说的"女"字旁,女即女子,"妈"、"姐"、"妹"、"姑"、"娘"、"奶"都是女子,这很简单;那么"好"、"姓"与女子有关系吗?当然有。"好"原来指女子容貌美丽,而"姓"则是家族系统的符号,因为中国历史上,先有母系氏族社会,后有父系氏族社会,所以最开始的"姓"源于母系(如"姜"、"姬"、"嬴"等)。再如"月"(肉),本指肉,后又特指人身上的肉,所以"脚"、"腿"、"肚"、"肺"、"肠"等人身上的各部位的名称均以"月"(肉)为形旁。二是根据字义类推字义。如由"木"不难推出"林"、"森"的意思,由"水"不难推出"淼"的意思,类似的还有"磊"、"鑫"以及"歪"、"甭"、"孬"等。三是多音字法。汉字中有很多多音字,虽然是同一个字形,但音不同则字义不同。教师可以归纳出常用的多音字,如"教"、"和"、"着"、"大"、"长"等,让学生逐一记忆。

(二)词汇教学

　　对于词而言,最重要的是词义。字义是词义的基础,但词义往往要比字义丰富很多。那么,如何讲解词义呢?可以采用以下几种方法:一是以旧词解释新词。如"爷爷"可以解释为"爸爸的爸爸","开关"可以解释为"用来打开和关掉电器的东西",这样学生会觉得很容易理解,同时又很好地完成了新旧知识的衔接。二是根据语素义推测词义。如"店"指商店,是卖东西的地方,那么由此类推,"书店"、"花店"、"水果店"等词语的意思就不难理解了。三是近义词比较法。近义词可以从三个方面进行比较。首先,可以比较词义的差别。如"冰凉"和"冰冷",两个词都有冷的意思,其词义差别是:"冰凉"是指人的一种触觉,是实实在在的冷,而"冰冷"只是一种心理的感觉,也许事实上并不冷。其次,可以比较褒贬的差别。如"结果"和"后果",两个词都是结果的意思,但"结果"是中性词,可以很好也可以不好,而"后果"指的却是不好的结果。再次,可以比较用法的差别。如"又"和"再",两个词都表示动作的重复,但"又"用于已经完成的动作,而"再"用于动作将要做而没做。这种方法最好放在具体情境中进行,效果会很好。四是反义词比较法(仅限于绝对反义词)。如"热——冷"、"快——慢"等,这种方法的优势是清晰明了。五是扩展词义法。汉语中,一个词可能有多个义项,但基本上都有一个基本义,其他的义项都是由此引申而来,所以,如果能抓住词的基本义,理顺它与引申义的关系,然后在讲课时展示出来,学生就会很容易理解。如"会",基本义是聚合、合在一起的意思,引申为人的聚合(见面,会面),又引申为人的聚合方式(集会,某些团体,庙会,民间组织,主要城市等)、事的凑聚(时机,恰巧)、理的结合(应当)。

二　汉语字词的"学"

上面说了教师的教法,现在说说学生的学法。课堂上的时间毕竟是有限的,因此教师能教给学生知识的时间是有限的,而且学生的精力也是有限的,若教师争分夺秒地教给他们太多东西,他们会难以"消化"(甚至患上"厌食症")。教师也不可能长期充当学生的"拐杖","教是为了不教"是教师们追求的最高境界。所以,最好的办法是教给学生学习方法。要教给学生的方法有很多,这里只点出最常见的几种方法。

(一)查字典、词典的方法

学生可以随时从字典、词典里获得大量的知识。但这里有一个问题,字典、词典的信息量很大、知识点很多,学生应该看哪些东西呢? 自然是看那些典型的、常见的,而要跳过那些专业性很强的或者生僻的词语。如打开词典,看到"安"下面有很多词,"安宁"、"安定"、"安全"等都是常用的,应当记住,而"安瓿"、"安培"这样的专业术语、"安厝"、"安澜"这样的生僻词语则可以跳过。

(二)归纳法

学生要学会归纳。汉语字词虽多,但按类归纳后,也会非常清晰,便于理解与复习。如何归纳呢? 我们可以按照意义归纳,如按照颜色归纳有"红"、"绿"、"白"、"黑"、"浅色"、"深色"、"冷色"、"暖色"、"中性色"、"宝石蓝色"、"玫瑰红色"等,可以归纳出很多。

我们可以按语素归纳,如按"人"来归纳,有"大人"、"男人"、"女人"、"老人"、"年轻人"、"好人"、"坏人"、"中国人"、"外国人"等。我们也可以按词语的词性进行归纳,如按能愿动词来归纳可以有"能"、"会"、"得"、"可以"、"应该"等,按介词来归纳则可以有"在"、"从"、"跟"、"向"、"和"等。

（三）应用的方法

语言是一种应用型的工具,应用是很好的学习语言的方法。如何培养学生应用的方法呢? 首先,布置作业时,除了课本上的基础作业外,教师可以适当留一些应用性强的作业(难度不是很大的,但要学生调动自己的储备和词典),如造句(用不同的词、不同的句型)、写小作文(不同的主题)、出板报(不同的内容)等。其次,教师在课上课下与学生交流时,也要有意识地用上所教的以及将要教而还没教的字词,这样学生就会用上所学的字词与老师交流了,长期坚持,效果会很好。

参考书目

崔永华、杨寄洲（2002）《汉语课堂教学技巧》,北京语言大学出版社。

董为光（2004）《汉语词义发展基本类型》,华中科技大学出版社。

佟慧君、梅立崇（2002）《汉语同义词词典》,商务印书馆国际有限公司。

王朝忠（2006）《汉字形义演释字典》,四川辞书出版社。

优化汉语口语课课堂教学的一些策略

北京育才学校　康艳红

学习者的语言能力包括听、说、读、写四个方面,语言习得规律表明,听、读能力的发展往往先于、优于说和写,说和写是信息的输出,只有在先积累了一定量的听和读的基础上才能说、写。所以,说、写二者之中,说的能力的培养更为重要。大凡学习语言之人,其目的就在于能开口讲话,能够用所学语言与他人进行交流,完成交际任务。因而,作为重点培养学生口头表达能力的口语课教学,其意义非同寻常,不可小觑。

国际部语言班的教学可以说是一种短期语言培训,其目的在于通过一段时间的集中强化学习,使小留学生的汉语水平能够达到一定的等级,为进入学历班、插入中国班乃至毕业升学打下坚实的基础。口语课与精读课、听力课并列为语言班的三大主干课程。在几年的一线教学中,笔者越来越深刻地认识到口语课教学的宗旨应该是:在保证学生多听多说的同时,不能忽视基础字词的教学;在力求课堂有趣活跃、学生身心愉悦的同时,更不能以减少教学容量、降低教学效率为代价。在教学实践中,我们可以采用以下一些策略让口语课课堂教学得到优化。

一　拼音教学是基础,规范性和趣味性相得益彰

汉语拼音是学好汉语的基础,拼音掌握得好不好直接影响到后面的学习。更为重要的是,拼音学得不好会严重摧毁学生的自信心,"洋腔洋调"不仅会引来同伴的嘲笑,更会带来交际障碍。

我们目前使用的口语教材是北大版《初级汉语口语》。前三课集中学习汉语拼音,实践表明,只要教学安排科学紧凑,一个星期就可完成全部拼音的教学。学习拼音的时间过长,学生就会厌烦,成就感不足。有些难点,如"儿化"、"二声、三声"易混淆的问题不能期待学生短时间内解决,需要随着学习的深化慢慢纠正。在教授拼音时,除了给以标准规范的示范,渗透趣味性的、灵活多样的教学方法是至关重要的。

如单元音的教学,将六个字母根据开口度的大小排列,板书成 a、o、e、i、u、ü,领读时

配合口型的大小变化;学生就能自然而然地领会并模仿发音。在辨音环节中,有必要抓住留学生的难点设计易混淆音节,难点不突出,他们会觉得很容易,丧失练习兴趣。针对韩国学生,笔者将 pǔ/fǔ、nǔ/lǔ、sǎ/shǎ、sī/xī、bīn/bīng、xiě/xuě 作为辨析难点,除了使用常规的方法领读、跟读、点读反复练习外,还用一些小技巧来活跃课堂。比如,随机读出某个音节,让学生根据该音节在黑板上的位置举左右手表示。哪位同学举慢了、举错了,就可以有针对性地加以纠正。还可以让发音好的学生到台前当小老师进行示范,这样,让学生亲自参与,口动、眼动、手动相互配合,课堂气氛就会高涨起来,有利于教学的顺利实施。

汉语拼音的拼写规则非常抽象,术语太多,对于初学汉语的学生来讲难度太大,不易理解。教授时不能出现学生从未接触过的汉字。为了能直观地表现出来,笔者尝试用一些符号来表示拼音规则,比如,iou、uei、uen 前边出现声母时的变化就可以表示成:

shēngmǔ + iou/uei/uen → shēngmǔ + iu/ui/un

如 guī、qiú、lùn。这种图示清楚明了,便于学生理解掌握。

总之,拼音教学要避免单调枯燥,努力寻求一些促进教学的方法技巧,可以收到事半功倍的效果。只要遵循规范性和趣味性相结合的原则,拼音部分的教学任务就一定能顺利出色地完成。

二　字词教学是关键,问答扩展记忆相结合

学习语言的学生,如果字词掌握得不好,没有一定的记忆储存,那么语法规则理解得再透彻,也难以连词成句,出口成章。因此,我们有必要在完成拼音教学后就不放松字词的教学,从一开始就让学生感受到字词的重要,认真学习,打好基础,为顺利进入对话阶段铺平道路。

采用扩展问答的方法教学词汇简单易行,效果也很好。一方面,可以通过加大信息输入量训练学生的听力,通过回答问题锻炼其表达能力,而且能在新旧知识间搭建一个平台,使知识融会贯通,利于学生积累;另一方面,也可以通过你言我语活跃气氛,减少紧张感。比如学习"好"时,学生已经知道了"老师好"、"同学们好",在此基础上可以扩展出"好老师",然后抛出问题"我是好老师,你是……",借助于手势,学生就可以自然而然地说出"我是好同学/好学生"。在此基础上,可以进一步引入"男孩"、"女孩"这两个词,然后抛出问题"……是好男孩/好女孩吗",并在黑板上画个大大的问号,反复几次,

学生不仅觉得有趣,而且很快掌握知识点。又如讲授"谁"这个词时,可以从一摞作业本中抽出一本,看着作业本上的姓名,抛出问题"谁是……"或"……是谁",要求被问到的学生举手回答"我是……"。还可以假装不知道大家的名字,指着班中的某个学生问别的学生他是谁,练习句式"谁是……"、"他是……",这样,大家不仅熟悉了"谁"的用法,也熟悉了彼此的汉语名字。此外,"谁"充当定语的用法也不能忽视,但不能生硬地讲解。笔者收集了班上同学的一些小东西,都放在讲台上,随便拿起一个,抛出问题:"这是谁的笔?"将"谁的_____"写在黑板上,请大家回答,又拿起学生手边的东西提出相同的问题,让每个学生都有说话的机会。这样经过了多次的练习,对学生有反复的刺激,无疑会加深其印象,巩固记忆。再比如"内科",这个词虽然不是讲授的重点,但可以通过它让学生回忆很多以前学过的词,还可以简单了解偏正结构词语的构成。笔者将"内"用括号括起来,抛出问题"除了'内科',我们还可以说什么科",抛出问题后,笔者指着身体的不同部位给学生提示,学生们都积极思考,总结出"耳鼻科"、"皮肤科"、"外科"、"骨科"、"神经科"等。此外,学生还讨论了中外医院的不同,说了自己的身体状况,气氛很活跃。

在问答扩展的同时,提醒学生别忘了做好笔记,免得学过就忘。这种提醒是很重要的,因为很多学生还没有形成良好的学习习惯。同时,对于学习目的不很明确的中小学生来说,"死记硬背"在一定程度上能够帮助他们迅速提高汉语水平。因此,事先告知学生每课生词都要会背会写,并且课上会进行听写。学生慢慢地形成习惯,就会自觉、认真地对待。天长日久,学生积累的词汇量越来越大,对其口头表达和写作都大有裨益。

三　精心组织课堂语言,加强重现

德国心理学家艾宾浩斯的遗忘曲线表明,遗忘在学习之后马上开始,最初速度很快,以后逐渐减慢。第二天遗忘得最快最多,需要复习的时间也长。可见,为了避免遗忘,必须组织识记后的反复复习,"确保新教的字词可以在短时期内有较高的复现率,可以显著提高习得效率和记忆效果"。语言教学专家盛炎也说:"一个词出现一次,学生就记住,这是少有的现象;一个词反复出现多次,学生才记住,这是常见的现象,而且是正常现象。"但是目前却存在着教材和课堂教学都重现不足的情况。胡明扬对某些对外汉语教材提出批评:"现在通行的生词表上并列的生词都是'一次性'的……这显然不利于词汇教学。"

为了弥补词汇在教材中重现不足的情况,教师极有必要在课堂用语中多使用学生学过的新词。抢在遗忘"大塌方"之前加固,比遗忘后再修补的代价小得多。有经验的教师会在词汇学习、课文讲授、练习等环节中尽可能地照顾生词,让一个词在学生头脑中反复被激活,加深记忆,以加快信息提取的速度。

在课堂中的复习环节,笔者常常用问答和快速造句的办法帮助学生回忆巩固词语。例如,学过"好吃"、"贵",下次课笔者会问学生:

> 我觉得饺子好吃,你呢?
>
> 他觉得西红柿炒鸡蛋好吃,你呢?
>
> 你买过西瓜吗? 贵不贵?
>
> 中国的东西贵还是你们国家的东西贵?

在学生练习完之后,加以引申,再抛出这样的问题:

> 香蕉很好吃,可乐怎么样?
>
> 他的这件新衣服怎么样?

这样就将课堂上补充的"好喝"、"好看"一并做了回忆。我们还可以将需要复习的词语写在卡片上,学生分组,比赛造句。

很多教材都有替换练习,是对本课重要生词和语法点的有效复习。以往就是让学生读一读,或齐读或点读,总觉得效果不明显,虽然读了一遍,但对学生来说印象并不深刻。后来,笔者尝试在读完后让学生模仿例子自己写两个句子,写的过程中,学生就会认真分析句子的结构,回忆以前学过的词语,这是一次很好的再创造。从学生的句子中,也反馈出其掌握情况,有利于教师抓住难点,随时解答。此外,写作文时也可以给学生几个关键词,让他们灵活运用到作文里,这又是一种有效的复习。

四　情境练习要给出具体的要求和评分标准

情境练习是口语课必不可少的练习形式之一,同时也是其特色练习之一。通过在课堂上模拟真实的生活情境,让学生进行角色扮演,完成诸如问候、问路、买东西、点菜、打电话等功能项目。这种练习脱离了课本,形式灵活,有利于学生互相学习,取长补短,学以致用,从而体会到学习语言的乐趣。

在组织情境练习时,教师不能作为旁观者,而要成为参与者。首先是设计贴近学生生活的话题,使其乐于参与,有话可说。比如比较不同国家的物价,外国学生很有兴趣,他们中不少人觉得中国的东西很便宜,一说起来就没完,在什么地方买了什么东西,怎么讲价等;也可以比较两国的天气,再说说自己喜欢的季节。这些话题都紧扣课文,又涉及不同文化,不仅锻炼了学生的表达能力,也增长了见识。其次是推陈出新,准备相关道具,增加情境表演的真实感。比如在"点菜"这个情境中,可以准备服务员的胸卡(贴有照片、写有名字)、自制菜单(大多是留学生喜欢吃的菜,配有插图)、一次性盘子和筷子等。练习"买东西"时,提前布置作文《买东西》,并让他们事先准备两三个要出售的东西带到教室,要求他们用学过的讨价还价的技巧,看谁买的东西最多,讨价还价最成功。有了真实感,学生就会发挥得更好。最后也是最重要的是提出具体的表演要求,这样才不会使练习流于形式。我们可以在黑板上列一个表格,将评分标准简明地写出来,如:

发音	句子	生词运用	时间	趣味性
30%	20%	20%	20%	10%

当然根据话题及练习目标的不同,我们应该设计不同的评分标准。这样学生有章可循,在准备时就会加以注意,会彼此纠正发音和语法错误,注意选择新学习的词语并选择有趣的话题。而且,为了得到高分,同组的成员还会互相帮助、团结合作,这又是一次很好的取长补短的机会。练习之后的讲评也很重要,结合评分标准指出好在什么地方,差在哪些地方,这样有利于学生下次注意。

总之,口语课堂教学的优化,一强调效率,二在于学生乐学。任何策略都服务于这两个中心,让学生在轻松愉悦的氛围中,积极主动地完成学习,是我们不懈的追求。

参考文献

胡明扬(1997)《对外汉语教学中语汇教学的若干问题》,《语言文字应用》第1期。
盛　炎(1990)《语言教学原理》,重庆出版社。
吴世雄(1998)《认知心理学的记忆原理对汉字教学的启迪》,《语言教学与研究》第4期。

对外汉语口语教学中存在的问题及对策

北京汇文中学　　郑爱丽

对外汉语教学作为一种语言教学,其目的是培养不以汉语为母语的汉语学习者用汉语进行言语交际的能力,我们应该在对外汉语教学过程中充分重视交际性的特征,加强"听"和"说"的训练。

口语教学在对外汉语教学中具有举足轻重的作用。口语教学的目标是提高学生的交际能力,而交际能力则是初到中国的留学生们迫切需要掌握的能力,是解决他们学习、生活中的燃眉之急,使他们能够尽快适应中国留学生活的必修课。通过口语学习,提高学生的交际能力,是学好其他课程的基础。口语学习也是运用并真正掌握汉语的重要渠道。笔者结合教学实践,对目前对外汉语口语教学中存在的问题进行分析,并探讨对外汉语口语教学的相应对策。

一　口语教学中存在的问题

(一) 心理障碍

其实课本上的语句并不深奥,学习中的困难主要源于它的 Foreign Language 特性。汉语不是他们的 First Language,不是从婴儿时期就开始学习,受学习者母语的干扰较大。而且学习者接触汉语多是在十几岁以后,他们早已习惯了母语思维。尽管来到了中国,除了课堂上,真正与中国人交流的时间也不是很多,缺乏足够的语言环境。许多学习者在使用汉语词句时总想着它们在母语中的意思,习惯于靠翻译的办法推进。这种模式会给学习者带来严重的心理障碍,使他们怀疑自己的表达能力:想说说不出,说出来就错。于是多数学生宁可费事去写,也不肯开口说,背弃了语言自身的发展规律,对这种既是目的又是手段的口语练习避之唯恐不及。写出来的东西同样清楚明白,修改也方便,看似有利无害,但这种"哑巴汉语"危害不浅:忽视了语言最基本的交际功能,不利于长远发展;影响了学习兴趣,使语言学习由乐事变成苦差了。

（二）传统教学方法的不良影响

汉语口语终究只是一种工具，是一种能在交际方面给我们带来极大便利的工具，既不神秘，又不甚复杂，大家不妨等闲视之。最易理解的操作方法是循着它在自然状态下的发展轨迹，先听、说，后读、写，循序渐进。但传统的教学模式仍然占据着统治地位，对待对外汉语仍像对付古汉语那样：阅读、背诵、默写、填词、翻译，口语训练不被重视，本末倒置现象十分严重。考试的成绩牵动着几乎每个人的心，大家不免会有这样的担忧：口语方面花的时间太多了，笔试成绩会下降。尽管教材是口语教材，教者还是我行我素，讲得多、练得少，口语只有陪衬的份儿了，整堂课下来不是变成精读课了，就是变成阅读课了。再有一种把口语训练简单化的倾向：尽管课课都做问答，但内容仅限于课本上的原句，算不上真正意义上的思想交流，倒像是变相的背书。

（三）汉语水平考试的指挥棒作用

汉语水平考试是考查汉语作为第二语言的国家的人的汉语水平的考试。它分为听力、语法、阅读、综合四个部分。很多高校将此项考试的成绩作为能否入学的重要标准之一，即便是在高中阶段，这项考试的成绩也成为了能否升入某一年级的必要条件。受这一客观事实的影响，很多学生及老师把达到汉语水平考试等级作为学习汉语的最终目标。在此目标的指引下，大部分学习汉语的时间就被用在了听力、语法、阅读、综合的练习上。更甚者则是直接去做一套一套的模拟题，用起了题海战术。而口语学习则被视为是浪费时间，做无用功。其后果就是学生越学越难，越学越没兴趣，即使应付考试的能力提高了，可还是说不出几句完整的汉语，学成了"哑巴汉语"。

二　解决问题的对策及尝试

（一）打破陈规，改变教学方法

改变老师讲、学生听的传统教学方法，充分体现口语教学的特点。口语教学应区别于精读、读写等课程，以学生的听、说为主。教师只是起到辅助和引导的作用。一堂成功的口语课，学生的听、说时间应不少于一节课的75%。能完成这个标准可非易事，这要求教师能够在充分备课的基础上，科学地组织教学，精讲多练。即便完成了这个标准，完成的质量如何也是不能忽视的。有一些教师会误认为读也是说，其实上述的"说"并非指读。会读和会说是完全不同的两个概念。中国人往往重视读，重视背，其实其结果是学生仍然说不出来。"说"是指学生能够不借助任何媒介（如课本）通过自己思考，组合词句，将话语说出来，并能在不同场景中变换着使用。这不是通过反复的阅读和背诵能达到的。口语素材可以取自课本，也可以从周围环境中采撷，但一定要精心编排，不可放任自流，同时要避免简单重复，否则就会流于形式，实现不了预期目标。

笔者经过几年来口语教学实践，总结出了一套方法，取得了很好的效果。

1. 先听后说。

根据自然习得语言的规律，反复地听，听得多了，就自然会慢慢说出口了。在教学中，笔者会让学生在打开书本之前先听几遍课文。听了几遍之后，大部分学生都能听懂课文的意思。这时候，教师针对课文具体内容进行提问，学生在回答这些问题的同时，已经会说一部分了。师生互动问答后再让他们打开课本，让他们带着刚才环节中没回答出来的问题进入课文的学习，而这些问题也就在这堂课中得到了解决。

2. 句子操练。

课本中的句子是有限的，可是通过课文中的句子，我们可以创造出无限多的句子。例如在课文中出现了：

　　　王老师：你学习什么？
　　　保　　罗：我学习汉语。

我们可以把"汉语"换成"英语"、"德语"、"法语"、"韩语"、"日语"等；还可以把"学习"换成"吃"、"喝"、"看"、"写"、"喜欢"等，随之答案也会相应发生变化。

在这种替换练习中学生可以掌握句子结构，增加词汇量，还可以培养他们的创造性，培养他们发散思维的能力，激发他们的学习兴趣。

3. 设计具体语境，训练日常口语会话。

学生要熟练掌握日常口语会话，就必须掌握范围广阔的、基本得当的日常用语，以服务于交际目的。如怎样表示想与陌生人交谈，怎样表示喜爱与厌恶、赞同与异议，怎样问路与指路，怎样发出与接受邀请，怎样处理电话，怎样抱怨与安慰别人，如何购物、求医、求学，节假日或旅游时的交际范围有哪些，等等。这些问题看似简单，但由于与本国文化及语言的差异，好多学生不知如何应付这些问题。在基础会话单元教学过程中，笔者将学生感到困难的关键句列在黑板上，然后将学生分组，自己设计情景，组织会话，并进行反复实践。

例如在教学"方位"时，笔者在黑板上列出了下面一些句子：

① 办公楼在教学楼的北边。

② 办公楼的南边是教学楼。

③ 办公楼和图书馆的中间是教学楼。

④ 学校附近有很多饭馆。

⑤ 桌子上边有很多书。

⑥ 抽屉里有一块巧克力。

要求学生用所给的这些关键句,设计情景,反复实践,直到娴熟。

在这一阶段教学中,笔者还注意结合所练内容不断给学生补充一些与他们日常生活及学习密切相关的语句。这些用语地道、实用,是笔者从广泛的阅读中摘录下来的。学生从一般的教科书中很难发现。这样的语句对于细微的描述与表达非常有用,很受学生欢迎。

4. 设计实用性的创意作业。

抄生词、抄课文往往是教师们钟爱的作业方式。可是这种作业除了能够让学生练习写汉字外,其他效果并不理想。很多学生不喜欢甚至痛恨这种作业,导致写作业的时候根本不往脑子里记,草草写完交差。在课后作业方面,笔者一般不留这样的作业,而是设计一些稍有创意的、实践性强的作业。例如学完了《买东西》一课,笔者会让学生到菜市场买水果,并将当时与商贩对话的实况写出来。这种作业的难度增加了,可是学生写作业的兴趣却增加了,得到了令人满意的效果。

(二) 实用性、趣味性教学

学生是教学的主体,能否调动学生学习的主动性和创造性,是教学活动成功与否的关键。那么怎样调动学生的积极性呢?

首先,我们要了解学生学习的心理。学习的目的是为了运用,如果学完没有实用价值,他们当然没有兴趣。所以教学的实用性是非常重要的。为了体现实用性,我们就要设计不同的生活场景,在真切的场景中学习,学习者会得到一种成就感和满足感,学习兴趣自然会提升起来。

其次,学生一天要上很多节课,即使其深知学习汉语的重要性、实用性,也有感觉疲惫的时候,再加上如果教学方法固定不变,没有新意,学生迟早要感到厌倦。这时,就需要教师调整教学方法,设计一些学生喜欢的教学形式,像小组比赛或小游戏等等。例如,我们可以根据教学内容把学生分为两个组,甲组第一个人指名提问乙组的一个人,那乙组回答者回答后再反问甲组另一名同学问题,如此类推,哪一组的同学回答错误就扣一分。这样不但能缓解学生学习中的疲劳,还有助于学生大脑思维的敏捷性,有利于学习效果的提高。

(三) 运用多种多样的教具、媒体

人们对直观的、栩栩如生的东西的记忆能力远远超过了对抽象事物的记忆能力。语言是抽象的,不过能不能通过某种方法、手段,使抽象的语言变得直观、变得生动真实呢? 我们可以利用图片、道具模型作为汉语学习的辅助手段,而且随着科学的发展,各种新技术也不断进入课堂,如电脑、幻灯等等。这些都可以作为语言学习的辅助工具,帮助我们把语言学习变得直观、生动真实。只要我们能够在适当的时候选用恰当的辅助工具,我们的课堂会变得丰富多彩,我们的教学效果当然也会像我们期待的那样,迅速提高。

口语训练的手段向来不缺,电影、电视就很有助益。笔者在教学中一直坚持借助电视录像训练口语的做法,效果良好。比如,我们可以把头一天的电视新闻制成录像,在课堂上放映,让学生进行复述和讨论。新闻中的人名、地名等不但不会造成理解和交流上的困难,还让学生们感到十分亲切,他们可以真正开始了解中国了。

(四) 正确对待汉语水平考试

汉语水平考试固然重要,不过它是一个水平考试,当学生各方面水平达到了特定的标准,就会取得相应的等级。也就是说汉语水平并不是靠做题就能提高的。我们要正确对待汉语水平考试,在教学中要坚持从听、说、读、写四方面入手,全面提高学生汉语水平。这需要全社会、各学校领导转变思想,转变观念,也需要相对较长的一段时期。

总之,就目前的对外汉语教学状况而言,口语教学怎么强调也不过分。无论学新的还是复习旧的,坚持口语领先都有很大益处:推进速度快、涵盖面广,还可以增强学生的自信心,有助于提高学生学习汉语的积极性和主动性。

口语交际助外籍学生提高汉语水平

北京市朝阳区芳草地国际学校　杨　涛

口语交际是一个听方和说方双向互动的过程，不是听和说的简单相加，所以双方在应对中的情感态度十分重要，表现为人际交往中的文明态度和语言修养，如自信心、勇气、诚恳、尊重对方、有主见、谈吐文雅等。小学阶段正是发展学生口语的最佳时机。那么，作为对外汉语教师，如何对留学生进行口语训练，培养他们的口语交际能力，以提高他们的汉语水平呢？笔者在教学中寻求良策，加强训练，切实提高小留学生的口语表达能力。

一　多渠道、多方法训练

语文是教育资源最丰富、与现实生活联系最紧密的学科。教科书是语文教学的重要教学内容，但不是教学内容的全部。培养学生口语交际能力，我们要多给学生提供机会、创设情境、设计交际内容。仅靠课堂上的训练，是不能满足大多数人提高的需要的。为了使学生练在平时，练在全体，笔者布置学生每天收看几分钟新闻联播或儿童节目，训练听话能力。利用每天的早读时间，开辟了"每日一讲"（5—10分钟），训练对话交流的能力。"每日一讲"的形式不拘，一人单表、双人合练都可以；内容不限，阅读收获、亲历趣事、广电新闻等均可入话。为了进一步调动学生听说的兴趣，每周还给"每日一讲"细化为几个固定的小栏目，发动学生自己为栏目起名字，如"开心一刻"（故事、笑话）、"你来我往"（交际常识）、"现在播报"（见闻）等。表演者表演结束后，先请其他同学自由评议，然后教师点评。这样长期坚持，每个学生每学期至少轮到两次，说的机会有了，听的机会更多，不但提高了学生汉语的听说能力，同时也为写作积累了大量素材。

二　强化主动交流意识

（一）学生对口语交际的主体地位要有明确的认识

以学生为本是教育的出发点，也是口语交际教学的立足点。在口语教学中，教师要尽可能多地给学生以人文关怀，以满足所有学生的交际需要。同时，还要将口语交际教学渗透到各学科以及学生课余生活的各个方面，让学生在动态的、生活化的、实用化的氛围中大胆进行口语交际，使学生形成积极、富有成效的与人交往的能力和处理事情的协调能力。

（二）学生对口语交际任务要有明确具体认识

长期以来，口语交际教学往往是善于表达、乐于表达的学生的殿堂，他们总是侃侃而谈，教师也是尽可能给他们提供表达的机会，于是口语交际便成了少数学生表现自我的舞台，而大多数学生则充当了"忠实观众"。针对这种现状，我们要把交际的明确任务交给每一位学生。以小组或同桌为单位，采取讨论、辩论、课本剧表演、小记者采访、演讲会、朗诵会、自我介绍等多种交流形式，让所有学生都感受到自己身上的责任，从而积极参与到口语交际活动中来，让每一个学生在这一过程中得到发展。

三　创设交际情境

语文学习的外延和生活的外延相等。生活就是口语交际的内容，口语交际就是生活的工具，丰富多彩的现实生活为口语交际教学提供了丰富的资源。在教学中就要求教师做教学的有心人，善于捕捉现实生活中的精彩画面，创设交际情境，让学生进行口语交际训练，时时让学生说汉语，在这一过程中纠正他们的错误，让他们的汉语水平得到发展与提高。

（一）带着学生走出课堂，走进生活寻找话题

让学生把在生活中的所见、所闻、所感向同学、朋友、老师、父母进行讲述，这不仅对学生进行了口语交际训练，还让学生有言可发，有话可说。如一次作文指导课正好遇上了一场大雪，笔者就把学生置于大雪纷飞的场地，让学生充分玩耍、嬉戏、亲身体验。这样一来，上这一课时，学生就有感而发，自由畅谈，在口语交际过程中，笔者适时为他们

补充词语,并将这些词语写在黑板上。这样不仅口语得到了训练,同时在写作时也就有话可说了,不再有畏难情绪。

(二)引导学生把现实生活带回课堂

学生在学习生活之外,享受着课余生活的快乐时光,他们的创造精神也往往会在这丰富多彩的课余生活中得以充分体现。因此,笔者不失时机地引导学生把课余生活带入课堂。如在教学课文《风筝》之前,笔者组织学生几人一组,到操场上亲自放飞风筝,感受放风筝的前前后后。这样做为下一步上好课文打下了坚实的基础,也为理解"哥哥"和"我"怎样把风筝放上天空铺平了道路,达到了课内课外有机结合的良好效果。

四　建立良好的评价机制,激励学生的交际信心

(一)赞赏成功的学生,让其感受成功

对表达能力强、上课活跃的学生,教师要及时给予表扬。让他们体验到成功的快乐,从而使他们体会到自身的价值,增强进行汉语口语交际的自信心。

(二)鼓励沮丧的学生,保护他们的尊严

在口语交际训练中,难免有学生答非所问、文不对题,甚至会引起同学们的哄堂大笑(并不一定就是嘲笑)。同学的无意识行为可能无意中伤害了他们的自尊心。这种时候,笔者会和颜悦色地走到他身边,用手轻轻抚摸一下他的头或拍拍他的肩,面向全班同学,给他鼓励:"你的声音清晰响亮,表情自然大方,虽然内容不太好,但老师相信你经过努力下次一定能做得很好的。"这样他就不至于因一次回答失误而丧失汉语口语交际的积极性,相反,他会激动和感激,力争下次表现更积极,回答更完美。

(三)唤醒自卑的学生,使他们发现自己

由于各种原因,班级中学生的汉语水平肯定存在参差不齐的现象。有些学生因为自己汉语水平不高,羞于开口,所以喜欢独处,沉默寡言,久而久之,可能会陷入顾影自怜、自我封闭的境地,对任何事情总是漠不关心,熟视无睹。针对这种学生,笔者专门创设机会,让其感受到老师并没有遗忘他,而是时刻关注着他。并有意设置一些比较浅显的问题让他们回答,尽力挖掘他们的闪光点,及时给予肯定、鼓励。同时对他们多给予说话的机会,让他们从中受到启迪,引导他们转自卑为自信。

（四）引导学生进行自主评价

我们在课堂上应该注意引导学生对其他同学的发言进行评价。当一个同学读完课文或是回答完一个问题，笔者就引导学生就同学的发言谈谈自己的看法，并要求他们重点应围绕优点来谈，这样可以保护学生发言的积极性。对口语交际进行评价，能有效地提高口语交际的质量。引导学生开展简单的自主评价活动，如或肯定赞扬、欣赏别人优点，或质疑争论、对别人提出建议等，会促进他们更认真倾听别人发言，并判断正误、优劣。课堂上的这种积极主动交流，能促进学生思维的发展和口语交际能力的提高，也有利于进一步端正学生的听说态度，养成良好的语言习惯。

我们的学生汉语口语交际总会存在这样那样的不足和缺憾，这是很正常的现象。随着口语交际实践次数的增多，学生的胆量会越来越大，适应性也会越来越好。在学生的汉语口语交际实践过程中，教师要在营造氛围过程中大力鼓励全体学生积极参与，让每个学生都有开口说话的机会。鉴于我们学生的特殊性，开始要求不要太高，要低起点、低要求，制订计划，扎扎实实地训练，学生做到了，再向上提高一个层次。如此循序渐进，学生口语交际的训练定有明显的效果，他们的汉语水平也会不断提高。

口语教学中的新尝试

北京市第四中学　李允萱

留学生口语课是一门实践性、参与性强的课程。近几年,我们在如何引导留学生敢于开口说汉语、让学生有"话"可说等方面做了很多尝试,目的只有一个,就是提高留学生的汉语口语表达水平。这里跟大家分享我们摸索的一点经验:"鲶鱼效应"原理以及语文教学活动的外延与生活相等理念在口语教学中的运用。

一　口语教学中的"鲶鱼效应"

活的沙丁鱼比死的沙丁鱼要贵出许多。挪威渔民为了能带着活沙丁鱼回港,他们在每个鱼槽里放一条鲶鱼。鲶鱼因环境陌生而四处乱游,沙丁鱼发现多了一个异己分子,紧张起来,加速游动,于是,一条条欢蹦乱跳到达渔港。此现象为"鲶鱼效应"。鲶鱼效应的实质是设法增强个体的生命力,从而促使群体增强活力,这如同在水中投石激起涟漪、引起反响。其实,任何群体都需要不断激发活力,使之充满生机,从而调动群体中每个个体的潜在能力。教学也是如此。

口语教学是参与性、实践性极强的教学活动。遇到缺少活力的班级,口语练习时,课堂气氛沉闷,教学难于推进,课堂索然无味,教师苦恼,同学也不会有学习兴趣。在这样的班级中,教师要发挥主导作用,培养先进的个体,用个体带动整体。我们的做法是努力发现每个学生的特点,抓住可以调动的因素,不断地树立、推动、培养、挖掘优秀个体,使"鱼槽"里总有一条生命力强、活泼好动的"鲶鱼"在不断游动,以打破平衡。再用优秀个体带动整体,改变局面,使"死水"变成"活水",形成一个优化的学习群体。

下面是我们在口语教学活动实践中运用"鲶鱼效应"创设活跃的学习氛围的一些具体做法:

(一) 树立榜样

A同学汉语水平较高,却不骄不躁、踏踏实实、向更高标准努力。这样的学生就应该让他在集体中闪光。笔者不断地鼓励他,在班级中表扬他的好学精神,安排他在全校朗诵自己的习作。他娓娓道来:"……青岛是一个海滨城市,我有幸在这里学了半年汉语,每天清晨乘公交车沿海边去学校,对于没有在海边生活过的我,这无疑是惬意的。小山把青岛围了个半圈儿,海也把青岛围了个半圈儿。绿色的群山和蓝色的海水像亲兄妹一样手挽手把青岛包围起来。真是一个人间仙境……"他对中国海滨城市青岛的喜爱之情溢于言表,他用朗诵和台下听众进行了心与心的交流,收到了好的效果。后来他还做了大会的主持人,当选了学习委员。一个学生成长起来了,"鱼槽"里有了一条生命力旺盛的大"鲶鱼",在教学班上为汉语学习增加了无穷的活力。

(二)积极推动

B同学在中国生活三年,汉语水平考试已经达到11级了。因为她太突出了,同学们视她为"超人",觉得没有可比性。如何在教学中发挥她的作用呢?在口语练习时,她读了自己的习作《英国印象》,将一个女孩子对生活细腻的观察和感悟展现出来。笔者把她及她的习作推荐给同学们,使他们明白,想要进步快,就要做生活的有心人。笔者为她创设机会,把她推到北京市留学生艺术节中去朗诵,她自选了散文《种一片树叶》,最终获得一等奖。听着"种一片树叶吧,它一定会长成参天大树",笔者默默地祝福她:树立理想吧,你一定会大有作为的。总结时她说:"一个人常常要强迫自己做几件事,在这个过程中人也就前进了。"老师抓住了这个机会,告诉学生要不断地爬坡,要在不断爬坡中登上生活的顶峰。因为我们知道,根据"鲶鱼效应"的原理,在集体中,人不是孤立的,一个人的奋勇前进也会刺激身边的同学发挥潜能,推动整个集体前进。

(三)主动培养

在一个汉语水平普遍不高的教学班中,为了教学工作更好地开展,教师要培养骨干学生。笔者激励一个学习汉语只有半年的学生参加学校的汉语朗诵表演。这个男生为难地说:"老师,我怕,很多人,我真的很怕。"笔者鼓励他:"只要认真准备,一定能成功。""人要踮起脚尖向上够,才可能进步快。""第一次用中文朗诵会紧张,其实,每件事都有第一次,你第一次出国留学,将来还会有第一次考大学,第一次去公司面试……你要在无数个第一次中前进。"男生相信了老师的话,有了参加比赛的信心和决心。他把朗诵稿上的每个汉字上都注上汉语拼音,认真准备,比赛中获得了成功,突破了自我。苏霍姆林斯基指出:学生在活动中的成功能使他们获得巨大的喜悦,能更强烈地刺激学习欲望。成功使这个同学充满信心,增强了学习积极性,而他的飞跃给同班同学树立了榜样,也会在学生群体中产生连锁反应,在同学中调动起说好汉语的勇气和信心。其他同学也会活动起来,发挥潜能,增强学习主动性,从而一个教学班会逐渐活跃起来,在活跃的集体中,师生都会觉得教学其乐融融。

(四) 善于挖掘

一个女学生在用"一定"造句时写道"我一定要成为世界著名的律师",小小年纪有如此志向,笔者为之一震。笔者把这个句子介绍给全班同学,同学们的眼睛也为之一亮,他们的内心也会有震动。从此以后,笔者常常鼓励这个学生朝着高远的目标前进,"律师是要能言善辩的,首先要练发音正确,能说、敢说",这个学生逐渐能大大方方地显露头角了。其他同学也会想一想自己出国留学的目的:做政治家、做医生,做电视主持人,做公司高管⋯⋯这些无疑都需要练好口语,于是理想成为说好口语的动力。用一个同学的学习志向带动教学班更多同学,从而挖掘每个学生的潜能。

二　汉语口语教学活动的外延和留学生活相等

留学生的口语学习绝不止囿于课堂内,课上时间、空间是有限的,课下时间、空间才是无限的。留学生的口语学习活动的外延应与他的留学生活相等。让学生在课下忙起来,充分利用在中国学习、生活的广阔空间,口语才能进步快。

(一) 创设课下口语练习的氛围

老师与学生面对面聊天,谈外出的见闻、体会、经历;课上回答问题、班会学生总结发言;参加文艺演出⋯⋯教师重视每次说的机会,让学生在更大的平台上得到口语实践的机会。

师生之间的谈心是很重要的。教师不只是知识的传播者、给予者,也是心灵的交流者。教学在友好的氛围中进行会顺利得多。当学生把自己的欢乐和痛苦告诉老师,老师可以发现学生特质,可以进一步挖掘潜能,提高教学效果。苏霍姆林斯基说:如果学生不愿意把自己的欢乐与痛苦告诉老师,不愿意与老师坦诚相见,那么,谈任何教育都总归是可笑的,任何教育都是不可能的。老师与学生心与心的交流,可以解除阻碍学生大胆说汉语的症结,学生思想活跃了,顾虑消除了,学习口语的积极性自然会高起来。

(二) 设计口语练习的内容和方式

组织朗诵会是帮助学生提高汉语口语表达水平的有效方法之一,但是朗诵内容的选择需要贴近学生的学习和生活。如果朗诵的内容让学生觉得离自己很近,那么学生就会读得出彩、听得专注。于是,笔者让学生朗诵自己的作文。笔者设计了"我写,我说"的系列教学活动,在舒缓音乐的伴奏下,让学生朗诵自己的作文。如《夏天的青岛》字里行间流露了留学生对中国海滨城市生活的喜爱和眷恋;《谢谢师傅》表达了初来北京、语言不通的韩国母子二人对出租车司机诚实守信的感谢,以及由此产生的对中国人的信任与好感;《保安辛苦了》倾诉了对中国学校普通工作人员的信任与尊敬;《中国的红袖标》让听众联想到大街小巷中自觉维持社会治安的热情、善良的志愿者……发言的同学打开心灵之窗,说着自己在中国的所见、所闻、所感。这些典型材料源于真实生活,是鲜活的,是留学生自己亲身经历和体验过的内容。这些材料经过剪裁加工,变得很有说服力和感染力。而伙伴对留学生活的描述,让更多的留学生感悟到:留学生活中有很多美好的事物等待自己用眼睛去观察、用心去体会,自己要做生活的有心人。

"我写,我说"的优秀习作在选材、立意及遣词造句方面无疑为同伴们树立了榜样,更重要的是这种写作和口语表达结合的活动促使学生把"写"和"说"结合了起来。课余生活不仅是他们汲取写作素材的宝藏,也是他们准备口语练习的第二课堂。学生在课堂上讲的是他们在生活中的真切感受。我们在实践中发现,这样的口语实践活动,学生的参与度高,效果好,从多方面调动了学生潜能。

几年来,在我们组织留学生口语教学的过程中,"鲶鱼效应"原理帮助我们解决了课堂气氛不活跃、留学生上课不敢说、不愿说的难题,提高了课堂教学的质量;语文教学活动的外延与生活相等的理念,让我们把口语教学活动从课内延伸到了课外,创建了广阔的平台。我们始终认为,口语教学是一门参与性和实践性很强的课程,学生的积极参与,是口语教学成功的关键。

国际部低年级汉语讲读课教学模式初探

北京市朝阳区芳草地国际学校　　邵亚男

学生是教学活动的主体,教师应该把学生作为学习的主人,使学生在课堂上能主动参与学习、乐于探究、勤于动脑,要培养学生分析问题、解决问题和交流合作的能力,从而获取新知识。多年来,笔者一直从事国际班低年级的语文教学工作,通过教学实践发现,对学习汉语的外籍学生来说,字音难读准,字形难书写,字义难理解,课文难读熟,内容难读懂,尤其是纯外籍学生,汉语与他们的母语区别较大,能把一篇课文较准确地读下来就很不容易了。那么如何引导外籍小学生在汉语课上体现其主体性、主动性呢?笔者在讲读教学上针对国际班低年级学生学习汉语的特点进行了一些思考和探索,建构了初步的讲读教学模式(如下图):

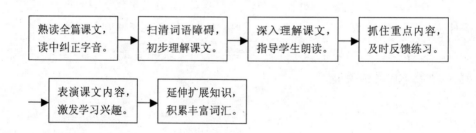

采取六步式教学降低了学生学习汉语的难度,增加了实用性,首先解决读音问题,继而读课文理解内容,并用表演的形式激发学习兴趣加深对内容的理解,同时鼓励学有余力的学生多读课外书籍,扩展知识面,加大词汇量。

一　熟读全篇课文,读中纠正字音

新的课程理念倡导让学生充分地读,在读中整体感知,在读中有所感悟,在读中培养语感,在读中受到情感的熏陶。对外籍小学生来说,这是努力的方向,在学习过程中还应做到"在读中正音,在读中学习汉语语言"。

外籍小学生学习汉语，必须学习一口纯正的汉语语音。他们在学校学习汉语的主要途径是课堂学习，凭借教材提供的材料进行模仿、运用。因此在进行课文教学时，首先给学生一定的时间进行自主性的读书，要求他们看拼音读准字音。学习形式以组为单位，以自己读为主，遇到困难同组互相帮助，如有的学生汉语拼音基础较差，拼不出来时，同组其他学生给予帮助，其中渗透了小组合作的意识，体现了一种互帮互助的人文精神。小组合作学习缩小了教师的指导范围，节省了本环节的时间，提高了课堂学习效率。在此环节教师重点指导困难大的学生，如新插班的学生或学习汉语拼音困难的学生。经过自己读、小组读后，教师继续采取各种形式读，如请一个人读、一个组读、分男、女生读等等，其他学生和老师一起认真听，进行讲评：读音是否正确，声音大小是否合适等。评读时笔者要求学生必须先说优点，再说不足。俗话说："好孩子是夸出来的。"这样做的目的是培养学生善于发现别人的闪光点，学会去欣赏别人，让同学们知道善待他人是一种美德，也使被评价的学生的自尊心及读书的积极性得到了保护，既知道了自己的不足之处，又调动了积极性，再读书时一定会改正不足。经过这样的教学活动，全班同学的读书水平在不断的激励中逐步得到了提高。

二　扫清词语障碍，初步理解课文

学生通过自主性的读书，提出不懂的词语，全班就这些不懂的词语进行交流，扫清词语障碍，为深入理解课文做好准备。教师在备课时要充分了解学生：哪些词语的意思可能不懂？采取什么方法解决？

俗话说："不动笔墨不读书。"笔者要求学生边读书边画出不懂的词语。先在组内交流、解决，组内仍不能解答的，老师组织全班讨论解答，生生互动、师生互动。对于备课时能预想到的一些词，笔者采取图片、实物、投影、录像等形式呈现给学生，如《看花灯》一课有"栏杆"、"花灯"、"各式各样"等词。为此课前笔者准备好了很多式样不同的花灯，当学生提出这个词后，老师出示实物让学生看，效果非常好，既理解了"花灯"这个词，又理解了"各式各样"的意思，而且使外籍学生对我们中国的传统节日非常感兴趣，把学生对课文内容的求知欲调动起来了。对于"栏杆"一词则采用看图片、举例等方法。有的外国孩子知道"栏杆"是什么，但不会用汉语表达，采用直观教学就很好地解决了这个问题。解释词语的意思用得最多的方法是看图、看实物、看录像、采用体态语言等，效果很好。但有些词语必须在一定的语言环境中才能被理解，这样的词语就放到下一个环节再解释；还有些词语只可意会不可言传，我们就采取举例说明的方法，让学生慢慢感悟、体会。课文的词语障碍扫清了，再让学生读课文，这时的读，要求就提高了，在原有基础上还要读得比较熟练。

三　深入理解课文,指导学生朗读

"多读胸中有本,勤写笔下生花。"多读是悟的基本方法,通过有感情地朗读,对文章的语言文字及其所描写的事物、事理有所感触和体验,从而达到领悟理解的目的。朗读对国际班的学生更为重要。因为教师对课文内容的讲解对他们的作用不是很大,很多情况下是在读中理解意思,在读中感悟其中的韵味。那么在深入理解课文环节,教师就必须加强指导学生的朗读,让学生从字音轻重、速度快慢、语调变化中去思、悟、品课文所表达的意思,体验作者的心情,感受汉语的魅力。

经过前两个环节的读书,教师应思考如下问题:哪些内容理解了？哪些内容理解有困难？他们会怎样想？有哪些思考方法？在学习过程中会碰到哪些困难？……针对学生的实际确定教学策略,有针对性地提出具有思考性的问题,让学生带着问题读书,在思考中读书。如在教学《漂亮的居民小区》一课时,笔者提出问题:居民小区都有什么？怎么样？为什么说是漂亮的居民小区？学生只有通读全篇课文,才能回答这些问题,一改过去逐段读、问、答的教学模式,使学生的思维具有完整性、连贯性。

有了对课文整体的理解,再读课文,理解课文的重点、难点。对于重点语句、段落,笔者采取教师范读、学生模仿读、领读、指名读、大家点评等形式,指导学生朗读课文,让学生在读中有所感悟,同时根据不同的课文采用直观教具、图片、多媒体等教学形式,帮助学生理解。在这一环节,可以组织学生就重点问题进行分组讨论,互相启发,互相补充,充分发挥群体的力量,使每个学生都有发表自己意见的机会,提高了回答问题的质量。如在教学《房顶上的大蘑菇》一课时,在整体理解的基础上,笔者继续提出问题:小熊为什么给小兔送来了新衣服、小山羊为什么给小兔送来了厚棉被、小猴为什么给小兔送来了雨伞、小松鼠为什么给小兔送来了大蘑菇？它们会对小兔说什么？小兔又会对它们说什么？学生积极地进行讨论、想象、回答。然后学生再读课文,讨论回答,同时笔者指导朗读。

在读熟课文的基础上,带着贯穿全文的问题再读课文,能帮助学生把握课文的重点,达到理解的目的,也为培养和提高学生的口语表达能力创设了空间。

四　抓住重点内容,及时反馈练习

学生是否真正理解、记住了课文的主要内容,反馈方法之一做练习,应在课文理解之后马上做练习,以达到巩固掌握的目的。针对国际班低年级学生的特点,笔者采用较多的练习方法是填空。因为,国际班低年级的孩子识字少,口语表达能力相对弱,很难用语言把课文主要内容表达清楚,所以采取这种形式比较适合他们,起到了画龙点睛的作用。如在教学《燕子妈妈笑了》一课,在课的最后笔者安排了一个填空练习:

冬瓜是(大)的,(青)色的,皮上有(细毛);茄子是(小)的,(紫)色的,柄上有(小刺)。

又如《小羊吃菜》一课的练习题是:

萝卜的(根)最好吃,西红柿的(果实)最好吃,白菜的(叶子)最好吃。

有些练习课后已编好,可以直接用,而有些则需要教师根据课文内容自己设计。如针对我校自己编写的教材第四册中的《五个好朋友》,笔者设计的练习是:

眼睛能看到各种东西的(形状),分清它们的(大小、远近、颜色、多少);耳朵能听见(各种声音);鼻子能闻到(气味);舌头能品尝(味道);双手能摸出东西的(软硬、轻重、冷热、光滑和粗糙)。所以,我要学会用(眼)看,用(耳)听,用(鼻)闻,用(舌)尝,用(手)摸,去(观察)各种事物。

设计这些练习突出了课文的重点,加深了学生对课文主要内容的理解和掌握,收到了很好的效果。

五　表演课文内容,激发学习兴趣

角色表演可以激发外籍小学生学习汉语的兴趣。汉语的课堂表演是把抽象的语言文字转化为形象的表情、身姿等运动,以表演的形式再现出来,声音和形体结合,能轻松地引导学生设身处地、入情入境、感受形象。进行角色扮演,对于外籍小学生学习汉语有以下一些好处:有助于外国学生对课文的理解;有助于提高学生的汉语口语水平;有助于激发学生的想象力和创造力;可以满足学生的表演欲望,激发兴趣,调动学习积极性;可以让学生在轻松愉快的气氛中学习。

如《房顶上的大蘑菇》这篇课文的内容是:小兔的房子漏雨了,小动物们纷纷来帮助它,送来了小兔最需要的物品。但课文中没有写小动物之间的对话,这正是培养学生的口语交际能力、想象力,检查他们对课文内容的理解程度的最好素材。学生在老师的指导下,先分组进行练习,然后在班内表演,大家评哪组表演得好、好在哪儿。学生通过表演亲身感受到了一人有难大家帮助的真挚友情,受到了教育。

我国著名作家曹禺曾说过,学生参加演戏可以加深对课文的理解,演戏里的人,就必须理解他们的思想与感情,要具备活泼生动的想象,也要有一定的表演能力;演戏可以启发学生潜在的智力,使他们对听课、读书发生兴趣。有了兴趣,就有了积极性,才可能学好汉语。

六　延伸扩展知识,积累丰富词汇

获得知识光靠书本是不行的,只有博览群书,才能扩大自己的知识面。读的书多了,学生的语言也就丰富了,词汇也随之积累,对学习汉语非常有益。因此,在讲读课文的时候,根据课文特点安排一个环节:扩展知识,给学生一个展示的机会。学生的课外知识得到了认可,读书的积极性也就越来越高,还会带动其他同学读书。如学完《小羊吃菜》一课后,笔者问学生:"你们谁还知道哪些植物的果实(叶子、根)最好吃?"知道的学生纷纷举手发言,笔者及时给予表扬、鼓励,并问他们:"你们是怎么知道的呀?"多数学生回答是从书上知道的,也有学生是从其他渠道知道的。笔者表扬了所有发言的学生,并对全班学生说,我们特别提倡大家多读书,从书中获得很多很多的知识,同时在你多读书的过程中会经常遇到我们学过的一些字,这样就帮助你记住这个字的读音,你也会对这个字的意思加深理解。课上经常这样鼓励、表扬,孩子们阅读课外书的积极性被调动起来了。虽然他们阅读的只是一些浅显的文章,但对他们学习汉语、了解汉语、运用汉语、积累词汇、提高口语表达都非常有益。

经过初步的教学实践,笔者感到"六步讲读教学模式"遵循了学生的认知规律,符合国际部低年级小学生学习汉语的特点,降低了学习难度,能切实解决学生学习汉语的一些困难,激发了他们学习汉语的兴趣,调动了学习积极性,同时有效地发挥了学生的主体作用,促进了学生主动地学习和发展。

参考文献

何侠斋(2000)《现代小学人文教育》,中国建材工业出版社。

林崇德(2004)《教育与发展——创新人才的心理学整合研究》,北京师范大学出版社。

唐晓杰(2002)《课程改革与教学革新》,广西人民出版社。

从命题入手推进留学生作文教学

北京市第四中学　周国梁

汉语非母语学生经过一个阶段的中文学习以后很自然地会产生表达的欲望和冲动。这时候,适时开始由浅入深的、循序渐进的作文教学活动,对提高留学生的学习兴趣,巩固已有的学习成果都有积极的意义。

和用母语写作一样,汉语非母语学生的作文教学也同样要解决"让学生写什么"和"教学生怎么写"的问题。两年来,我们在初中年级的作文教学中,从命题入手,在解决学生"写什么"的问题上做了一些积极的尝试。

一　用"阅读—写作"延伸的方法命题

阅读永远是写作的基础。我们在对学生的阅读教学过程中,选择恰当的语言材料,有意识地在教学过程中做了"阅读—写作"的延伸,精心设题,推进作文教学,取得了一定的效果。

在初二的阅读课文中,有一篇文章《我有可能坐中国飞船到太空旅行了》,在文章中,一位名叫丁力波的留学生表达了乘坐中国飞船到太空旅行的愿望。在完成课文的阅读教学以后,我们当周作文活动的命题就是《愿望》,并做了如下提示:

> 刚学过的课文中,丁力波同学有一个愿望就是坐飞船到太空去旅行。你有什么愿望? 你为什么会有这个愿望? 你准备怎样实现自己的愿望? 请围绕这些内容写一篇短文。

由于写作前的阅读活动比较充分,学生在思考"写什么"时几乎没有困难,他们纷纷在自己的作文中表达了自己的愿望:有的表示要努力学好中文,在中国读高中、上大学;有的想学好中文后在中国到处旅游;还有的说学好了中文回国帮助爸爸办公司,同中国做生意。在这次作文活动中,学生思维活跃,积极性高,一改以前蹙额皱眉,无从下手的状况。

初二的阅读课教材中有一篇《我的选择在中国》,在完成阅读教学与练习后,我们安排了一次作文活动,要求学生用"我的选择在……"写一篇小文章。因为有了充分的阅读,学生在"写什么"方面并没有什么困难,出现了不少比较不错的作文,如韩国留学生韩东沃的作文:

我的选择在四中

　　我来中国已经一年多了。前一年,我在另一所中学上学,我在那所学校是和中国学生一起上课的,这样做好是好,可是让我跟中国学生一起上课,我的中文水平还是有点儿差。所以我总是想,"现在在中国班上课太难了,应该先和留学生一起学习,打好基础,以后上高中的时候再插班"。但是,那所学校没有国际部。这时,有一位朋友告诉我,四中的国际部很好,有很多好的老师,还有很多好学生。于是我转学到了四中。刚到四中的时候,我很担心,因为我听说四中的规矩很严格,我怕我不适应这个学校,可是,在老师、同学的帮助下,我很快就适应了这里的生活,而且每天都生活得很愉快。

　　现在我很喜欢四中,很喜欢四中的学习生活,我打算在四中一直学到高中毕业。

　　四中也不是没有缺点,但是,在这里我不想说什么好什么不好,各人有各人的选择;我只知道,我喜欢四中,我的选择在四中！

在初三的写作教学活动中,我们也采用类似的办法。《"精彩极了"和"糟糕透了"》是美国作家巴德·舒尔伯格的一篇短文,文章回忆了作者自己学习写作的一段经历:对自己的习作,母亲总是赞赏有加,夸奖它们"精彩极了";而父亲却总是皱着眉头,说它们"糟糕透了"。少年时代的作者很是不解:同一首诗、同一篇小说为什么他们的评价会如此迥然不同呢? 长大以后,他才懂得:"精彩极了"也好,"糟糕透了"也好,这两个极端的断言有一个共同的出发点,那就是爱。本着阅读教学向写作练习延伸的原则,我们把课后的作文练习题确定为《难忘那一次爸爸(妈妈)对我的批评(表扬)》,作文提示是:

　　在你成长的过程中,爸爸或妈妈一定赞扬过你,也一定批评过你,请把其中印象最深的一次,写成短文。要说说"忘不了"的原因。

反馈的情况表明,这是一次成功的"阅读—写作"练习。

教材中的名家名篇,文辞优美,情感内涵丰富,更是我们教学延伸的好材料。《从百草园到三味书屋[节选]》充满了童心童趣,在阅读教学的过程中,教师就有意识地引导学生回忆自己的童年生活,激发学生的表达欲望,让学生围绕课文内容,做口头的片段作文练习。阅读结束后的写作课上,日本留学生末繁爱丽娜的习作《我的乐园》,深情地回忆了童年时在奶奶家的小木屋里度过的难忘时光。韩国留学生李泰源的《我记忆中的乐园》,则写了自己小时候在家旁边的一个小公园里玩耍的游戏,并亲切地把这个小公园称为"我的乐园",作文清晰地留下了阅读范文后的仿写痕迹:

> 我家的旁边有一个公园叫中央公园。那儿是给我乐趣的地方,我小的时候,每个周末都跟我的家人一起去那个公园休息。
>
> 春天的时候我们经常去那里旅行,有的时候带盒装饭菜全家一起吃;夏天的时候我们喜欢骑自行车,常常在那儿借几辆,然后大家一起骑;秋天,那个公园的风景非常美丽,比如说,那儿的枫树,每个季节的颜色都不一样,秋天的时候那种树的叶子特别漂亮,有黄色的和红色的。我们喜欢在那儿散散步,因为风景也优美,空气也很干净。有的时候,我们还放鞭炮,那个游戏挺有意思的,小孩子们特别喜欢这种游戏。冬天,我们爱玩雪橇,下大雪的时候,我们走上山去,然后坐着雪橇飞快地滑下来,非常有意思。
>
> 现在我在中国留学,所以不能去那个公园了,非常可惜,那是我记忆中的乐园。

事实说明,在阅读教学过程中,精心选择恰当的语言材料,做"阅读—写作"的教学延伸,帮助学生打开思路,定向组织写作素材,缩短留学生用第二语言写作时思考"写什么"的时间,能用更多的时间和精力,完成"怎么写"的任务。这种命题方式的尝试,对推进留学生作文教学,是不无裨益的。

二　从学生的日常生活中汲取素材命题

在留学生作文教学中,我们设计作文命题的第二个途径是:通过与学生的接触交谈,及时捕捉他们带有个性色彩的日常生活情景和思绪,即时命题,帮助学生完成一次成功的汉语写作作业。

比如,一次师生交谈时,一名韩国女生非常兴奋地说了昨天晚上发生的事情。原来,她的爸爸昨天晚上突发腹痛,还呕吐。妈妈不会汉语,一家人急得团团转,是她给爸爸的司机打电话,帮助家人把爸爸送进了医院。在医院,还是她,一会儿汉语,一会儿韩语,给爸爸和医生当起了小"翻译"。后来,爸爸的病情得到了缓解,大人们都夸她。看着她激动的样子,教师敏锐地意识到,这是一篇作文的好材料。当即以《我给爸爸当"翻译"》为题,单独给这位韩国女生布置了一篇作文。有印象深刻的生活做底子,她顺利地完成了这次作业。

上学期,班上的一位女生上课精神不够集中,一向穿着整洁的她,也变得草率马虎起来。经过交谈,老师们才知道,一直在照顾他们生活的妈妈这些日子有事回国了,家中只剩下上高中的哥哥和她。谈话中,她流露出妈妈不在时生活的忙乱和无奈、对以前不体贴妈妈辛苦的歉疚和盼望妈妈早日回北京的急切。我们在安慰鼓励她的同时,又试着问她能不能把这些感受以《妈妈不在北京的日子》为题写出来。过了几天,这个女生果然以此为题,写出了较为成功的一篇作文:

妈妈不在北京的日子

我本来住在四中国际部宿舍,从今年初开始,和妈妈一起在校外住。妈妈常常要回韩国,所以,北京的家里经常只剩下我和哥哥。

前几天,妈妈又回国了,家里又一次剩下我们俩兄妹。我家没有临时女佣,所以,每天早上,我得早早起床,准备我和哥哥的盒装饭菜;放学后,一到家就要做晚饭。晚上,还要打扫房间、洗衣服什么的,这些事儿都要我来干,实在太烦人了。

两天前,我"罢工"了,不准备中午的盒装饭菜,连晚饭也不做,家里又乱又脏;就这样,哥哥还是不肯打扫房间、不肯帮我,我快要气"疯"了,这样下去,我真受不了了。妈妈在北京的时候,我没感到她的重要,妈妈一个人做了那么多事,吃了那么多苦,现在回想起来,真不好意思。

晚上,躺在床上,我想,妈妈什么时候能回来呢?

这些例子启发我们,在留学生的日常生活中,几乎天天都在发生着一些极富生活气息的、蕴涵着学生真切感受的事。教师们要做生活的"有心人",善于在与学生的接触中,发现、捕捉这些稍纵即逝的生活火花,帮助学生从中汲取写作素材,即时命题,学生就能得到一次较好的写作训练。下面的《洗毛毯》同样是来自师生间的一次闲谈:

洗毛毯

每个星期总有一两个晚上是我们洗衣服的时间。昨天晚上我和我的同屋金贞和洗了三条毛毯。我们把毛毯放在盆子里,再放上干干净净的水,用脚去踩,一边踏毛毯一边唱歌。洗完以后,没想到水从水管里溢出来,流到走廊里把衣柜泡了。我们的宿舍的卫生间没有门槛,水很快就流到了房间里,金贞和一看见房间里的水,就赶紧把她的脚水平着劈开,劈开着踢水,把水弄进卫生间里,这时,她左右跳着,姿势像跳舞似的,我们俩都笑了起来。涮洗干净毛毯以后,我们使劲儿拧水,金贞和抓住毛毯的一端,我抓住它的另一端,她往右拧,我往左拧,终于把毛毯的水拧干了。拧干以后,挂在衣架上。这样反复了三次,我们累极了,一个一个地洗完澡赶紧躺在床上。想想今天做的事,一边想一边夸自己,一边夸着自己,一边就不知不觉地睡着了。

该作文散发出的浓郁的生活气息,证明从日常生活情景中汲取素材即时命题,是推进留学生作文教学的有效尝试。

三　作文考核采用"阅读—写作"结合的考查方法

我们在进行作文考核时,同样采用"读—写"结合的考查方法,试举两例。

2004—2005学年第二学期初二年级期末考试卷的阅读题的阅读材料是《信任》,讲的是一位大学教师在复印店复印论文受到信任并深深感动的故事。在考查了诸项阅读要求后,本套试卷的作文题就紧扣阅读材料命题:

> 阅读材料《信任》中写道:"'信任'是钱买不到的一种情感。"在生活中,你一定也有过被同学、老师甚至素不相识的陌生人信任,因而深深感动的经历。请把它写成一篇短文,300字左右,尽量写得具体完整。

2006—2007学年第一学期初三年级期中考试卷的阅读题的阅读材料是许地山先生的名篇《落花生》。文中有这样一句话:"我们谈到夜深才散,花生做的食品都吃完了,父亲的话却深深地印在我的心上。"阅读考查中有这样一道题:"这个晚上,父亲说了许多话,你觉得'深深印在我的心上'的话应该是哪一句?"试卷的作文题即是《这些话深深地印在了我的心上》,提示是:

> 我们到中国来留学,临别时,父亲和母亲对自己说了哪些话?这些话是在什么情景下说的?它们为什么深深地印在了你的心上?

在历次期中期末的考试中,作文考查大致坚持了这种做法。我们认为,这种做法把读和写有机地结合了起来,以读带写,以写促读,是对我们作文教学命题原则的一种照应和补充。

写作是学生综合运用语言能力的一种体现,通过有效的写作训练,能够培养学生对语言总体的感知能力和运用能力。从 2007 年开始推出的汉语水平考试的改进版,各个等级都要进行写作水平的测试,写作教学在整个对外汉语教学工作中的重要性更加凸显出来。两年来我们所做的命题作文方面的尝试,仅仅是从一个角度,对解决"写什么"问题做了一些探索。

我教中国台湾学生中国文化

北京育才学校　董丹梅

对笔者来说,教"中国文化"这门课不是第一次,但一直都是给外籍留学生讲授这门课,给中国台湾学生讲"中国文化"却是第一次。他们是来自台湾省的高中三年级学生,这些学生既不同于外籍留学生,也有别于大陆学生。他们都是理科生,这一年的主要任务是准备参加高考。他们的目标是北大医学院,学习非常紧张。如何在每周的两课时中上好这门课,对笔者来说是一个巨大的挑战。

一　课程目标的确定

如何上好这门课？反复思考以后,笔者定了三条标准:一是能让学生尽可能多地、系统地了解伟大祖国的优秀传统文化,增强他们的民族感情;二是适当讲解语文知识,增强学生的语言文字表达能力;三是让课堂生活化、让课堂充满乐趣。遵循这三条标准,笔者对教学内容做了不同于以往的编排,在教学实施过程中采取了相应的措施。

二　教学内容的选择

(一) 选材的基本原则

为了达到总目标,笔者面临的第一个具体问题就是选材的问题。我们这门课程没有统一的教材,教学内容要靠教师自己筛选和组织。为了实现教学目标,笔者在选择教学内容时以知识性、趣味性和生活化相融合为主要原则。有五千多年悠久历史的中华文化博大精深,可以说它本身就是知识性、趣味性和生活性的完美组合。中国文化的这一特征使我的选材原则具有实施的可能性。

(二) 分类按专题选材

确定原则以后,笔者把教学内容大致分成两大类,并按专题进行编排。第一类是知识类,如"中国地理"、"汉字文化"、"中国姓氏文化"、"中国古典建筑"、"中国传统习俗"、"中国人物(如李白、苏轼、鲁迅等)"等;第二类是欣赏类,如文学作品欣赏《故都的秋》、《从百草园到三味书屋》、《荷塘月色》等,影视作品欣赏《大红灯笼高高挂》、《活着》等。

　　这些内容按专题编排讲授,教学过程中注意知识获取与审美欣赏相结合,同时兼顾学校整体工作计划以及学生的学习生活实际情况。每一个中国人都应该了解伟大祖国的版图,所以笔者把"中国地理概况"这一专题安排在学期之初,告诉学生,我们所置身的是祖国的心脏——北京,让学生明白海峡两岸是血脉相连的。为了增加趣味性,笔者还选取了有代表性的地方曲艺等来展示不同省区的特色。比如在介绍东北地区的时候,笔者安排了flash歌曲《东北人》和东北二人转《小拜年》。在新鲜和好奇中,同学们了解了祖国东北的物产,也感受了东北人的开朗淳朴。笔者还安排学生用擅长的形式来介绍台湾省。再比如把"中国园林艺术"专题的授课时间安排在学生到苏杭社会实践之前,授课过程中补充了叶圣陶先生的《苏州园林》,还欣赏了优美的歌曲《梦江南》。这样,学生在徜徉于苏州园林的美景中时就能够运用学到的知识理性地感受园林的"艺术",体会到前人的智慧,把欣赏落实于实践当中。从小桥流水的人间天堂回到气势恢弘的祖国心脏,我们又跟随汪曾祺先生(《胡同文化》)走进北京的胡同,走进老北京的四合院,从知足常乐的百姓人家走进雄伟壮丽的故宫皇城。这样,这群来自宝岛的同学便鲜明地认识了江南的清新秀美、北方的古朴雄浑,领略了私人园林的精巧别致、皇家园林的金碧辉煌。

三　教学过程的实施

(一)精心设计导入,激发学生的学习兴趣

　　好的开始是成功的一半。好的导入能激发学生的学习兴趣,形成良好的课堂氛围。在这门课中,笔者很重视课堂导入的作用。在教学中,既有一门课的导入,也有每个专题的导入,还有每堂课的导入。这些导入让课堂变得生动、让知识充满趣味,让学习充满乐趣。下面试举几例。

　　1. 学期导入——自我介绍导入第一节课。

　　这门课是从师生的自我介绍开始的。课前笔者认真准备了自我介绍:

　　　　同学们,第一节课我们先来互相认识一下。我叫董丹梅。"董"是一个古老的姓氏,传说和黄帝有关系。古代的时候"董"是一种负责管理的官职。"丹"是红的

意思。"梅"是梅花,据说是一种只有中国才有的花。"丹梅"就是红梅的意思。

名字是一个代号。在一个人出生的时候,可以叫这个名字也可以叫那个名字。但父母为什么给我们起这样一个名字呢?这里面往往是有一定用意的。下面我来讲讲我的名字,然后也请同学们讲讲你们的名字。

在中国文化里,"梅"有着丰富的含义。首先,它代表着喜庆。在中国的传统绘画中人们经常看到"喜鹊登梅"的题材,这是用谐音双关的修辞手法取汉语中"喜上眉梢"的意思。喜鹊是一种代表吉祥喜庆的鸟。据说喜鹊在梅树上唱歌就是在向人们宣告有喜事到来。家里面生了小孩,增添了人口就是一件喜事。所以我这个年代出生的女孩子很多名字中都有"梅"字。其次,梅花代表一种坚毅高洁的品格。梅、兰、竹、菊并称为花中四君子。这在中国的传统绘画和诗作中都有体现。毛泽东在《贺新郎》中写到"已是悬崖百丈冰,犹有花枝俏。俏也不争春,只把春来报"。我们都说"春暖花开,百花争艳",百花都喜欢在温暖的春天绽放,在灿烂的阳光下展示最动人的颜色,好像要选美一样。而梅花却要在寒风刺骨的严冬开放,它用坚毅打败严寒;它开花是为了向人们预报春天的到来,而不是来和谁一比高下。这是一种怎样的品格?梅妻鹤子的林和靖说:"疏影横斜水清浅,暗香浮动月黄昏。"梅花的香清淡优雅,不招摇、不轻浮。陆游有:"零落成泥碾作尘,只有香如故。"美丽的彩衣飘落了,一缕香魂化作泥土,依然散发着幽香,高傲的显示着高洁的本性。父亲给我起这样一个名字,一是为了说明我的到来是家庭中的一大喜事,一是希望我有红梅一样坚毅的性格、高洁的灵魂。这些年来我也一直在朝着这个方向努力。

在一个小小的名字里面就藏着姓名文化、诗词文化、吉祥文化等,这多么生动地说明了我们中国文化的博大精深啊!下面你们能不能向大家介绍一下自己,并讲解一下你名字中的文化呢?

在笔者的引导启发下,同学们畅所欲言:

王定慧:"定"是安定;"慧",是智慧。另一种解释是"定"是安静、定力;"慧"有禅意,这与佛教有关。父母希望我做一个稳重的女孩子,也希望我能够以平和的心态看待生活。

黄小纹:我的英文名字是 Chealsea,这是英国的一座小城的名字,也是一支球队的名字,也是克林顿女儿的名字。我妈妈喜欢足球,同时也希望自己的女儿像克林顿的女儿一样。

李轩恩:父母希望我有李唐王朝和轩辕氏的帝王气概,同时又要怀有感恩之心。

　　林瑞祐：我的名字代表吉祥。

　　林宥辰：我的名字在台湾是有钱人的意思。

说到这里同学们都笑了。我说：

　　"福"、"禄"、"喜"、"寿"自古以来就是人们的美好愿望。"富贵"、"来福"都是非常具有时代特色的名字，曾经为许多父母所钟爱。林宥辰同学的名字也代表了他父母对他的一种美好祝愿，作为父母，谁不希望自己的孩子衣食无忧呢？

　　同学们看，我的名字中藏着中国文化并非巧合，可以说我们每个人的名字都是一个丰富而神秘的世界，里面都有着丰厚的文化。比如"林瑞祐"这个名字："瑞"字的部首是"玉"，"玉"是中国古代文化中最美的审美事物之一。玉晶莹照人，玲珑别透。玉的质地坚硬，不可屈服，我们有"宁为玉碎，不为瓦全"的说法。不仅如此，玉在夏天摸上去凉凉的，而在冬天摸上去又温温的，我们说玉是温润的。正因为玉有如此之多的美好品质，所以古人说君子要像玉一样。古代的君子都爱佩戴玉，叫"君子比玉"。人的名字中也喜欢带上个"玉"字，如《红楼梦》的"林黛玉"、"贾宝玉"等。另外一些人的名字中没有直接用"玉"这个字，但是有一个以"玉"为偏旁的字。如"瑞祐"同学名字中的"瑞"。"珠"、"玥"、"琳"等字也是名字的常用字。汉字是表意文字，以"玉"为部首的字大多都和"玉"有关，都有美好的意思。"祐"是汉字中最具代表性的形声字：它的意符是"示"，用"示"做意符的汉字大多和祭祀有关；它的音符是"右"，提示出这个字的读音。"祐"是吉祥的意思。同学们看，"瑞祐"同学的名字里面就有玉文化和汉字文化。

　　这样的师生自我介绍提起了学生对中国姓名文化的兴趣，接下来笔者又讲解了一些中国古代名人如孔子、老子名字的由来。在大家兴趣盎然的时候，笔者又比较系统地讲解了中国的姓氏文化，并对中国文化的特征做了概说性解说。

　　师生的自我介绍是第一节课的导入，同时也是这门课的导入。

　　2. 专题导入示例——让林黛玉带大家游贾府。

　　《中国古代建筑》这样的专题如果只是机械地讲述代表不同建筑样式的专业术语，那么这个专题必然会枯燥无味，学生也必然兴趣索然。这个专题开始笔者什么也没讲，而是让孩子们欣赏电视剧《红楼梦》的片段——《林黛玉进贾府》。由黛玉做导游，用贾府做景点，让学生跟着黛玉去了解标准的官宦府邸的格局，领略中国古代建筑的奥秘，同时还让他们知道了"登堂入室"、"大门不出,二门不迈"的来由。这样一段不用语言的导入,使后面的知识讲授水到渠成。

3. 每课导入示例——我跟鲁迅回"故乡"。

寒假之前这门课所讲的最后一个专题是"鲁迅"。我们欣赏了《阿Q正传》的电影片段,通过《从百草园到三味书屋》、《阿长与山海经》我们看到了鲁迅的童年,通过《孔乙己》、《祝福》我们了解了小人物的悲苦人生,我们也跟鲁迅回了一趟《故乡》。《故乡》这一个文章是这样引入的:

师:寒假马上要到了,同学们马上就可以回家了,现在是什么心情?

生:很高兴。

师:为什么这么高兴?

生:可以见到爸爸妈妈了。

生:可以见到以前的同学朋友了。

生:要过年了,有很多高兴的事情。

师:是呀,寒假的意义不仅仅是休息,它给我们提供了一个回家、回故乡的理由。什么是家、什么是故乡?我想离开故乡和生活在故乡的人们都会有自己独特的感受。我们可以和家人团聚,可以和好友共叙友情,而我还想看看我家的小猫还有门前那棵大树……故乡于我们是亲切、是温馨。这几节课我们一直在听鲁迅先生讲述以前的生活,今天再让我们跟他一起回一次《故乡》,体味一下鲁迅先生回故乡的感受吧。

(二) 采用多种教学形式,获得最佳的教学效果

好的导入可以激发学生的学习兴趣,而灵活多样的教学形式、适用多变的教学手段则可以活跃课堂气氛、让被激发出来的学习兴趣得以维持,从而始终保持较高的学习劲头,获得最佳的教学效果。

1. 传统节日——说故事、背诗词、写短信。

在中秋节的时候,笔者做了一个"中国传统节日"的专题,在那节课上播放了由苏东坡的词谱曲、王菲演唱的《但愿人长久》的 flash,作为导入。然后让学生讲述自己所知道的关于节日习俗的神话传说、背诵与节日有关的诗词。在这节课上,同学们讲了"后羿射日"、"嫦娥奔月"、"月饼的来源"等故事,背诵了"海上生明月,天涯共此时"、"露从今夜白,月是故乡明"等诗句,更有学生当场创作祝福短信。课堂气氛很活跃。

2. 汉字文化——你猜我猜大家猜。

汉字是一种表意文字体系,是一种有理据可循的文字。汉字的字形和字义有着密切的联系,所以汉字能够依形说义。我们聪明的祖先创造出的文字中蕴涵着丰富的文化。为了让这节课生动有趣,笔者精心选择了经典字谜,待同学猜出谜底后适当讲解汉字理据等的特点,让同学们在猜谜中领略中国文字的魅力。如:

> 园中花,化为灰。夕阳一点已西坠!相思泪,心已碎。空听马蹄归,秋日残红萤火飞!(打一字)

再如:

> 一字九横六竖,问遍天下不知。
>
> 有人去问孔子,孔子想了三日。(打一字)
>
> 道士腰间两柄锤,和尚肋下一条筋,
>
> 就是平常两个字,难倒不少读书人。(打二字)

3. 在趣味阅读中感受传统。

(1) 对联中的年龄。中国古代对于不同的年龄有着不同的叫法。三十称作"而立之年",四十称作"不惑之年"等。如果概念化地向学生介绍这些知识,学生必然会觉得枯燥乏味。我们可以从一副有趣的对联说起:

> 乾隆五十年(1785年),于乾清宫开千叟宴,赴宴者三千九百人。内有一叟一百四十一岁,乾隆以此为题,与纪晓岚对句。乾隆作上联云:花甲重逢,增加三七岁月。
>
> 六十岁为花甲,两个花甲共一百二十岁,三七岁月,即二十一岁,相加恰好一百四十一岁。
>
> 纪晓岚稍加思索,就对出了下联:古稀双庆,更多一度春秋。
>
> 七十岁为古稀,双庆古稀是一百四十岁,再加一度春秋,便是一百四十一岁,可谓妙对。
>
> 同学们,你知道中国古代与年龄都有哪些叫法吗?你知道相关的故事、对联或者诗词吗?

(2) 小故事中体现语言的民族性特征。

　　隆庆时,绍兴岑郡侯有姬方娠。一人偶冲道,缚至府,问曰:"汝何业?"曰:"卖卜。"岑曰:"我夫人有娠,弄璋乎? 弄瓦乎?"其人不识所谓,漫应之曰:"璋也弄,瓦也弄。"怒而责之。未几,果双生一男一女,卜者名大著。(冯梦龙《古今谭概》)

　　要求学生根据短文推断解释"弄璋"、"弄瓦"在文中的含义并说说推断的理由。下面是学生的推断:

　　依据:"我夫人有娠"(娠:身孕)
　　　　　"果双生一男一女"
　　　　　"璋也弄,瓦也弄"
　　结论:"弄璋"是生男,"弄瓦"是生女。

　　在这一课中,笔者讲解了中国一些特殊交际语言,如避讳语、谦词和敬辞。如"寡人"、"鄙人"、"足下"、"犬子"、"令郎"、"太史公牛马走再拜"、"蓬荜生辉"、"抛砖引玉"、"惠赠"等。

(三)尝试多学科联合教学,认识中国文化

　　笔者发现学生在音乐课上学习《唱脸谱》,他们学得非常认真。于是尝试将音乐课与"中国戏曲文化"专题结合起来,音乐课作为欣赏、实践,并邀请音乐课老师和笔者一起来上这节课。

　　上课的时候没有开场白,而是直接打开多媒体播放 flash《唱脸谱》,学生很兴奋,跟着唱了起来。唱完后笔者开始问:"为什么关公是红脸的? 为什么曹操是白脸的? ⋯⋯"笔者简单地讲了关羽"挂印封金"等故事,借机讲了脸谱不同颜色所代表的不同意义,又顺势讲了脸谱的来源、脸谱的分类。同学们不仅粗浅地了解了京剧知识、历史故事,并且能够更准确地把握感情,使歌唱更富有感染力了。

　　这种结合在很多课程上都可以不同程度地进行。比如中国古代史会讲到"百家争鸣",但是对"诸子百家"的成就观点只是做概括性说明,学生觉得比较抽象难懂。而文化课中,"诸子百家"不同的思想观点也是授课的内容。如果在文化课上适当选读经典作品,教学效果会有一定提高。

浅谈对外汉语教学中的文化传播

北京市大兴区第一中学　陈　思

来自世界各地的外国留学生带着各自不同的文化背景来到中国，汉语对他们来说是第二语言，文化障碍在对外汉语教学的过程中显得较为突出。这个障碍，无论是学生还是老师都必须正视。不掌握文化背景就不可能教好语言。语言是文化的一部分，因此不懂得文化的模式和准则，就不可能真正学到语言。再加上留学生年龄、身份、经历等原有背景的不同，他们理解的中国文化也会千差万别。

当不同文化之间发生冲突时，当学生对汉语中所涉及的中国文化不能理解时，如何处理这些问题成为对外汉语教师应该认真思考和研究的课题。也就是说，我们的对外汉语教师，应该在日常教学当中有意识地进行中国文化的传播，并思考用更好的方式传播中国文化。

一　将情感教育融入文化传播

留学生来自不同的国家，迥异的宗教信仰、思维方式、价值观念、生活习惯等等很容易导致在跨文化交际当中发生文化冲突。留学生一般年龄不大，初到异乡容易产生孤独、寂寞的心理。陌生的环境，思乡情绪的蔓延，自身文化得不到认同等等，这一系列因素都会影响他们在中国的正常学习和生活。因此，情感教育在此时就显得尤为重要。

对外汉语教学并不是简单地将汉语知识装进学生的头脑。美国语言学家克拉申认为学生在学习第二语言时会受到诸多情感因素的影响，情感因素是"阻止学习者完全学习消化他学习中所得到的综合输入的一种心理障碍"。学生在学习过程中出现的羞涩、紧张、愤怒、厌恶、怀疑等情绪都应引起教师的注意。这些不利因素如果能得到很好的解决，将会使得对外汉语教学事半功倍。笔者曾遇到过这样一个班级：班级中有一位非常聪明、成绩优异的女生，每次提问都是这位女生积极回答，其他的同学经常保持沉默，虽然老师使出浑身解数，效果依然不明显。直到有一天这位女生生病缺席，令人意想不到的事情发生了——班级其他学生在这一天的课上表现格外踊跃、优秀。经过了解，老师才明白,由于这位女生太优秀使得一些老师的注意焦点常常忽略了其他学生,加上初学汉语的困难和挫折,这些学生就产生了自卑感。由此可见,教师的评价对学生的自我认识有着重要的影响。对外汉语教学对象的特殊性决定教师在教学的过程中应更多关注学生的情感,注意学生的个体差异,尽可能做到让每一个学生发挥出自己最大的潜能。

二　文化传播中的"包容"态度

学生在发展的过程中希望得到别人的赞赏,实现自我认同,同时也希望他所携带的文化能得到别人的认同和理解。对外汉语教师在传播汉文化的同时,要有宽广的胸怀包容其他文化,要"尊重不同文化,强调不同文化、不同宗教的对话,强调世界的多元性","同时强调文化的开放性,强调人们文化自我选择的权利,尊重一个个体可以同时认同多种文化的权利"。如在一些国家,每逢圣诞节都会放假,学生很重视这个节日,而中国却没有这个习俗。因此,面对圣诞节要上课的情况,留学生就比较反感。这种文化冲突的情况可谓比比皆是。文化差异是很微妙的,有人打了一个形象的比方,把文化比作海上的冰山,海面上的 1/3 是可见的,而剩下的 2/3 却隐藏在海面以下,不易被人发觉。文化显而易见的部分如传统、习俗等只占文化差异的一小部分,大多数差异隐藏在表面之下,它们多含蓄、隐而未发,甚至是些无意识的偏见和信念。对外汉语教师面对差异应付出更多的耐心,从理解的角度出发,适当地了解他国的一些文化和习俗,宽容地关怀学生。

三　综合运用各种方法渗透文化教育

(一) 课堂上适时渗透文化教育

初学汉语的人普遍觉得汉字难写,字词也不容易记忆。汉字很多是形声字,如"嫁"、"糊"、"湖"等,可以给学生阐述这些汉字所承载的文化意义,同时也可指点学生通过理解形旁、声旁来记忆、辨析这些汉字。

词语的概念意义往往容易把握,可是很多词语除了概念意义外,还承载了很多特殊的含义,这些特殊的含义往往涉及中国传统文化的因素。这对于学习汉语的外籍学生来说是个很大的难点,他们往往不能够理解隐藏在语言表层之后的深层内涵。如"月亮",概念意义很容易理解,可是中国古人却赋予了这个词语更多的意蕴,承载了不同的思想感情。在李白的《静夜思》、《长相思》,张九龄的《望月怀远》,苏轼的《水调歌头》,王安石的《泊船瓜洲》等诗词中是以月寄托了作者的相思之情,抒发了思乡怀人之感。王维的《山居秋暝》、《鸟鸣涧》,苏轼的《前赤壁赋》中的月亮是用来渲染清幽的氛围,体现作者闲适、旷达的情怀。而李白的《月下独酌》、杜甫的《旅夜书怀》等却又是用月亮渲染出凄清的气氛,烘托了作者孤苦的情怀。在教学的过程中,教师应多多结合所教的内容,适时涉及相关的中国文化背景知识的介绍,这样才能更好地帮助学生准确地理解汉语,学好汉语。

(二)走出课堂,走进"中国文化"

眼见为实,耳听为虚。笔者在教学的过程当中经常遇到这种情况:费了很大的力气讲述汤圆、馅饼、包子、馒头、烧麦之间有什么不同,学生还不是很明白,倒不如直接给个图片或出示实物,学生就恍然大悟了。反复阐述京剧的魅力和里面人物的造型,学生很难领悟,给他们看场京剧反倒能让他们理解不少京剧的内涵。可见,在教学的过程中给学生一定的实践机会是很有必要的。文化实践的范围很广,形式也可以多种多样,而且它的趣味性超越了一般的课堂,往往更能激发学生的学习热情。很多外国学生对中国文化有一定的了解,但是细节却又不清楚,可以给学生放点儿结合了中国文化的电影(中文字幕),还可以组织参观文化景点,品尝中国的美食,听听讲座,和中国学生一起组织有意义的文化活动等等。通过欣赏、讨论等等,师生之间、学生之间进行互动交流,让外国留学生真正深入到中国的文化生活当中,领略中国文化的魅力。

(三)游戏、娱乐中也渗透文化

语言学习是枯燥的,教育学家乌申斯基曾说:没有任何兴趣,而被迫进行的学习,会扼杀学生掌握知识的意愿。毫无疑问,兴趣是学习的巨大的推动力。我们的学生是些孩子,孩子天性喜欢玩,因此,将游戏融入学习中不失为一种很好的方法。通过内含同伴群体文化的游戏讨论、协作和反思过程,孩子们在与他人的协作中学会如何玩游戏以及如何学习。对外汉语教师可以将一些游戏融入到日常的教学当中,如进行一些成语游戏:同一个成语,每个小组分别表演,然后大家互相评比;或者每个小组分别表演不同的成语,大家互相猜表演的是什么成语。笔者曾多次在所教班级做这样的游戏,效果很好,特别是一些故事性很强的成语(如"掩耳盗铃"、"狐假虎威")。还可以进行猜字词游戏:学生把词语的意思用简单的图画表现出来,让其他同学猜一猜。也可以布置学生阅读一些融入中国文化故事的漫画书,学生为了知道故事情节,就会有极大的热情学习其中所涉及的生词和文化。

四　文化渗透教育中应注意的问题

对外汉语教学已经经过了几十年的发展,文化教育在这一进程中慢慢成熟起来,其中的矛盾和问题还是存在的。首先是文化教学所占比重大小的问题。对外汉语教师应当妥善处理好各个教学阶段语言教学和文化教学所占比重大小的问题。不能将两者简单地剥离,或者用一方取代对方。其次,文化教学需要注入现代元素。白乐桑先生说:"过去想学习汉语的法国人大都认为,中国传统文化是古老、悠久、高雅的文化,学中文仅仅凭兴趣。而现在,许多学生为了自己将来的职业等原因开始学习汉语。"所以在对外汉语文化教学的过程中,应该加重现代中国文化的教学比重,让世界了解现代的中国。

参考文献

John Kirriemuir,Angela McFarlane (2007)《游戏与学习研究新进展》,侯小杏、杨玉芹、焦建利译,《远程教育杂志》第 5 期。

陈　琦、刘儒德 (2007)《当代教育心理学》,北京师范大学出版社。

乐黛云等 (2002)《跨文化的对话(九)》,上海文化出版社。

在汉字教学中传播中国文化

——一节识字课的启迪

北京市朝阳区芳草地国际学校　李　盼

汉字中蕴涵着中国文化。在对外汉语的汉字教学中,我们不应该局限于汉字音、形、义的教学,更要注重文字中蕴涵的文化的教学,通过汉字教学让外国学生了解中国,了解中国文化。

一节小小的语文课,仅仅 40 分钟,在这 40 分钟里,我们应该教给孩子一些什么呢? 这些方块字传播了什么样的中国文化呢? 以下是一节识字课的案例,以"一川",容纳"百川"。

人民教育出版社出版的小学语文课本第三册"识字三"中有一首三字经:

我神州,称华夏,山川美,可入画。

黄河奔,长江涌,长城长,珠峰耸。

台湾岛,隔海峡,与大陆,是一家。

各民族,齐奋发,争朝夕,兴中华。

这样一首三字经,外国学生学习起来真的是很不容易。且不说其中包含的历史故事、词语的意思,仅仅这些生字就足够为难小留学生的了。

一　"一川"

在教学这首三字经时,笔者从"川"这个字入手。"川"是什么呢? 笔者首先向学生出示了一幅简笔画儿(两边是岸,中间是水),让学生根据这幅简笔画儿猜一猜"川"的意思。然后在黑板上顺次板书了"川"的甲骨文、金文、小篆、隶书及楷书的写法,告诉学生:"川"是个象形文字,甲骨文字形跟图画很像,左右两条曲线代表的是岸,中间断续的线代表的是通畅的水流。"川"本来就是指小的河流,指田间的水道。后来"川"的意思扩大了,引申为平坦的陆地。

"川"作为一个字,很好记,仅仅三笔。但是,语文课我们学习的是什么? 仅仅是"三笔"? 不,我们要教给学生的绝不仅仅是这个字怎样读、怎样写,还应该教给他们汉字中蕴涵的文化,让他们了解中国人的思维方式。母语非汉语的学生是一个特殊的群体,他们的汉语认知水平有限,所以,在教学的过程中笔者采用了看图猜意思(实际上是在告诉孩子,"川"是一个象形字)的方法,板书甲骨文、金文、小篆、隶书及楷书的写法,是让学生清晰地看到一个汉字的演变过程,并告诉他们古今"川"字含义的变化(实际上是告诉学生中国人的一种思维方式)。

二　"多川"

通过形体演变和词义演变的教学,学生知道了一个"川"字,为了巩固这个"川"字,笔者给学生展示了一张中国地图,让学生在这张中国地图中能找到"川"字。学生的兴趣来了,小手举得高高的:"老师,我看到了'四川'!""我看到了'银川'!""还有'铜川'!"……

这个过程是一个词语积累的过程,也是一个汉字的应用的过程。学生在这个环节积累了更多的含有"川"字的词语,并且在这过程中进一步领悟了"川"字的含义。

三　"百川"

地图上的"川"字全部挖掘出来了,但笔者并没有就此打住,而是提出一个新的问题:"地图中有个字和'川'很像,你发现了吗?"学生们马上开始了新的"探宝"行动,很快就有学生大声说:"'州'字!"

没错,"州"和"川"很像,而且"州"这个字也是要学习的一个字。形近字比较有助于学生掌握汉字。当然,形近字的比较不仅仅要看其形,还要知其意。于是笔者先让学生观察"川"与"州"有什么共同点,有哪些不同处。学生很快就可发现"州"比"川"多了几个"点"。那么这几个"点"是什么呢? 笔者出示了一幅简笔画儿(画上有一个小岛,四周是水)。通过对简笔画儿的观察,学生很快就能明白"州"是指水中的陆地。后因"州"字借为行政区划名,另加三点水旁写作"洲"。再次出示中国地图,让学生找出所有的"州",如"贵州"、"苏州"、"杭州"、"台州"等。"洲"字本来指河中的陆地,后来意思也扩大了,常用于地名中,也指大陆及其附属岛屿的总称。笔者出示中国地图和世界地图,让学生继续探宝。他们在中国地图上找到了"株洲",在世界地图上发现了"亚洲"、"非洲"、"北美洲"、"南美洲"、"大洋洲"等。

在给外国学生讲解汉字的时候不能拘泥于一种形式,那样他们更容易混淆所学过的知识。因此,在讲解汉字的过程中,加入插图、板书汉字的演变,告诉学生一些区分形近字的方法甚至是一些小窍门,就可以让学生很容易地记住汉字的字形,也很容易理解汉字的意义。

四　"贯川"

当然,字不离词,词不离句。理解了字的意思,可以组字成词、连词成句,也能进而理解句子的意思。在前面学习的基础之上,让学生反复朗读,推敲句意,教师对不理解的词语进行点拨。

像"神州"、"华夏"、"海峡"等词语,中国学生说起来朗朗上口,因为汉语是他们的母语,他们有很好的语感,虽然并不理解其深层的含义,但是也能大概明白它的字面意思。但是,留学生则不然,他们的母语不是汉语,所以他们没有这种语感,也很少接触这样的词语。因此,本文中的一些词就造成了学生学习上的困难。对此,笔者采用了故事、插图、用已有经验来解释新词等方法进行讲解。笔者用历史传说故事告诉学生"神州"、"华夏"叫法的来源,最后告诉学生"我神州,称华夏"可以解释成:我们中国这片神奇的土地(神居住的土地),又叫华夏。接着,笔者又给学生观看许多中国美丽的山川、河流风景图片。让那些到过长城、黄河、长江的学生说说自己的感受。同时,还给他们播放了歌曲《五十六个民族五十六朵花》,并配着五十六民族的图片,学生们的眼中充满了敬畏和神奇。

汉字,不仅仅是教会学生怎么样说、怎样写,更要教会学生蕴涵在中国文字中的文化。

中国文字不同于西方的拼音文字,它所蕴涵的内容是博大精深的。从一个"川"字能讲到中国古代行政区域的划分,能讲到中国部分地名的由来,能讲到中国广阔的山川。多种形式进行讲解,让学生在快乐中学习汉字,在快乐中领悟汉语言的神奇。

对外汉语教学不正是从"一川"到"多川"到"百川"再到"贯川"的一个融会贯通的过程吗?

参考文献

王　蒙(2005)《为了汉字文化的伟大复兴》,《汉字文化》第 1 期。
张和生等(2005)《对外汉语课堂教学技巧研究》,商务印书馆。

浅谈中学阶段留学生的文言文教学

北京市天通苑中山实验学校　李　颋　刘博蕊

　　随着中国的发展,越来越多的留学生选择在中国长期留学。其中很多人在中国读中学,学习和中国学生同样的教材,同时把报考中国名牌大学作为自己的学习目标。可是目前中国对外汉语教学的研究还主要集中在语言教学方面,关于中学阶段留学生语文教学方面的研究却少之又少,而中学语文课本中的文言文应不应该教、能不能教、怎么教则少有人关注。结合几年来对中学阶段留学生的文言文教学经历,我们总结了一些不成熟的想法。

一　中学阶段留学生文言文教学的作用

(一)传播中华文化的需要

　　中国文化是中华民族在长期历史发展中的伟大创造物,是整个民族智慧和创造力的结晶。我们进行对外汉语教学的最终目的也是为了传播它。可是如何评价中国文化,外国人的意见存在较大的分歧,甚至是截然对立。但是,在我们进行汉语教学时,如果急于弘扬中华文化,说我们的文化多么深厚、博大、崇高,效果不一定理想。这种情况下如果让留学生学习一些能够体现优秀中国传统文化的文言文,效果就不一样了。在文言文的学习、阅读中,留学生自己会体会到"原来中国人在千百年前就有这样优秀的思想了"。当留学生理解了"有朋自远方来,不亦乐乎",就会知道中国人历来是友好的;当留学生理解了"知之为知之,不知为不知,是知也",就会知道中国人历来是诚实的;当留学生理解了"逝者如斯夫,不舍昼夜",就会知道中国人的思维里抽象和形象是并存的。因此,想要传播中华文化最直接的方法就是让留学生读一读中华的文化宝典。

(二)促进留学生语文学习的需要

1. 语料积累方面的需要。

　　语言是文化的载体，是交流的工具。可是要想达到好的交流效果，不但要知道说什么、写什么，还应该知道怎么说、怎么写。而文言文中就包含了大量典型范例和形象生动的语料素材。教师在教学中如果有意识地在这方面加以强调，往往会取得很好的效果。如在天通苑中山实验学校 2008 年的留学生汉语大赛中，对于"如何给人提意见和如何接受别人建议"这个话题，学习过《邹忌讽齐王纳谏》的留学生明显比没学过的说得生动形象。这种积累在写作中也是非常有用的。同样以上面这个话题为例，学习过《邹忌讽齐王纳谏》或《崤之战》的学生可以将课文的主要内容概括成一两百字的小故事作为自己作文的事实论据，从而使作文内容更加充实，也更具有说服力。下面是我们所教的高二国际班一名留学生的习作《成功之路》：

　　　　人们在生活当中，为了成功，用多种多样的方法来十分的努力。有的人就光努力而花时间，有的人就依靠别人，但是我觉得为了成功就要听别人的建议。李世民说："以人为镜，可以明得失。"自身不容易发现的缺点，需要听别人的意见或建议来回克服自己的缺点。这就是成功的捷径。

　　　　战国时期，在齐国有一个叫邹忌的人，他每天在和徐公比美，他问他的妻子、妾和客人，他和徐公比谁美。他们三个都说邹忌美。邹忌不相信，以后邹忌和徐公见面，邹忌觉得徐公更美，后来邹忌才发现，妻子偏爱他，妾害怕他，客人对他有要求，所以都说邹忌美，而不是邹忌真正美。邹忌以这个故事来给齐王提个建议，齐王听完这些就接受了邹忌的建议而给百姓下了命令，向齐王提建议的人会受到奖赏。百姓不断地建议，过了一年，百姓想进谏也没有什么好说的了。因为齐王接受了邹忌的建议，所以齐国发展很快，并且谁都看得起齐王。

　　　　再举一个例子，在春秋时期，秦穆公要去攻打郑国之前，去找蹇叔谈了这件事，不过，蹇叔用仔细的分析来给秦穆公进谏不要去攻打郑国，但是秦穆公不接受蹇叔的建议，结果秦国被打败了。

　　　　由此可见，我们在生活中会听到别人劝说自己，那么我们不能光觉得不好听，不能轻视那些意见或建议，而要宽容地接受，并且要改正自己的错误，那么我们会很快地发展，会有很大的进步，会走上成功之路。

　　在这篇习作当中，小留学生把刚刚学习过的两篇文言文用自己的语言概括成一两百字的内容作为自己论点的论据，使得自己的习作内容充实，论据充分，增强了说服力。

　　2. 丰富词汇、理解词语方面的需要。

　　在中学课本的文言文中有大量的优美词语。中学阶段他们的文言文教学，可以帮助他们掌握这些词语的含义,体会汉语言的情感色彩。如《前赤壁赋》中有"泛舟"、"窈窕"、"徘徊"、"白露横江"、"水光接天"、"遗世独立"、"羽化登仙"、"取之不尽用之不竭"、"正襟危坐"、"旌旗蔽空"、"一叶扁舟"、"沧海一粟"、"须臾"、"遨游"、"杯盘狼藉"等词语,这些词语有着较深的含义,具备一定的文学色彩,且在现代汉语中也能广泛应用。如果脱离文本单纯学习、积累,将是一个比较枯燥的过程。而通过学习文言文,留学生们能够通过了解故事背景,阅读苏轼和客人的对话,体会人物情感的变化,将这些词语串联起来,充分感悟,从而很好地理解掌握这些词语。

(三)准备高考的需要

在来华的留学生中,越来越多的人选择长期学习。中小学留学生中,很大一部分希望在中国参加针对留学生的高考,进入中国高校接受专业、系统学习。以天通苑中山实验学校中学阶段的部分留学生高考目标为例,见表1:

表1

受调查人数	报考中国大学	回本国上大学	去其他国家上大学
72人	65人	4人	3人

从表1的调查结果来看,想考中国大学的留学生占绝大多数。

在留学生比较集中的北京,一些知名大学纷纷将古文和古典诗歌纳入了留学生招生考试的范围。以清华大学为例,语文考试中文言文占到 25 分左右,在其《2009 年外国留学生本科入学考试大纲》中古文和古诗的参考复习篇目达百篇之多。

二　中学阶段文言文教学和现代文教学的比较

(一)对于留学生,中学阶段这两类课文的难度差距不大

对于中国学生来说,文言文要比现代文相对难学一些,这是众所周知的。那么留学生是否也觉得中学语文课本中的文言文都比现代文难学呢?通过几年的教学感受,我们发现并不尽然。首先,中学语文课本中的现代文,文学性、思想性较强,修辞运用广泛,语言的"阻拒性"休现得也比较明显,有些课文含义更是深奥、晦涩。这些都使得其与汉语的日常交际用语差距较大。2006 年,班里有一名来自瑞典的华裔留学生通过了汉语水平考试 6 级,可我们却发现他连小学语文课文——《桂林山水》都读不下来,更不

要说中学的语文课文了。其次,中学阶段所学的文言文多选自诸子散文或史传文学,具有"文不甚深,言不甚繁"的特点,语言形象生动,含义浅显易懂,具有汉语中级水平的留学生,只要掌握简单的翻译技巧,借助注解,都能比较容易地将课文翻译成简单的汉语,并理解其中含义。以《劝学》和《窗》为例:《劝学》属于文言文,虽然运用了一些修辞方法,但语言浅显易懂,留学生只要参照书下注解,将字扩展成词,再注意一下语序,就能够比较顺利地把它翻译成现代汉语了。如"君子曰:学不可以已"翻译过来就是"君子说:学习是不可以停止的",非常容易理解。而钱钟书先生的《窗》,虽然属于现代文,但是无论是词语还是思想含义都不太容易理解。先说词语:"阴深"、"懒洋洋"、"搅动"、"沉闷"、"琐碎"、"逗引"、"单薄"、"寂静"、"镶嵌"、"隔膜"、"避暑"、"寒暄"、"捷径"、"会心"、"奢侈"、"鸟窠兽窟"、"胁害"、"引诱"、"驯服"、"接触"、"凭眺"、"希冀"、"斟酌"、"眼花缭乱"、"嘈杂"、"眸子",这些词语对于留学生来说都是具有一定难度的,需要借助工具书来解决。而"阴深"、"胁害"这两个词语词典里也没有,需要老师帮助。再说内容思想:屋外的春天和屋内的春天有什么不同? 窗子与春天有什么关系? 这两个问题,留学生可以在文章中找到原句,比较容易理解。而"门许我们追求,表示欲望。窗许我们占领,表示享受"、"窗比门代表更高的人类进化阶段",这两句重要的话,想让留学生理解,就很不容易了。

2008 年 11 月,我们对天通苑中山实验学校国际部高二文科班的学生(半数达到 HSK6 级)进行了调查,见表2:

表 2

受调查人数	认为文言文更容易	认为现代文更容易	两类课文差不多
11 人	3 人	1 人	7 人

可见,对于中级汉语水平的留学生来说中学语文课本中的文言文和现代文难度差别并不大。

(二)"去中国化"导致韩国人学习中国现代文的优势减弱

在北京的各国留学生中,韩国留学生人数占的比重很大。韩国处于汉字文化圈当中,1443 年《训民正音》颁布之前,汉字是朝鲜半岛唯一的书写文字。1895 年以前,韩国的法令、公文、大众传媒使用的都是汉字。因此,曾有人认为韩语和汉语有很多词汇读音相似、意义相近,韩国留学生学习中国的现代文会较有优势。其实,情况早已发生了改变,很多原本发音相似的词语的读音都发生了变化。

在《汉语水平词汇等级大纲》甲乙两级词汇中的 1122 个汉韩同音同义多音节词里，有 12％的词语虽然还收录在韩国的辞典中，但是日常生活中早已不再使用接近汉语的发音了。比如：

간고(艰苦)	강필(钢笔)	강화(讲话)	개연(开演)	소저(小姐)	소채(蔬菜)	소화(笑话)	수개(修改)
개전(开展)	개진(改进)	객인(客人)	거년(去年)	시후(时候)	신고(辛苦)	심후(深厚)	안위(安慰)
격벽(隔壁)	건강(坚强)	결구(结构)	고계(估计)	양광(阳光)	양자(样子)	어기(语气)	어음(语音)
고로(古老)	고흥(高兴)	공로(公路)	공비(公费)	열독(阅读)	양용(英勇)	예당(礼堂)	예모(礼貌)
광휘(光辉)	구경(究竟)	구유(具有)	금후(今後)	요해(了解)	용력(用力)	우미(优美)	우변(右边)
기편(欺骗)	난기(暖气)	난화(暖和)	남면(南面)	웅위(雄伟)	원망(愿望)	원의(愿意)	윤허(允许)
남방(南方)	남변(南边)	당지(当地)	동면(东面)	의기(仪器)	일반(一半)	일변(一边)	일양(一样)
동양(同样)	영활(灵活)	윤선(轮船)	만의(满意)	입즉(立即)	작위(作为)	장유(酱油)	적루(积累)
명년(明年)	밍운(命运)	반야(半夜)	반정(反正)	적인(敌人)	적왁(的确)	전가(专家)	전람(展览)
발현(发现)	백부(伯父)	백모(伯母)	변인(别人)	전변(转变)	전야(田野)	정채(精彩)	주석(主席)
본사(本事)	북면(北面)	불요(不要)	불용(不用)	중신(重新)	진거(进去)	친기(天气)	청객(请客)
봉우(朋友)	사부(师父)	사인(私人)	산량(产量)	초사(抄写)	출거(出去)	탄리(脱离)	평정(平静)
상신(相信)	생장(生长)	시가(书架)	서면(西面)	피면(避免)	하면(下面)	하변(下边)	허관(海关)
서변(西边)	선모(美慕)	싱시(城市)	성음(声音)				

我们现在所面对的中学阶段的韩国留学生都是没有受过汉字教育的所谓"韩文世代"，对他们来说，学习中国的中学语文课，现代文并不比文言文容易多少。

三　文言文教学中的尝试

我们从 2006 年开始教授留学生（全部来自韩国）文言文，由于找不到相关的教法和参考资料，只能自己尝试摸索。

（一）从"掰碎揉烂的灌输式"到"传授方法和技巧的启发、自主式"

刚教文言文时，由于考虑到留学生的汉语水平和接受理解能力，我们准备了非常详细的教案，上课时逐字逐句讲解，带领学生标注重点词句。下面是我们开始教学《与韩荆州书》和《前赤壁赋》的部分教案：

《与韩荆州书》教案（部分）

课文导读：

[原文]白闻天下谈士相聚而言曰："生不用万户侯，但愿一识韩荆州。"

[译文]我听说天下言谈之士聚在一起议论说："人生不用当万户侯，只愿认识

一下韩荆州。"

[注释]①谈士：言谈的人。

②万户侯：食邑万户的封侯。此处借指显贵(有权利、有地位的人)。

[原文]何令人之景慕，一至于此耶！

[译文]怎么使人景仰爱慕，竟到如此程度！

[注释]③景慕：景仰、爱慕。

《前赤壁赋》教案(部分)

写作者与客人月夜划船舟的情形和飘飘欲仙的欢快心情。

[原文]壬戌之秋，七月既望，苏子与客泛舟游于赤壁之下。

[译文]壬戌年秋，七月十六日，苏氏与友人在赤壁下划船游玩。

[明确]从"泛"字我们好像看到了小船漂浮在江面上，自由自在的样子。

[原文]清风徐来，水波不兴。举酒属客，诵明月之诗，歌窈窕之章。

[译文]清风轻缓拂来，水面没有波澜。举起酒杯向同伴敬酒，朗诵(赞美)明月的诗句，唱婉转优美的乐曲。

[注释]①属(zhǔ)：劝、请。

②窈窕(yǎo tiǎo)：指女子步行舒缓的样子。

这种方式降低了学生学习的难度，但留学生自己思考得少，知识记忆和掌握就不牢固、不灵活。而且慢慢地，学生上课溜号的现象也就越来越多。

在教授留学生文言文的第二个年头，由于受到"自主学习"思想的影响，我们开始尝试引导学生自学和自讲。韩国留学生在课堂上大多很内敛，让他们自己借助资料和词典理解文义，遇到解决不了的问题问老师，还可以做到。可要让他们站在讲台上给同学们讲，就不容易了。经过考虑，我们借助留学生高考中的面试环节，鼓励他们要在日常学习中锻炼自己在众人面前说话的能力，纠正不当的语态和姿势。这样一来，学生明白了老师要求他们做的事很有必要、很有意义，于是就开始试着走上讲台，讲解文言文的词语和语段含义，并接受其他同学的提问，从而自己对知识的掌握也就越来越牢固、清晰，语言表达能力也有很大提高。

(二)借助简单汉语解释文言文中的词语

刚开始教学文言文时，有些词语我们还用韩语解释，可发现有些词语留学生们理解得并不理想，有时还不如用简单的汉语翻译。如"本末倒置"、"门庭若市"这样的词语，留学生日常生活中几乎用不到，所以对韩语词汇也没有反应，起不到解释的效果。而借助简单汉语和学过的文言文知识来解释，效果就不一样了："本末倒置"可以解释为"重要（HSK 甲级词汇）的和不重要的倒（HSK 乙级词汇）了"；"门庭若市"这个成语出现在《邹忌讽齐王纳谏》一文中，这之前学生已经学习过《伐檀》，留学生从"胡瞻尔庭有县貊兮"中已经知道"庭"是"院子"的意思，那"门庭若市"这个词就好解释了：门口和院子像市场，形容人很多。

（三）精讲技巧、罗列现象帮助学生掌握特殊句式和词语的特殊用法

对留学生来说，文言文中的特殊句式和词语的特殊用法是比较难掌握的。在这方面，我们采用精讲技巧、罗列现象、促使学生感悟的方法来进行教学。以判断句的教学为例：在《游侠列传》出现了"郭解，轵人也"，留学生第一次见到这一句式时，我们就告诉他们这种句式的特点（一般都有"者""也"）和翻译的技巧（翻译时前后两部分之间加"是"）。这样一来，学生就基本上能够把这个句子翻译出来。之后再遇到这种句式时，我们会带领学生回忆学过的内容，罗列现象，帮助他们积累，如《洛阳牡丹记》中的"是洛阳者，果天下第一也"，《邹忌讽齐王纳谏》中的"城北徐公，齐国之美丽者也"，"吾妻之美我者，私我也；妾之美我者，畏我也；客之美我者，欲有求于我也"。通过这些判断句式的现象，学生们就能够自己悟出判断句的特点：基本上不用判断词"是"来表示，而往往让名词或名词性短语直接充当谓语，对主语进行判断。到了高三上学期，我们班的留学生已经基本可以判断并正确翻译出判断句、倒装句、使动用法、意动用法、名词用作动词、名词充当状语等文言句式和词语的特殊用法。

对留学生的文言文教学是一项充满挑战的工作。通过几年的努力，我们收获了些许经验，却缺少理论指导。这不能不说是一个缺憾！但我们相信，经过我们广大对外汉语教育工作者的共同努力，不断总结积累，取精升华，这个不足是一定可以弥补的。

参考文献

程裕祯（2003）《中国文化要略》，外语教学与研究出版社。

胡明扬（2004）《何谓中华文化，且由学生自己品评——推荐一部对外文化系列教材》，《世界汉语教学》第 1 期。

全香兰（2003）《针对韩国人的汉语教学——"文字代沟"对对外汉语教学的启示》，《汉语学习》第 3 期。

王志刚等（2004）《外国留学生汉语学习目的的研究》，《世界汉语教学》第 3 期。

浅谈如何激发外籍学生学古诗词的兴趣

北京市朝阳区芳草地国际学校　杨　涛

古诗词是源远流长的中国文化中的瑰宝,它博大精深,灿若繁星,千百年来,它以其齐整的句式、精练的语言、丰富的内涵、独特的音韵美深受人们的喜爱,滋润了无数代中国人。外籍学生对古诗词中所描写的景物、事件、人物理解有较大的困难,但古诗词朗朗上口,他们乐于去诵读。让外籍学生在头脑中积累大量的古诗词语言,并接受古诗词语感美的熏陶,对提高他们的文学鉴赏力和审美情趣是不无裨益的。但作为外籍的小学生,要叫他们自觉地去背诵一定量的古诗词,没有足够的方式方法吸引显然是不能使之持之以恒的。针对上述情况,笔者采用以下方法以激发外籍学生背诵古诗词的兴趣。

一　运用多媒体帮助外籍学生记忆古诗词

多媒体凭借图、文、声并茂的绝对优势,在教学中起到了举足轻重的作用。利用多媒体帮助学生学习古诗词可从以下两方面入手:

(一)充分利用外籍学生喜闻乐见的电视、VCD

电视、VCD是现在的孩子们获取信息的一条重要途径,更是他们喜爱的一项娱乐活动。许多家长反映:家里的小孩对于父母说的话一转身就忘了,而电视里的各种角色、人物特点等却记得清清楚楚。正因为这样,笔者在指导学生背古诗词时,搜集了一些有关儿童学古诗词的VCD,趁每天的午休时间在教室里播放。笔者并不要求学生做些什么,甚至没要求他们一定要看。但VCD中那有趣的情节还是深深地吸引了这群孩子有限的注意力。不知不觉中,每个孩子都在背诵诸如"葡萄美酒夜光杯,欲饮琵琶马上催。醉卧沙场君莫笑,古来征战几人回"、"两个黄鹂鸣翠柳,一行白鹭上青天。窗含西岭千秋雪,门泊东吴万里船"等诗词了。

（二）利用 CAI 教学软件

VCD 学古诗词固然能引起学生的注意力，但还缺乏一定的灵活性。CAI 教学软件的双向互动特性在教学时就表现无疑了。在指导学生学习《静夜思》时，笔者制作了一个 CAI 教学软件：以小提琴曲《思乡曲》作为背景音乐，蓝蓝的天空中，一轮圆月缓缓升起，把柔和的月光洒向地面。镜头移至室内，床前的地面上也被月光笼罩着，诗人站在窗前，一会儿看看天上的明月，一会儿低头沉思。在实际操作中，笔者先出示了与前两句诗对应的景色，让学生说说自己的感受。然后再引出"床前明月光，疑是地上霜"。大概是受《思乡曲》的感染，当镜头上出现沉思的诗人时，许多学生的情绪都表现得十分低沉，有的说："这位诗人肯定有什么心事！"有的说："他为什么这么难过呢？"于是出示"举头望明月，低头思故乡"这两句，让学生们自己读一读，找找答案。因为有了刚才的思索，所以学生对这两句诗的印象便记忆深刻了。

二 开展形式多样的活动巩固内容、把握内涵

平时笔者让学生选择自己喜欢的古诗词去背诵，在背诵中试着理解诗词。学生们热情高涨，一有空闲就开始诵读古诗词。

古诗词会背了，利用什么方法来巩固内容、体会古诗词的内涵？针对学生好胜心强、爱表现自我的心理特点，笔者采用以下方法：

（一）组织学生每天晨读时进行对诗活动

对诗的方式多种多样，可以是一个人与全班同学对，也可以是一个人找另一个学生对，还可以是找老师与自己对。在对诗过程中如果有学生"卡壳"的话，全班学生帮助他渡过"难关"。如此一来，学生们对背诵古诗词兴趣盎然，即使你下课时走进教室，也往往能看到学生三个一群、五个一伙在对诗呢！有的学生为了在对诗中"考倒"别的同学，自己在课外背了为数不少的诗。被"考倒"的学生看着别的同学摇头晃脑、得意扬扬地背诵"李白乘舟将欲行，忽闻岸上踏歌声。桃花潭水深千尺，不及汪伦送我情"等老师没教过的古诗词，当然不甘落后，自己也在课外去偷偷地使劲。如此一来，形成了良性循环，全班学古诗词、背古诗词的风气就日益见盛。

（二）由诗作画，定期组织诗歌朗诵、表演赛

诗歌背得很熟练，在背诵的情感方面却如一杯白开水，这是孩子们背古诗的一个通

病。究其原因无非是对诗人所要表达的思想情感理解不深,毕竟写诗的时代与我们现在相去太远了,更何况外籍小学生还要受到语言文字理解的障碍。如何解决这一问题?除了指导朗诵之外,笔者更注重让学生互相学习。

在学习写景的古诗时,笔者一般采用让学生通过"画古诗"的方法体验诗中的意境。例如学习古诗《春日》时,在学生初步理解内容的基础上,笔者要求他们用彩笔画一画这首诗,并说明如果能加上自己的想象则更妙。于是学生们兴致勃勃地自由发挥。等一幅幅画出现在笔者面前时,笔者又要求他们自己上台来介绍自己的创作思路。孩子们情绪高涨,这个说:"因为'万紫千红总是春',所以我的画面处理得特别鲜艳,五颜六色都有。"那个说:"因为在我背过的诗里有一句'忙趁东风放纸鸢',而这儿也有'东风',所以我画了几个小朋友在放风筝。"还有的说:"因为春天花儿都开放了,肯定有许许多多的小蝴蝶,所以我画了许多漂亮的蝴蝶。"通过全班交流,学生们对这首诗的理解更深一层,又加上欣赏了那么多幅关于这首诗的画,还沉浸在画中表现的意境中,朗读的难题迎刃而解了。

定期开展诗歌朗诵、表演赛,这也是给学生们创造的一个自我表现、互相学习的机会。这样的比赛,笔者鼓励全班每个同学都参加,然后再组织全班对别人的朗诵、表演情况进行评议,让学生在自主的环境中取长补短。例如我们班有学生把《清明》这首诗作为表演的"剧本"。在他们表演完了之后,有同学就说了:"刚才×××走得很轻松!应该是很害怕的样子。"追问为什么,该生说得头头是道:"因为'欲断魂'嘛。"再让大家一起体验一下"欲断魂",朗读时这个印象很深的动作便带动了学生的情绪,"欲断魂"的样子被表现得淋漓尽致。

三 学古诗词、品中国文化

一首古诗词中蕴涵着丰富的内容,学生在诵读中不仅能够将中国的语言铭记心中,还通过诵读进一步了解诗词的背景,品味中国文化。

如在学习曹植写的《七步诗》时,笔者并没有急着让他们理解诗文,而是让他们自己背诵。学生背下来后,就有了问题:"老师,这首诗怎么叫《七步诗》,真是走七步写出来的吗?"这时笔者为学生讲了这首诗的背景:曹植和曹丕都是曹操的儿子,哥哥曹丕因为嫉妒弟弟曹植,害怕他跟自己争夺王位,就命令他在走七步的短时间内写出一首诗来,如写不出来,就要用残酷的刑罚来处治他。这首诗就是曹植在七步之内写成的,诗人发出了"本是同根生,相煎何太急"的悲愤责问。反映出封建统治集团内部互相排挤斗争的故事。了解这些历史背景后,学生也对当时的中国社会有了一些了解。这样学生不仅仅背了诗,也了解了中国的历史文化。讲到这里,笔者并没有就此结束,因为孩子们对曹操较为熟悉,不少孩子知道《三国演义》这本书。既然他们喜欢,笔者就为他们讲了这段历史,并将语文课本中的《草船借箭》的故事也讲了,孩子们听了之后,都佩服诸葛亮的足智多谋。孩子们在学习古诗的同时,了解了历史,对中国古典文学作品也有了初步了解,收获颇多。

在学习《悯农》这首诗时,学生特别喜欢,很快就会背这首诗,可对于诗意不了解。"锄禾日当午,汗滴禾下土。谁知盘中餐,粒粒皆辛苦。"这首诗它不仅写出了粮食的来之不易,而且道出了一个真理:人类社会的物质财富,都是劳动人民辛勤劳动而创造的。短短的一首诗,却隐藏了一个深刻的道理,由此看出我们的语言是多么丰富,意味深长。学生们背诗的过程不也是在品味中国语言的过程吗?

让学生在学习古诗词的过程中,体会到我们中国文化博大精深的一面,感知文化的多层内涵,以及其全面育人和综合育人的一种特殊形式。

古诗词的字里行间渗透着语言美、语感美。其短小精练、节奏优美、形象生动、内蕴幽远,是积累审美经验的绝佳材料。通过诵读古诗词可以提高学生的联想、想象能力,进而增加其艺术修养。俗话说"书读百遍,其义自见"。激发外籍学生对古诗词的兴趣,诵读古诗词对我们的外籍学生大有裨益。引导学生随着诗人所表达的感情产生共鸣,随其悲而悲,随其喜而喜,让这中国古典文学精华,从外籍学生口中渗融于他们的血液中,芬芳在他们的生命中。

在教学中培养外籍
中学生的跨文化能力和社区服务能力

——结合热点新闻报道教学的启迪

北京京西学校　金　怡

一　教学活动的社会背景

2008 年 5 月 12 日四川汶川等地发生了里氏 8.0 级大地震,消息传来,中国政府和民间做出最积极的回应;中国乃至世界多家报纸、电视对这场大灾难进行了报道。虽然当时还不明白接着会发生什么,但是看到这次灾难的破坏之巨,政府反应之快,以及全世界关注之密切,笔者意识到这是认识中国文化的好机会。5 月 14 日,笔者以语言教学和文化教学为目标,引导学生关注这场特大灾难。

二　教学目标展示和分析

从当时搜集的中英文新闻报道中,笔者确定了三个教学目标:

目标 1:通过阅读新闻报道,研究地震的破坏性和由此引发的一系列社会事件;学习新闻的真实性和时效性等特点,提高语言能力。

目标 2:通过灾难引发的一系列社会事件,研究中国和中国文化,培养学生的跨文化能力。

培养跨文化能力是第二语言教学和国际文凭项目的主要目标。"新世纪语言文化教学的主要目标是培养学习者文化的敏感性、洞察力以及对不同文化的正面态度,这正是跨文化能力的核心内容。"①

这次教学对象是八年级学生。这些孩子学习中文的时间比较长,接触中国文化机

---

① 祖晓梅(2003)《跨文化能力与文化教学的新目标》,《世界汉语教学》第 4 期。

会多。但是由于在国际环境中成长和受教育,看问题角度比较西化。这一群体具有语言优势,容易形成跨文化思维,但多源信息获得造成他们思维的混乱与文化失衡。针对他们,笔者确定的文化教学目标是培养跨文化技能和态度。具体到这次教学活动中是引导学生从东西方视角关注灾难中涌现的许多感人事迹,感受在灾难面前迸发出的人性的光辉,思考在大灾难面前中华民族精诚合作的精神,改变对中国肤浅、片面的认识;开阔学生的文化视野,发展他们的评价和判断能力;激发学生与中国人感情的共鸣,找到中国文化和西方文化之间的平衡。

目标 3:认识中国社会的服务意识,号召学生以实际行动救灾。

这次的教学对象大部分受过多年国际教育,具有社区服务的意识。但是,有一些学生认为中国的教育不太倡导社区服务意识,主观地认为中国人的社会服务意识比较差。这场大灾难给学生提供了重新认识中国社会服务意识的机会。同时,让学生讨论面临灾难时进行社区服务的方法,鼓励他们用自己的力量救灾。

综上所述,这三个目标为学习新闻报道的特点、培养跨文化能力和社区服务能力。这三者是紧密相连、互相依赖的。学习新闻报道,既增加对社会事件的了解,还会理解目标文化对这次事件的态度。培养跨文化能力,则使学生获得正确的文化意识和态度。在此基础上引起学生感情上的共鸣,以实际行动救灾来服务社会。通过获得知识—改变态度—服务社会这三个目标将语言和文化教学紧紧联系在一起。

三　教学步骤展示和分析

确定了教学目标,怎么达到教学目标呢? 在实际教学活动中,教师指导学生运用科学的方法研究问题。社会心理学家波利斯林提出的跨文化教育的方法对这次教学有指导意义:"以情报及事实为中心,首先必须就有关当地的文化等通过授课、讨论、照片、录像带、文献等,使当事人获得必要的知识;树立正确文化观,要对当事者指出自文化的价值观和行为方式的特征;之后,阐述当地文化的这些特征,从而使其了解在进行文化交流时所产生的文化上的差异。经验学习的方法。其特点是在指导人员的帮助下让参加者进行跨文化体验,或通过模拟体验使当事人理解跨文化的特征。"[1]

为准确地认识汶川地震和由此引发的一系列社会事件及文化现象,笔者引导学生运用"探究式学习方法"。这种方法成功地帮助学生确定研究问题,搜寻答案,分享研究成果。活动具体环节和时间如下所示:

---

[1]　王军(1999)《世界跨文化教育理论流派综述》,《民族教育研究》第 4 期。

确定研究问题(2 课时)──▶搜索、选择、编辑资料(2 课时)──▶确定成果:制作海报(2 课时)──▶口头报告,展示研究成果(1 课时)──▶实施社区服务的具体行动:捐款、写信(1 课时)

这次"探究式学习"分为五大步:

第一步:确定研究的具体问题。首先全班以"汶川地震"为主题做头脑风暴,找出关键词:

> 地震带、震级、震中、发生时间、发生地区、死伤人数、房屋倒塌、环境破坏、余震、预防、保护、熊猫
>
> 汶川地震
>
> 经济影响、唐山地震、救援、捐款、志愿者、社区服务、政府、国际援助、教育破坏、埋住、饥饿、病菌、遇难者

然后,学生用这些词提出研究问题,研究问题总结为三类:

新闻类:(1) 汶川地震发生的具体时间、地点?

(2) 震中在哪儿?

(3) 有多少人被困在地下?

(4) 死亡人数有多少?

(5) 地震还波及了另外哪些省市?

(6) 地震对熊猫和它们的环境有什么影响?

(7) 地震对世界文化遗产有什么破坏?

(8) 地震对经济有什么破坏?

地震常识类:(1) 地震是怎么发生的?

(2) 地震能不能预防?

(3) 在地震中怎么保护自己?

援助类:(1) 中国政府和人民面对灾难做了什么?

(2) 世界人民提供了什么援助?

(3) 外国公司给中国什么援助?

　　（4）我周围的人提供了什么援助？

　　（5）我们学校提供了什么援助？

　　第二步：针对研究问题，搜集资料，寻找答案。学生分为小组研究问题，搜集资料。资料源于中英文报纸和网络。教师帮助学生针对问题筛选、整理资料，包括辅导字词，总结资料的内容和观点。同时引导学生思考有关新闻报道的指导性问题。

　　第三步：制作海报。学生除了按照图文并茂、写出资料来源、列举学到的新词等一些要求制作海报，还意识到新闻报道真实性和时效性特点，注意到时间和数字的精确。

　　第四步：做口头报告，展示海报。在口头报告中，教师引导学生思考有关跨文化能力的指导性问题。在这些问题的指导下，学生的口头报告不但用相关材料回答了研究问题，还对提供的材料进行分析，通过自己的见解和判断来影响听众。

　　第五步：学生讨论有关社区服务的指导性问题，找到救助灾区的办法。最后采取行动，援助灾区。

　　从探究式学习过程中可以看出，教学活动是以学生为中心的。教学的每个步骤都是学生在主动、积极地推动着。在这一过程中，教师的责任一是帮助学生提高语言能力，探索客观事实；二是设计指导性问题，通过引导学生思考指导性问题达到教学目标。

四　指导性问题展示和分析

　　在教学过程中，教师的责任除了帮助学生探索客观事实，还要设计指导性问题，引导学生思考指导性问题，帮助他们比较、分析文化现象和文化特点。指导性问题的设计很重要，指导性问题要紧紧围绕教学目标来设计。在研究过程中，有些指导性问题能找到答案，有些可能找不到答案。但要意识到，指导性问题的目的是引起学生的思考，是提供一种思维导向，创造语言和文化探索的机会。

　　下面以在这次活动中的指导性问题为例，来论述如何设计指导性问题及达到的教学效果。

　　针对目标1设计以下问题让学生思考：

　　（1）在新闻报道中，时间和数字有什么重要性？

　　（2）不同的媒体，对这次事件报道的角度有什么不同？为什么不同？

以这两个问题引导学生从数字与时间的运用中体会新闻报道的特点。又针对教学对象具备的双语互译的优势,鼓励他们阅读相同主题的中英文报道,在比较中找出更客观的事实,并试分析不同新闻视角的形成原因。从学生的海报和口头报告中,我们看到学生对新闻报道特点的理解。有学生在海报中把地震发生的时间精确到秒:5月12日14点28分01秒;有学生列举其他国家对灾区的救援资金,在口头报告中反复强调救援资金日期;还有学生对地震伤亡人数随时间做了更新;还有一个学生研究很有新意:他通过比较不同媒体的报道,指出中国媒体报道了很多救援工作,但外国媒体报道了很多死伤情况。他还分析了原因:中国媒体为了让中国人更有信心;而外国媒体更想让人们了解这次地震的破坏性。

　　针对目标2设计的指导性问题如下:

　　　　(1) 中国人对待灾难的态度是什么?
　　　　(2) 为什么这次地震能获得这么多援助?
　　　　(3) 国际上对中国有什么新的认识?
　　　　(4) 通过救灾,怎么看中国普通人的社区服务意识?
　　　　(5) 通过对中国的认识,你在认识别的文化时会有什么改变?

通过这些问题,笔者试图引导学生从多元视角看这场灾难,分析中国人对待灾难的态度、外国媒体对中国的态度等,从而提出自己的观点。"文化意识的教学应该涉及这两种观点,使学生同时成为研究者和被研究者,让他们通过比较获得一种视野。再从这两个角度进行的比较过程中,学生获得了跨文化能力。"①在这些问题指导下,学生得出很多令人印象深刻的评论,如:

　　　　"和唐山地震相比,中国政府第一次公开请全世界支持,说明政府进步了。"
　　　　"中国政府这次反应很快,国家总理在两个小时内赶到地震现场,并说救人的生命最重要,说明他们很在乎人。"
　　　　"中国普通人也积极捐款,中国人愿意帮助别人。"
　　　　"世界上很多国家捐钱和派人来援助中国,因为中国的宣传很好。"

由于年龄和语言关系,学生的很多观点还很稚嫩。但是可以看到评价角度也很独特,能站在中国文化和本文化角度看问题,态度既客观又积极。

---

　　①　祖晓梅(2003)《跨文化能力与文化教学的新目标》,《世界汉语教学》第4期。

自制海报的展出,使学生更加熟悉灾情。之后,针对目标 3 引导学生思考:"我能为灾区人民做什么?"围绕这个问题,学生们采取以下行动:一是参加学校的捐款活动,并且动员家人捐款。二是写信。针对这项任务设计了不同的要求,学生从中选择其一来做。要求一,假如你是国家最高元首,请你给中国政府写一封信,表达你们的同情和支援;要求二,以你自己的名义给灾区的小朋友写信,鼓励安慰他们。目的是提供两种不同角度,即从国家元首和普通人的角度关注这场灾难,让学生思考提供援助要注意适当的方式。在此,笔者愿意与大家分享两个学生的信。这两封信,笔者只改了个别错字:

第一封:

尊敬的中华人民共和国总理温家宝先生:

得知中国四川汶川发生 8.0 级地震,我感到非常震惊和遗憾。这次地震造成了好多人伤亡。建筑的倒塌也影响了四川的经济,环境也会受到了破坏。交通的堵塞影响救援。

我代表澳大利亚的政府和人民,支持中国人民抗震救灾和重建家园。我们的政府会提供 100 万美元的援助和 30 万美元的物品。我们和中国人民站在一起。我们也会派 50 个救援人员。我希望他们能够帮助被地震影响的老百姓。

这次地震中国人民非常勇敢和坚强,团结一心抗震。我相信中国人民一定会取得胜利。

张越翔

2008 年×月×日

第二封:

亲爱的朋友:

我是一个外国的中学生,上京西学校。京西是北京的一个国际学校。我叫杨芬尼,今年 14 岁。

父母和老师告诉我们 5 月 12 日有一个地震发生在四川。80% 的房屋倒塌了,两万多人死了和很多人受伤了。听到了,我就感觉很难过。我现在知道我很幸运,我还有妈妈、爸爸、妹妹、朋友,等等。

我首先希望你没受伤和你的家人还好。你不要怕,有很多人在帮四川。别的国家送钱和帮中国找更多被困的人。许多的捐赠还在进行,例如我的学校。我们的学校已经捐钱了,来帮中国找到更多被困的人。

每次听人说地震的事,我就想哭。可是我知道我有机会帮你们! 不要忘记有很多人关心你!

你的朋友杨芬尼
2008 年 × 月 × 日

从学生的信中,我们可以看到他们对灾区人民的同情,对中国及时应对的高度赞扬,以及援助灾区的热情。在这个过程中,这些外籍学生不但能站在本文化角度客观看待这场灾难,而且能站在中国文化的角度理解由这场大灾难引发的一系列社会事件。从中获得一种跨文化能力:以理解、尊重的态度来看待目的语文化,并用实际行动来服务目的语社会。可见,这次教学的目标达到了。

五　结语

在这次教学活动中,学生在教师指导下,以社会热点新闻——汶川地震为研究对象;通过运用探究式研究方法,思考指导性问题,一步步达到学习新闻报道及培养跨文化和社区服务能力的教学目标。教学结果令人满意。

对于今后的教学活动,从教师角度总结三点启示:第一,选材上要敏感,选对了研究话题,就成功了一半。研究话题要与学生现实生活相关,能引起学生探索的兴趣。第二,视野要开阔,能够将语言教学和文化教学结合起来,确定适当可行的教学目标。第三,要达到教学目标,尤其是文化教学目标,要精心设计指导性问题。

参考文献

高向斌（2002）《美国多元文化教育初探》,《外国教育研究》第 4 期。
王　军（1999）《世界跨文化教育理论流派综述》,《民族教育研究》第 4 期。
祖晓梅（2003）《跨文化能力与文化教学的新目标》,《世界汉语教学》第 4 期。

对外汉语教学中的跨文化交际

——对俄罗斯留学生一对一汉语教学个案引发的思考

北京市第五十五中学　李媛东

一　关于跨文化交际

跨文化交际学是研究不同文化背景的人在跨文化交际过程中产生的问题和冲突以及如何解决这些问题和冲突的一门学问，它是融合了人类学、语言学、社会学、言语交际学、心理学、地理学、政治学和经济学等众多学科为一体的边缘学科。简言之，不同文化背景的人进行交际的过程就是跨文化交际。

文化是语言赖以生存的根基和发展变化的源泉，文化无时无刻不在影响语言。而语言则是文化的一部分，它虽然不是文化传播的唯一途径，却也是文化的重要载体和写照。学习一种外语，不仅要掌握语言知识，而且还要了解使用这种语言的人如何用语言来反映他们的社会思想、习惯、行为，要懂得他们的文化。也正因为如此，在学习外语时，老师总要求学会用那门语言去思维。概括来说，汉民族的思维方式是"整体的"、"辩证的"、"形象的"、"主观的"和"模糊的"；而西方民族的思维方式是"具体的"、"分析的"、"抽象的"、"客观的"和"精确的"。思维方式的这种不同体现在语言表达方式上就是：汉语重意合，西方的语言（以英语为例）重形合；汉语是"人"治语言，英语是"法"治语言；汉语注重整体性、和谐性，英语讲究组织性和逻辑性。但是在实际交际中，人们总是忽视不同思维方式间的差异，习惯于用自己的思维方式去解读另一种思维方式的表达，这就导致在语言编码、解码的交际过程中出现误解的现象，即跨文化交际的障碍。这种跨文化交际的障碍会随着交际的深入逐渐显露，有的甚至会在一定程度上出现"文化休克"现象，这是跨文化交际的必经阶段，也会促使跨文化交际的参与者不断寻找解决矛盾的对策，不断磨合，最终顺利而有效地完成跨文化交际。

以下本文将通过笔者亲身经历的个案来阐释跨文化交际的发展阶段、跨文化交际障碍以及对策。

二　个案分析

（一）个案基本情况

个案背景：2007年7月至8月，笔者作为对外汉语教师对俄罗斯留学生进行一对一的汉语口语和阅读教学。学习时间共8周，每周4天，每天2课时。

交际语言：汉语。

地　　点：北京，中央民族大学

参 与 者：①笔者，女，24岁，中国河北人，对外汉语老师。一直生活在中国北方，母语为汉语普通话，第一外语为英语，兼修日语、韩语。②叶烈娜，女，32岁，俄罗斯新西伯利亚城人，俄罗斯某大学亚洲文化教师。母语为俄语，第一外语为德语，兼修汉语，在大学学过四年汉语，曾在中国沈阳学过一年汉语。

（二）个案记录与分析

在跨文化交际中，文化差异会引起人们的心理反应，产生一定的文化冲突，经历从文化不适应到适应的过程。套用以下的术语，笔者也将这一短期的跨文化交际过程分为了四个阶段：

1. 蜜月阶段（第1—3周）。

刚刚接触到另一种文化和另一种文化的人，对这种文化和这个人都感到新奇。前三周师生刚认识，互相不熟悉，心理上有一定的距离，处在互相观察、互相了解的状态，甚至在了解之余，还有点互相趋同。

我们规定师生交际用汉语，而且学生和老师之间也只有一种相通的语言——汉语，这样有利于学生尽量使用和练习目的语。但是学生的汉语口语水平有限，课堂交际中还是经常会无意识地说一些母语词或句子，几番纠正的效果都不是很好。出于对语言的喜爱和对异域文化的好奇，特别是针对学生课堂上的母语使用，笔者利用课余时间学习了几个学生常用的俄语词，并在课堂上于学生无意识地说这些词时，及时地模仿重复，提醒学生注意。同时，在语法及语言习惯允许的范围内，笔者会尽量使用学生习惯的表达方式与其交谈。

2. 挫折阶段（第4—5周）。

随着交往的增多，彼此日渐熟悉，心理距离缩短，逐渐亲近。特别是课下有时会一起吃饭或出游，对彼此的了解日益深入，话题范围更为广泛，有时甚至会直接或间接涉及价值观的问题。除了语言表达产生的误会,由于成长的环境不同,价值观上必然会有一定的差异,甚至在一些比较敏感的问题上,双方时有争论,为自己的价值观辩护。

起初的争论是关于外貌和服饰的。俄罗斯跨越欧亚两个大洲,自然而然地融合了东西方两种文化,而且俄罗斯人的思想也很欧化。叶烈娜认为世界上俄罗斯女性长得最漂亮。对衣服的审美,东西方的差异就更大了。如叶烈娜觉得中国女装大体上都很漂亮,但大部分女装的领子开得太小了,她认为领子应该开到接近胸部才比较好看,最好不要穿带领子的衣服,因为有了领子就看不到脖子了。而笔者则认为中国传统的服装很漂亮,没有领子会让人感觉很不正式。随后的争论日渐升级,涉及中国的教育制度、经济等方面。比如叶烈娜对中国高考文科要考数学非常不理解,对中国的物价、房价等的认识也存在偏差。笔者会列举一些事实来反驳。量变引发质变,矛盾积累到一定量时,语言上的一个小小误解就可能诱发一场激烈争论。冲突导致学生极不配合教学,笔者的教学热情也一下子降到了冰点。后来经过彼此的沟通,气氛得以缓和,但不和谐的因素仍然存在。

笔者做了一项文化价值观念个案调查。美国学者萨姆瓦等曾对不同文化就某些价值观念的定位做了比照,认为可以将文化价值观念分为第一重要、第二重要、第三重要和可以忽略四个等级,由此发现了西方文化(W)、东方文化(E)、美国黑人文化(B)、非洲文化(A)以及穆斯林文化(M)的价值观念的差异(见表1):

表 1　文化价值观念比较表

价值观念	第一重要	第二重要	第三重要	可以忽略
个　　性	W	B	E	M
感恩戴德	EA	MB	W	
和　　睦	E	B	WA	M
金　　钱	WAB	M	E	
谦　　逊	E	BAM		W
守　　时	W	B	MW	
集体责任感	EAM	B		W
尊重老人	EAM	B		W
尊重青年人	W	MABE		
殷勤好客	EA	B	MW	

-（续表）

财产继承	E		MWAB	
男女平权	W	EB	A	M
人的尊严	WB	EAM		
效　率	W	B	EM	
爱国主义	BMAE	W		
宗　教	WBAEM			
权威主义	EMA	WB		
教　育	WB	EAM		
率　直	W	BEMA		

借助上表的指标，笔者请学生给出自己的答案（5分制），结果如下：个性 3、感恩戴德 2、和睦 3、金钱 4、谦虚 2、守时 2（一般不会准时到，最多可以晚 15 分）、集体责任感 4、尊重老人 1、尊重年轻人 1、殷勤好客 5（俄罗斯人对待朋友非常大方）、财产继承 5、男女平权 5、人的尊严 3、效率 2、爱国主义 4、宗教 3、权威主义 2、教育 4、率直 5。从这个答案看来，俄罗斯人的文化价值还是接近于西方的，但是在守时、好客等方面又有东方的气质。了解对方的基本价值观念对交际的顺利进行会有很大的促进作用。

3. 调整阶段（第 6—7 周）。

经历了比较激烈的矛盾冲突的挫折之后，双方开始冷静地思考怎样才能更为顺利地完成交流。特别是没了"蜜月阶段"的新奇，对对方和对方的文化有了一定的了解后，自己是否需要在交际中做些改变？

例如：同样是在接到学生提出的某些课外的要求，笔者不再像"蜜月阶段"那样全部接受，也不是像"挫折阶段"那样统统拒绝，而是根据自己的情况，量力而为。对一些不是职责范围内的甚至是无理的要求，笔者会婉言拒绝。在有价值观方面的分歧时，笔者会先说明自己的观点，然后听学生的观点，并强调"在这个问题上我们都有自己的观点，都有自己的道理，那我们就不再在上课的时候讨论了，有兴趣我们下课后再说"。这样学生说话也会有些分寸，点到为止。

4. 适应阶段（第 8 周）。

经过调整，双方找到了比较恰当的心理距离定位和比较合适的交流方式，基本上可以客观冷静地对待对方和对方的文化，会尊重彼此和彼此的文化，从而避免了冲突。

例如：最初，学生对同一个服务员一天中多次对她说"你好"（中间可能只间隔几分钟）非常不理解，甚至觉得这个服务员的脑子有毛病，因为在她的意识中，只有没有健全思维能力只知道机械地做某件事情的小孩和脑子有问题的人才会一直这样。经过笔者解释,学生明白这是中国一种礼貌的待人方式,正所谓"礼多人不怪"! 学生现在已经接受了这种问候方式。笔者也逐渐学会欣赏俄罗斯女性的着装等。

上述四个阶段是笔者的亲身体验,虽然这个跨文化交际的个案时间很短,每个阶段发展得可能还不是很充分,但是整个过程的轮廓已经有了,各个阶段的特点也都已经基本体现了出来。

三　跨文化交际原则及对策

之所以会产生类似于上述的交际失败,是由于来自不同文化背景的人们缺乏文化差异的敏感性、跨文化的知识积累及文化适应能力的培养,以致在交际中闹笑话或造成误解,伤害了对方感情甚至导致对立或冲突,更为严重的甚至会产生"文化休克"现象。那么,怎么才能尽量避免这样的情况发生呢? 首先,我们要有一个比较合适的态度,即要有一定的交际原则;其次,在跨文化交际中我们还要具备一定的交际策略。

(一) 交际原则

1. 尊重的原则。

尊重是有效跨文化交际的基础。我们应该尽量做到尊重不同的文化,因为不同文化背景的人有各自不同的风俗习惯、礼貌系统,若想与之进行有效跨文化交际,首先就要尊重对方的文化。我们该尊重对方的习惯,不要把我们的习惯强加给别人。只有先尊重别人,才有可能被人尊重。

2. 保持自己的个性。

这里所说的个性主要指"自我",包括自己的个人形象、道德品质、文化知识等。也就是说,在尊重他人的基础上,不能盲目趋同。有所借鉴并不是坏事,但是需要保持自己的个性,当然也不能强加于人。对不同文化应该求同存异。

3. 文化适应原则。

所谓"文化适应"是指狭义上的社会化。"文化适应"简单来讲就是人们常说的"入乡随俗",即尽量理解和适应对方的文化,甚至可以做到外为我用来发展我们的文化。

4. 移情原则。

"移情"就是站在他人的角度上看问题,这样可以开阔视野,克服文化偏见和认知偏见。在交际中要认真倾听,体察他人的情感,理解他人的感受。移情有助于跨文化交际的有效性,但真正学会移情并非易事,这需要对异文化的了解做基础。

（二）交际策略

1. 回避。

所谓"回避"，不是回避交际，而只是回避影响交际的话题或行为，使交际控制在双方均能接受的范围内。

2. 容忍。

所谓"容忍"，就是不计较对方交际行为上相对于某种准则的偏离。如不认为约会时对方晚来是失礼，不介意谈话时对方声音过大，不认为突如其来的拜访不妥等。一般说来，容忍度越大，非言语行为对交际的影响就越小，交际就越顺利。

3. 搁置。

所谓"搁置"，就是把交际中疑惑不解的语言或行为暂时搁置一边，不马上做出判断。有时，随着交际的进行，相互了解的不断增加，一些疑惑会得到解决。

4. 调节。

所谓"调节"，就是交际者有意地将自己的习惯做某种程度的调整，使之趋近对方的做法。这要求交际者具有较大的弹性，善于变通，能对不同情形做较快的恰当反应。

虽然个案分析难免会受到个体因素的影响，但个案的分析也能证实和发现一些问题。语言中储存着一个民族在漫长发展过程中聚积起来的厚重文化，具有学习者母语不具备的或与之有差异的文化内涵。为了使跨文化交际双方更好地交流，愉快顺畅地完成交际，除了遵守一定的原则和使用一定的交际策略之外，还要增进了解，通过事先的学习或咨询，尽量缩短挫折和调节期，避免激烈的冲突，在不断的实践中丰富自己的经验，从而达到最有效的交际目的。

参考文献

崔亚英（2006）《跨文化交际与文化差异敏感性研究》，《湖北教育学院学报》第 10 期。
董　晶、李新元（2000），《浅谈思维方式差异对跨文化交流的影响》，《山东社会科学》第 6 期。
胡文仲（2004）《超越文化的屏障——胡文仲比较文化论集》，外语教学与研究出版社。
刘　珣（2000）《对外汉语教育学引论》，北京语言大学出版社。
王　娟（2005）《论跨文化交际的有效性与策略原则》，《西南民族大学学报·人文社科版》第 10 期。
王　允（2002）《跨文化交际与非言语准则》，《黑龙江社会科学》第 1 期。
邹明强（1997）《跨文化交际的多元因素研究》，《云南民族学院学报（哲学社会科学版）》第 3 期。

初级汉语语言实践课
与任务型真实情境教学初探

　　语言学习是一个由感知、模仿到自主学习，再到熟练运用的完整过程，学习效果最终将反映在语言的运用上。提高学生综合运用汉语的能力，教师在教学中不仅要重视最终结果，更要重视学生学习和实践的过程。为了使初级水平的学生在汉语学习的起始阶段就能正确或基本正确地根据交际场合、交际对象和交际目的来进行语言表达，养成良好的语言习惯，北京第三十九中学国际部针对汉语初级班开设了初级汉语语言实践课程。这是一门以培养学生在实际生活中的语言能力为核心，并紧紧围绕这一目标来组织教学、进行训练的综合性课程。该课程以学生为主体、以任务为中心、以活动为方式，旨在强化实践者在交流时的理解、捕捉、发问、对话以及成段表达的能力，让学生通过"感受—理解—积累—运用"的过程来习得语言，鼓励其在真实的社会生活情境交际中建立起学习汉语的信心和兴趣，形成良好的语言素质。同时，逐渐适应在中国的全新生活，提高独立生活的能力。

　　语言实践课的主导者是学生，教师工作的侧重点在于近距离地观察留学生在自然语境中运用目的语真实交际的情况，将留学生在汉语使用上的典型错误加以记录、积累、整理和分析。以期能够有效地了解留学生的话语特征，寻找留学生话语中隐含的语言发展规律，并从中探讨留学生的学习策略、交际策略以及相关的教学问题、课程设计问题等等，不断优化汉语综合课教学，真正实现"以学习者为核心"。

一　教学对象分析

　　从目前的教学情况看，我校国际部汉语语言初级班的学生经过对《汉语教程》第一册上[①]第一、第二单元的学习之后，对汉语知识、汉语技能开始有所了解，这个时期是培

养他们形成良好的语言习惯的关键时期。同时,在情感方面,初到目的语国家的学生又不可避免地会开始经历语言有隔阂、生活不习惯、学习压力大、孤独感增强的"挫折期",反映到学习上,一般表现为自主性减弱、懈怠情绪蔓延、注意力涣散等,适当规律地进行任务型真实情境教学,能改善和弱化这种负面情绪,正确引导学生。因此,外出语言实践是辅助在校汉语综合课程的重要手段。

二　教学形式分析

任务型语言教学是 20 世纪 80 年代外语教学法研究者和第二语言习得研究者在大量研究与实践的基础上提出来的又一有重要影响的语言教学理论。交际语言学习活动(如信息沟通活动)被称为"任务",而"任务型语言教学"几乎成为交际语言教学的代名词。这一趋势改变了传统的注重语言形式的语言学习模式和教学方法。交际语言教学的倡导者提出在真实的语境下表达意思是语言学习最有效的途径。交际语言教学思想提倡:以实际的学习任务为主要学习形式;以真实的日常语言为主要学习内容;以真实的交际目的为学习活动目的。

这些积极的教学思想对我们初级汉语语言实践课的课程设计是有极大启发的。汉语教学的一个重要任务就是对实际运用语言能力的培养。这方面的任务,除了集听、说、读、写四种技能训练于一身的"汉语综合课"外,"语言实践课"要承担很大部分。本课程拟采用"任务型真实情境教学"模式,引入竞争机制,强调学生能运用汉语高效地解决具体问题,把综合语言运用能力的培养落实在实践操作过程中。倡导"体验、参与、交流、合作"的方式,让学生在独立实现任务目标的同时,感受成功。

"语言交际"是语言最本质的功能,语言交际中最基本、最活跃的形式就是口头话语,母语的学习是从口头话语开始的,汉语学习者最理想的目标就是拥有正确自如地运用汉语进行交际的能力。对从事汉语教学的教师来说,研究学生的口头话语,可以检验教学效果、发现教学问题、调整课堂进度、优化课程结构,更重要的是可以了解学生汉语水平的发展程度,进而不断优化学习策略、交际策略。从本质上讲,检验学生的语言水平,不能只凭借他们在课堂上和考试中的表现,更有说服力的指标在于学生用目的语进行日常交际的成功度。

所以,教师如何在汉语课堂教学中实现最有效的输入是决定能否提高学生汉语表达能力的决定性因素。传统的汉语课堂教学输入的方式只有看、读、机械模仿等,这些方法较为单一、枯燥,且远离真实的交际环境,无论从心理学和认知学的角度都没有充分发挥个人认知的最大潜能,不能最大限度地使输入的效果达到最大值,不利于加速语言学习的效率和进程。而在真实环境下的教学课堂上，可以增加视听结合的手段，使汉语信息的输入从视觉、听觉等多通道进入，以声像结合的面貌呈现在学习者面前，创造出一个生动真实的语言环境。

这种真实的输入方式直观、生动，能有效地实现信息的多维度传递，同时刺激学习者大脑活跃思维，发挥联想能力，更好地把握信息要点，使语言信息的输入成为积极的"激发性输入"。在接受这种输入材料时，其真实的声音、直观的画面使学生更倾向于直接建立起汉语与语境的关系，让他们直接进入用汉语思维的环境，达到学习的最佳心理状态。初级汉语语言实践之所以没有采用"室内情景模拟"等常见的语言学习模式，而是采用"任务型真实情境教学"的创新模式原因正在于此。

三　教学内容安排

初级汉语实践教学成功与否，关键在于教师所设计的任务是否适合课外教学的开展。首先，教师应该为学生创造一个有利于习得语言的环境，让学生尽可能地多接触与运用目的语。其次，教学内容应该具体，不要太抽象，基本采用教材中与日常生活相关的交际对话内容，不仅使学生身临其境，同时又能熟悉中国人的日常生活方式及应答方式。这些内容可以包括饮食起居、电影电视、购物旅游等。除此之外，在初级阶段，学生还应该学习和掌握一些最基本的句型和习语、惯用语，要熟练到脱口而出的程度。背诵在语言实践的课前准备中起着非常重要的作用。掌握一些套语和现成的口语，对能编制出创造性的言语、弥补第二语言规则的不足以及摆脱交际困境都是必要的。因此，此次语言实践课采用了近十个生活场景，内容涉及第一、二单元的重点句，现概括如下（表1）：

表1　主要社会生活场景及重点句

课文	重点句
第一课 你好	您好！
第二课 汉语不太难	你忙吗？ 汉语难吗？
第三课 谢谢	请进，你的信。 你去银行吗？ 明天见！
第四课 你去哪儿	今天星期几？ 你去哪儿？ 再见！

（续表）

第五课 这是什么书	这是什么？ 这是谁？ 这是谁的……？
第六课 这是王老师	欢迎你。 请进，请坐，请喝茶。
第七课 我学习汉语	请问，您贵姓？我姓……。 你叫什么名字？ 你是哪国人？ 你学习什么？ 汉语难吗？
第八课 你吃什么	您去哪儿吃饭？ 你吃什么？ 你要几个？ 你喝吗？
第九课 苹果一斤多少钱	太贵了，便宜点儿吧。 一共多少钱？ 找钱。
第十课 我换人民币	我要去银行换钱。 请等一会儿。 给您钱，请数数。
第十一课 他住哪儿	王老师在吗？ 您知道她的电话号码吗？
第十二课 您身体好吗	好久不见了。 您身体好吗？ 你爸爸妈妈好吗？

四　教学环节设计

（一）前期准备

1. 教学准备。

语言表达能力是一种产出性的技能，足够的语言信息资料的积累和储备是汉语语言实践时产出的前提条件。学生通过视、听、读等手段吸收语言知识、储备语言材料的这一过程是为语言的理解记忆和表达输出做铺垫的，在教学中占据十分重要的地位。

（1）热身。为了不让语言实践者在实践时"只旁观不参与"或者羞于开口，我们设计了热身环节。在此环节，教师与学生进行自由谈话，让学生应用学过的语言说话、做事、解决具体问题，完成"从旁观到参与"的心理过渡。

（2）预习。教师呈现完成任务所需的语言知识，介绍任务的要求和实施任务的步骤。教师通过巧妙的方式导入本课话题，让学生对活动产生兴趣。如采用展示地图等方式，在让学生了解任务的同时，处理教学难点或重点，处理重点词汇、主题句型，为学生完成任务做铺垫。然后向学生展示任务，让学生明确要用汉语去做什么。教师给出参考用语表（见表1），带领学生解决生词，针对语音、语调和语速等提出要求，适当设置情景进行对话练习，强化学生对所学知识的灵活运用及应变能力。

2. 情绪准备。

（1）要求学生与陌生人交谈时轻松友善、不卑不亢。交际活动不仅要求语言正确，而且要求语言得体。如果用语不得体，即使言语本身完全正确，也达不到交际的目的，甚至会闹笑话或引起误会。因此，提前强调适时使用礼貌用语十分必要。

（2）"反回避"策略。语言实践中，学生习惯于回避较复杂或较生疏的表达方式，转而使用较简单或较熟悉的表达方式。比如在购物时，初级水平的学生用"这个"、"那个"代替新学的名词"茶"、"馒头"、"饺子"、"明信片"、"餐巾纸"，这就降低了练习难度，达不到训练要求。所谓"难者不会，会者不难"，我们必须通过提前辅导，强化学生对生词的口头训练，消除他们对生词的畏惧心理。

3. 路线准备。

教师提前一天向学生展示并讲解路线图（地图或自绘简图）。在四课时内，我们将带领学生沿"西黄城根北街→府右街→西什库大街→平安大道→西黄城根北街"这一路线，完成一次语言实践课，全程步行四公里。途经101车站、京华印刷厂、中国工商银行、食品店、服装店、餐馆、西什库天主教堂、中国邮政、顺天府超市、北大医院、金台宾馆等地。

（二）完成任务

美国社会语言学家 Dwell Hymes 认为，交际能力不仅包括对一种语言的语言形式的理解和掌握，而且还包括对在何时何地、以什么方式对谁恰当使用语言形式进行交际的知识体系的理解和掌握。因此，将各个任务细化出适用情景、发生地点、参考词汇和句型等，可以降低学生操作的难度，提高成功完成任务的可能性。

1. 布置任务。

教师下达设计好的微型任务（表2），合理分解并布置给每个学生，构成任务链，使各个任务链环环相扣；同时科学合理地统筹时间，保证学生以个人或小组合作形式在最短的时间内最高效地完成问路、买东西、讨价还价、与人攀谈等任务。

表 2　语言实践任务设计表

情景	地点	任务	参考句型	参考词汇	备注
一	路上	问位置	请问,到……怎么走? 请问,最近的……怎么走? 请问,哪里有卖水果的?	101 车站 西单商场 西什库天主教堂 北大医院 最近的邮局/银行	使用礼貌用语,如: 您好…… 请问…… 您贵姓? 谢谢您,再见。
二	车站	问换乘路线	请问去……坐什么车? 大概有多少站? 需要倒车吗?	同上	
三	商店	买东西	请问……多少钱? 那……呢?	茶叶 面包 汉堡 咖啡 啤酒 可乐	
四	水果摊	问价钱/砍价	请问……多少钱一斤? 太贵了,便宜一点儿吧? 要……斤,一共多少钱? 先不要了,再看看。	苹果 西瓜 香蕉 葡萄 草莓 西红柿	
五	银行	换钱/存钱	我要换……人民币。 请问怎么存钱?	美元 欧元 韩元 日元	
六	邮局	寄明信片	明信片多少钱一张? 请问……的邮编是多少? 寄到市内要多少钱的邮票? 寄到外地呢?	明信片 信 信封 邮票	信封书写格式: 收信人邮编、地址;收信人; 寄信人地址、邮编。
七	旅游景点	与陌生人攀谈、寒暄	您好,您贵姓? 您多大年纪? 您能给我介绍一下这里的……吗? 它有多久的历史了?	历史 故事 文化 风俗	
八	餐厅	点菜	服务员,点菜! 我想要一碗/瓶/盘…… 这个菜酸/甜/苦/辣/咸吗? 结账,一共多少钱?	米饭 面条 包子 一碗鸡蛋汤 饮料 啤酒	
九	卫生间	寻找公共厕所	请问附近有卫生间吗?		

2. 任务成果。

以个人、小组或小组代表的形式展示任务结果,如在地图中画出目的地的位置及到达路线,或口头描述一个陌生人的基本信息(姓名、年龄、身体状况等)。

(三) 跟踪评价

学生自评、互评,教师总评。教师或学生点评,采用小组评价表进行小组互评、自评。整个教学过程,逐步训练了学生的汉语技能。各个任务环节的设计为学生创建了语言情景,使学生乐于开口,从而训练学生综合运用汉语的能力(表3)。

表3　语言实践课程跟踪评价表

评价项目	评价要点	评价标准	评价等级			
			A	B	C	D
目标内容	目标明确	符合语言能力、情感态度、综合知识水平的培养目标				
	内容综合	贴近学生的生活实践、社会实践				
		内容综合、宽泛、新颖,符合学生身心发展规律,促进个性发展				
		丰富学生的生活体验,拓展视野				
		引入多种信息				
		围绕主题,能调动知识积累				
	实践性强	任务量分配适当,有操作性				
		难易适当,实践性突出				
活动过程	组织形式	走入社会,或面向大自然				
		组织形式多样				
	学生活动	方法得当,体现探究式学习方式				
		自主活动,主体性得到充分发挥				
	教师指导	教师是活动合作者、参与者、指导者				
		指导方法形式得当				
	活动步骤	活动导入、贴切自然				
		学生亲自实践,动脑、动口				
		活动拓展延伸				
		各实践环节有机结合				

（续表）

活动效果	学生体验	自主思考,有真实体验,陶冶情操、愉悦身心			
		多元评价贯穿于活动全过程			
	学生参与	学生积极性高,获得实践锻炼			
		语言能力得到提高			
		正确地使用了新的词汇或句型			
	学生知识面和学习策略	知识面有所拓宽			
		学习方法、方式多样,学会学习			
		具有自主学习意识			

五　观察记录与实践总结

对教师观察记录中的学生话语特征进行分析,对教师发现前一阶段的教学问题,适时调整教学重点,更好地了解学习效果大有裨益。

"意义大于形式"是初级汉语水平的留学生最主要的话语特征,这种话语特征的形成有其合理性。言语交际的产生是一个从意义到形式的过程,只有先有了表达的意愿,才会产生符合逻辑的言语,这是一个从模糊到清晰、从无序到有序的复杂过程。对一般人而言,让头脑中的想法变成流利的表达也不总是轻而易举的,对于初学汉语的人来说,"辞难达意"就更常见了。留学生要用有限的汉语积累来表达想法,的确是十分艰难的。在这个过程中,他们主要关注的是意义,是解决问题、完成任务的有效信息,他们努力的目标就是调动跟目的语有关的一切手段,将头脑中的想法转化为目的语——汉语,以达到交际的功能。在交际时间和交际任务的双重压力下,形式的选择和判断的正确与否就放到了比较次要的位置。

我们在 50 名汉语初级水平的留学生中做过一次调查,对调查卷中的"与对方交流时你倾向于……"一项,多达 92% 的学生选择了"交流时不管语法对错,能表达自己的意思就行"。这与我们观察记录中所显示的初级班学生的语言特征——意义大于形式——相一致。在我们的实践课上,既有部分直接引自课文学以致用、规范恰当的口语句子,同时也出现了大量能让听话者大致理解、但并不规范的话语片段。例如:

①　很多钱,少钱,可以吗?（太贵了,便宜点儿吧。）

②　这个不难,我聪明学生。（这题很简单,我都会做,我是聪明的学生。）

　　通过分析可以得知：初级班的学生在使用汉语交际时有简化和回避倾向、语序频繁调整、使用课文套语等特征，这与其初级的语言能力和实践课程约定的有限的交际时间、大量的交际任务之间的矛盾紧密相关。

参考文献

刘德联、刘晓雨（2007）《中级汉语口语》，北京大学出版社。

卢福波（2002）《对外汉语常用词语对比例释》，北京语言文化大学出版社。

杨惠元（1996）《汉语听力说话教学法》，北京语言学院出版社。

杨寄洲等（2005）《汉语教程》（第一册），北京语言大学出版社。

周　健、彭小川、张　军（2004）《汉语教学法研修教程》，人民教育出版社。

周小兵、朱其智等（2006）《对外汉语教学习得研究》，北京大学出版社。

语言课堂教学与文化及社会实践的结合
——由一篇课文教学引发的思考

北京京西学校　王文静　孟小玲

在小学及中学对外汉语教学中,学生文化背景常识的缺乏往往成为学习的难点,也是教师备课的重点。"从语言学习和语言教学的角度研究语言,就必须研究语言和文化的关系,因为语言理解和语言使用都离不开一定的文化因素。人们学习语言必须同时学习有关的文化背景知识;进行语言教学,必须同时进行跟语言理解和语言使用有密切关系的文化背景知识的教学。"如何在进行语言教学的同时帮助学生弥补中国文化常识的不足,就成为小学及中学对外汉语教学中的一个重要课题。

小学语文第七册中有一篇题为《李时珍》的课文。对中国学生而言,李时珍是中国历史名人殿堂中不可缺少的一颗璀璨、耀眼的明珠,但对于很多留学生来说,李时珍只是一个名字,而对这个名字所包含的历史解析一无所知。因此,如何引导课堂教学,让学生了解并理解这位明朝伟大的医学家和药物学家的生平和伟大贡献,以及他的贡献所具有的现实意义,就成为笔者的教学目标之一。新课开始,笔者采用了探究式的启问教学方法,通过"发现学习"的方式,激发学生的学习兴趣和学习动机,发展学生的独立意识、自主能力和责任心,培养学生独立分析问题和解决问题的能力,让他们积极参与到学习活动之中。同时还把语言教学和中国传统文化研习有机地结合在一起,并充分利用家长的支持和社会资源来扩展丰富教学。

一　学习课文

首先,从题目入手,引出对课文的疑问。课前布置预习,并结合之前学过的关于名医扁鹊的小故事,让学生找资料对扁鹊和李时珍进行对比,由已知导入未知。课上教师先提出问题,让学生默读课文,进行思考并寻找答案,然后展开课堂讨论。提问要能引发学生对课文的深层次的思考。学生讨论的问题如:

李时珍是谁？

他为什么要重新编写一部药物书？

为此，他做了哪些准备工作？

他为什么要向老农、渔民和猎人请教？

为什么《本草纲目》能够流传世界？

其次，让学生带着这些问题读课文，通过自读、小组探究等形式领会课文意思。学生默读之后，教师要引导学生通读课文，讲解生字词，并让学生谈谈通读后的总体感受。在读完每一段后，可以请学生总结段落并变成问题互相提问，互相回答，不知不觉中，李时珍的生平和贡献就让学生觉得熟悉起来。

二　教学拓展——在学校办展览

作为一位伟大的中医学家，李时珍的贡献是世界性的。那么，中医中药又是什么呢？在现今社会中又起着什么样的作用呢？为此，笔者在学校搞了一个中医中药知识展，让学生进一步了解什么是中药，中医看病的方法和常见中医诊疗器具。在展览中有各种挂图（如人体穴位图），不同的中药材和诊疗器具（如针灸、火罐等），让学生能够亲身观察、体验中医中药的神奇之处。进而，笔者又让学生们针对中医中药和他们所熟悉的西医西药之间进行对比，进一步展开讨论。

三　参加社会实践活动——参观同仁堂中药店

在学习的过程中，笔者还组织学生参观了著名的同仁堂中药店，请中药店的师傅讲解中药常识，演示如何抓药、熬制中药等。这样一来，学生不仅通过实地观察学到了中药知识，而且通过药店内的陈列认识了中药的类别，了解到中药不仅具有治病的功效，而且还有养生的作用。实地考察使学生加深了对课文的理解。通过和顾客的交谈，学生体会到中医中药的魅力。教师进一步引导学生思考什么样的传统是有生命力的、有社会价值的，这些传统得以延续的原因何在，李时珍的贡献对现今社会的人们意味着什么。这些讨论，使学生们看到了历史和现在的结合点，再读课文时，李时珍的形象就变得鲜活起来。

把课文和实际相结合，把理论和实践相结合，使教学变得更具吸引力，同时学生们的学习兴趣得到了极大的提高。

四　理论联系实际——和中医专家座谈

在同仁堂中药店,笔者还专门安排了一位中医专家和学生进行互动。中医专家讲解中医看病的方法和原理,加深了学生对中国传统医学的理解。学生充分利用这个机会,频频向专家提问,得到了很多在课堂上老师不能给予的答案。中医专家采用与学生们熟悉的西医完全不同的方式,通过望、闻、问、切的中医传统诊疗方法,对一位病人进行当堂诊断,更进一步拉近了留学生和中国传统医学的距离,让课本上的文字以真实的面孔走进了他们的视线。

五　利用更多的资源

(一)上网查阅资料

从《李时珍》一课出发,笔者对教学进行了拓展,引导学生做进一步的思考:是中医中药好,还是西医西药好? 为了上好讨论课,笔者安排学生上网查找资料,对得到的信息进行比较分析,找出最适当的信息和论据来支持自己的观点,并尽量多地用课文中刚学过的字词把观点写下来,然后结合切身经历,在班上进行讨论。

(二)和家人讨论

笔者又发信给家长,向他们介绍笔者的教学内容,鼓励家长积极参与,和孩子们一起互动、讨论这个话题。家长的介入,更进一步提高了孩子们的学习热情,一时之间,中医中药和西医西药的内容成为孩子们的新话题。

(三)做问卷调查

在教学活动中,笔者还充分利用学校、家庭和社区的有利语言环境,在课堂上专门安排出时间,让学生采访学校的中国教师和外籍教师,了解他们对中医中药和西医西药的看法。并让学生自己设计调查问卷,在学校和住家周围进行调查。从问卷中,可以看到学生的思考,其中有些倾向性的问题也表现出学生的思考特点。如:"小孩子都很怕打针,如果你的孩子生病了,你会让他看西医打针,还是采用中医的按摩和食疗的方法?"在和不同文化背景、持不同观点的人群互动交流之后,学生们对得到的答案进行总结分析,进而又引发了对这一主题更深层次的思考。

六　教学展示——举办辩论赛

看到学生如此高涨的学习热情,笔者又适时介绍新的文体——辩论,并在班里举办了一次辩论赛,辩题是“中医中药好,还是西医西药好”。辩论赛前,根据自愿的原则,笔者让学生分成两组,双方各持一种观点在自己的小组里展开讨论。笔者引导分工合作,提醒他们在阐述自己的观点时要能自圆其说,尽量多用课文中新近学习的词语,既要讲明自己的立场,同时要找准切入点把对方驳倒。笔者要求学生先用脑力激荡的方法写出相关的词语,再归纳总结并写出辩论提纲。

此外,笔者组织学生观看了一些辩论赛的短片,加深他们对辩论赛模式和程序的了解,指导他们制定战略战术。

辩论赛采用了完全正规的形式,由任课老师担当辩论会主席,双方辩手正式着装,嘉宾评委也由不同年级的中文教师担当。场下有家长和其他班级学生组成的观众,他们也得到机会在自由问答时间向辩手们进行提问。辩论中,学生们运用自己学到的知识和查到的资料,努力地旁征博引,与对方辩手针锋相对地开展辩论。稚嫩而精彩的论辩赢得阵阵掌声。

进入总结阶段时,在教师的引导下,学生得出了:只有中西医相结合才是最佳的方法。而通过辩论的准备、辩论的过程,学生加深了对课文中李时珍的伟大贡献的理解。

七　小结与反思

通过这一阶段的学习,学生们不仅领会掌握了课文内容,还进一步了解了中医中药知识,从一个侧面了解了中国文化。正如一位学生所说:“我现在知道了原来中医不只是扎针灸和用动物的身体做药,中医还有很多的看病方法。”

在我们的课堂上,看到的应该是学生积极主动地参与学习,学生在探究,学生在完成一切的学习活动。只有让学生在学习活动上有所选择、体现自己的主观愿望,才能使学生变“老师要我学”为“我自己要学”。在教学中,笔者开展了各种探究活动,目的是通过师生的共同探究来激发学生的学习兴趣,培养学生的探究能力,促进学生对知识的掌握。这次教学探究活动让学生经历了基本的探究过程,学到了一些探究方法。学生们通过自己的观察和思考,利用多媒体的网络信息资源,利用社会力量,加上家长的支持和互动,最终用辩论赛的形式把他们所学到的知识和自己得出的观点充分地表达、展示出来。

　　笔者认为,这一次的教学活动是成功的,因为学生成为了学习的主导者。书本上的文字和知识不再是枯燥乏味的"汉字组合",在与实际生活的结合中,它们变得生动、有趣。与课文有关的文化知识的学习,也不再是简单的说教和灌输,而是在社会生活的实践中自然"习得"了。

参考文献

陈　宏、吴勇毅（2003）《对外汉语教学理论与语言学科目考试指南》,华语教学出版社。

吕必松（1996）《对外汉语教学概论》,国家汉办内部资料。

邵敬敏（2001）《现代汉语通论》,上海教育出版社。

盛　炎（1990）《语言教学原理》,重庆出版社。

叶蜚声、徐通锵（2006）《语言学纲要》,北京大学出版社。

小组活动在中学对外汉语教学中的应用

北京汇文中学　马洪飞

我校国际部学生的水平差异比较大,有的同学是刚刚经过短期的语言学习升入学历班的,有的是已经学过数年汉语的。这种情况无疑给每一位教师的教学提出了挑战。分小组教学可以在一定程度上解决这个难题。

一　小组活动的分组原则及活动优势

(一)分组原则

首先,让小组内成员的汉语水平呈梯度分布。所谓"公平"并不是数量上的公平,而是根据学生所需来提供的公平。小组活动可以在一定程度上做到这一点:教师根据学生的水平提出不同的问题,让学生在原有水平上都有所进步。同时,在小组讨论中,水平高的学生可以帮助水平低一些的学生,从而培养大家的合作意识和团队精神。

其次,尽量让文化背景不同的学生分在一组,让文化背景相同的同学散布在各个组。真正意义上的交流是真实的交流,所谓真实的交流就是交流双方应该有"信息差",也就是交流双方持有不同的信息,正是通过交流才能获得彼此的信息。如果双方的背景一样,那么他们信息的共同部分就多,这样也就实现不了交流的目的。吴勇毅曾提到:"人们各自的背景不同,在社会中所处的地位不同,工作学习不同,人们所持有的信息不同,对待人和事物的态度、情感、想法不同,思想不同,这样人与人之间就会产生信息差、意见差和推理差,因此人与人之间需要交际和沟通。"①

正是基于上述两点原则,笔者将所教班级的 22 名学生分成 5 组,各小组的人数依次为:4、4、4、5、5。每组学生合作一周,每周一进行重新分组。

---

① 吴勇毅(2005)《从任务型语言教学反思对外汉语口语教材的编写》,《国际汉语教学动态与研究》第三辑,外语教学与研究出版社。

（二）小组活动的优势

第一，能够调动学生的积极性。小组竞赛提高了学生的课堂参与度，激发了学生的学习动机。

第二，能够活跃课堂气氛。学生的积极性高了，自然使课堂气氛更为活跃。

第三，能够提高学生的开口率。每个小组都要回答老师的问题，而且老师经常会设计一些小组讨论，这便大大增加了学生说汉语的机会。

第四，能够使不同程度的学生都有所提高。因为教师清楚每组中学生所呈现的梯度分布，所以可以根据问题的难度让相应水平的学生来回答，也可以根据学生的水平设计不同难度的问题。

二　小组活动的形式

（一）猜词

教师出示词卡，每组选出两位同学合作，一个解释，一个猜。如出示词卡"苍白"：

　　　　学生 A：脸色。（同时指自己的脸）
　　　　学生 B：脸色？
　　　　学生 A：哦，生病时的脸色。
　　　　学生 B：苍白。

这种形式体现了第二语言习得的互动理论和意义协商理论。"早期的互动理论认为，在互动活动中，交流双方可能遇到交际困难或障碍。为了克服交际困难，交流各方必须进行意义协商。""意义协商就是交流双方并不是一次性地、毫无障碍地成功表达意义或传递信息，而是要经过提问、证实、复述等一系列协商过程。""互动理论认为，意义协商过程之所以有利于语言学习，是因为学习者在意义协商过程中可以获得大量的可理解的输入。后来，互动理论又提出，在意义协商过程中，学习者进行语言输出（output）之后，往往会得到其他人的反馈（feedback），而反馈也是促进语言学习的重要因素之一。反馈可以使学习者知道自己说的话是否正确、是否准确。如果正确，就说明学习者已经基本掌握了所使用的语言项目；如果不正确或不准确，学习者则不得不对自己想说的话进行调整以后再说，直至交际各方完全理解。互动理论认为，调整的语言输出（modified output)有利于促进语言学习。正是通过调整语言输出,学习者才能重新调动已有知识与技能,从而修正原有的知识体系。"①

(二) 图片生词训练

教师给出图片,让学生用刚学过的生词说出一个句子。常采取小组抢答形式。这种形式可以为学生提供一个很具体的情境。语言必须在一定的情境之下才能自然输出。情境教学较之于机械的替换、模仿等操练更具真实性。而且,图片的展示可以发挥学生的想象力,学生想到的生词往往是在教师预想之外的。

笔者曾给学生出示过游乐场过山车游戏的图片,本来的预期是学生能够说出正在学习的课文《最后一课》中的"心慌"一词。当时学生输出了一连串笔者想不到的本课及前几课的生词:

> 游乐园里气氛喧闹;这里人声鼎沸;坐在上面的人很心慌;他们中有旷课来玩的学生;他们回家以后会被父母责备惩罚的。(画线部分为生词)

可见,视觉效果刺激对学生的语言学习是有很大帮助的。每次做这个环节的练习时,大家的热情很高,而且常常语出惊人。

(三) 表达转换练习

这个活动可采用小组抢答形式。汉语学到中高级程度时,学生已具备了基本的会话能力,他们要提高的是用书面语表达的能力。冯胜利指出,书面语具有一套不同于口语的语法,即韵律语法:单音节不足构成一个音步因此不成韵律词,故古语必双而后独立(如"果知");韵律词必选韵律词与之搭配,故书面语"双必合双"而后上口;文章的内容越庄雅,韵律词的要求就越严格。② 他还提到,书面语教学必须训练学生"由单组双、拆双为单"等组词造语的语文能力以及造句或炼句的转写能力。③

在教学时,我们首先要给学生大致介绍书面语的特点及其与口语的区别,然后可以进行一些口语转换成书面语的训练。下面是笔者给学生做过的一个例子:

---

① 程晓堂(2006)《任务型语言教学》,高等教育出版社。
② 冯胜利(2005)《论汉语书面语语法的形式与模式》,《对外汉语书面语教学与研究的最新发展》,北京语言大学出版社。
③ 冯胜利(2005)《对外汉语书面语教学与研究的最新发展·前言》,北京语言大学出版社。

教师：我哭了。

学生：我流泪了。（哭——流泪）

教师：很好，我们能不能用"充满"一词来重新说呢？

学生：我的眼睛充满了眼泪。（哭——充满眼泪）

教师：很好，能不能说得再漂亮点儿呢？

学生：我的眼睛充满了泪水。

教师：不错，那么大家想想，"眼睛"我们在生活中也常说，你们可不可以把它变得书面语一点儿？

学生：我的双眼充满了泪水。（眼睛——双眼）

教师：好极了！

学生通过这样的训练，在平时的写作中更注意自己的遣词用句了。

（四）小组讨论

小组讨论是锻炼学生合作能力的活动，通常要求小组内得出一致结果。学生就一个话题和指定的语言项目进行讨论并形成书面文字，然后小组推举一人在班里进行汇报。这是在经过单个语言项目的操练后检验学生是否能够形成语段表达。教师在设计讨论话题时要注意：话题要能够引起学生的兴趣，和学生的生活比较贴近，并且最好对学生有一定的教育意义和激励作用。下面一例是学过《最后一课》时设计的一个活动：

话题：谁的进步最大？

参考语言项目：喧闹、气氛、旷课、惩罚、责备、耐心、专心、强迫、代价；

况且、连……都……、偏、宁可……也不/也要……。

第五组学生的汇报：柳奇局以前不是很喜欢学习，而是喜欢在课上睡觉。他常常被老师批评，可是他不管，也不改正。他连最容易的问题也不愿意回答。可是现在，他学习很专心。如果老师责备惩罚他的话，他就马上改正自己的错误。他现在宁可不玩自己喜欢的游戏，也要认真学习，而且这学期他也没有旷过课。

上面提到的柳奇局同学是这学期进步比较明显的一个同学，同学们能够很客观地描述他身上的变化之处，这不仅让其他同学从他身上学到可学之处，而且他本人能够得到周围同学的肯定对他自己也是一种激励。

（五）交换观点

这一活动并不要求学生得出一致的意见，主要是要求学生能够说出自己的真实看法。这一活动也要求小组内部成员进行讨论，其中一人记录小组各成员的观点，然后一人进行班级汇报。教师在选择话题时，除要注意话题的趣味性外，还要注意话题最好能够有比较明显的争议性。

《冬天之美》是一篇描绘乡下的冬天景色的文章，文中将城市生活和乡村生活做了一个对比。在学习《冬天之美》时，笔者设计了这样一个讨论题：你倾向于在农村生活还是在城市生活？同学们自觉地用上了本课的词语，从自然条件、景物和人与人之间的关系等方面阐释了自己的观点。

（六）短剧表演

短剧表演要求学生用学过的生词，在规定的情境内用指定的语言项目自编剧情，并分角色进行表演。

《海滨仲夏夜》一文中有很多描写海边景物的词语，笔者当时给同学们归纳如下：

夕阳：落山、倒映

晚霞：橘红、绯红、浅红、炽热

星星：闪烁、光辉、放射、令人注目、悬挂

沙滩：软绵绵

海水：抚摸、温柔

海风：清新、凉爽

天空：苍空、苍穹、天幕、广漠

月亮：皎洁、明亮

人：漫步、徘徊

然后请同学们自编一个在海边的小短剧并表演。下面是其中一个小组的作品：

地点：夏天的海边。

旁白：朝阳升起的时候，朝霞是那么艳丽，那么炽热。大海被朝霞染成了红色。广漠的天空上，飘着一片片的云。海风清新而又凉爽。软绵绵的沙滩上，一对父女正在看朝阳。

女儿：爸爸，你看，那橘红色的太阳多么漂亮！

父亲：是啊，那太阳就像你一样那么可爱。

旁白：他们一边看着太阳，一边漫步沙滩。夏天的海用温柔的眼睛望着他们。

自编自演小短剧能够充分发挥学生的想象力，能让学生在具体的情境中巩固各种语言项目的用法。

（七）解决问题

这是一个应用形式的活动，同学们可以集思广益，最后共同解决一个问题。这体现了第二语言习得"在用中学，在体验中学"和"真实交际"的原则。

比如学了《问路》这一课，笔者给每组同学发了一张北京地铁的路线图，然后假设同学们住在西二旗，要来汇文上学，请每一小组交流，说明他们要选择怎样的出行路线。同学在描述自己的路线时，便学会了如何给问路人指明路线。以往常用的教学方式是让学生来表演"问路"这个对话，学生常常是只记住了自己要说的内容，而不怎么在意和他对话的人说了什么，这种方式比较机械化，并不是真实的交流。

（八）采访、调查报告

这类活动是让小组同学在指定的题目下进行一个课下的与他人的交流，然后形成书面报告。教师可给学生指定的采访问题，学生也可根据题目自设问题。

在学习《从百草园到三味书屋》时，笔者安排大家去采访一位中国人，请他来谈谈自己的童年生活。采访问题是：(1)他的童年是在哪里度过的？(2)他的童年是什么样的？(3)请他来谈谈童年时令他难忘的一件事。下面是其中的一份采访报告：

林老师出生在福建省泉州市的一个农民家庭。她小时候是很开朗的人，很喜欢笑而且喜欢和朋友一起玩。她说她的童年很快乐。她说从来没人对她说"你赶快学习吧"、"你快参加辅导班吧"这样的话。她在小的时候可以做任何其他孩子想做的事情。她有一个无忧无虑的童年，而且是一个真正的童年。

对她来说，童年的很多事情都很难忘，但有一件事给她很深刻的印象。她说她小的时候，她外公家离她的家很远，走路大概用一个小时。每次去外公家时，常常由爸爸和妈妈陪她去。有一次她妈妈开玩笑地对她说："如果有一天你能自己一个人去外公家，我就给你两块钱。"第二天她没告诉父母就自己去了外公家。她到了外公家，可是没人在家，所以她又走回家了。在回去的路上她碰到了妈妈。原来他们发现她不见了，就很担心地到处找她。然后，妈妈骂了她一顿，告诉她以后不能那样做。但批评完后，她妈妈给了她两块钱作为奖励，所以她很高兴！

采访这类活动灵活性很大，适用于各种程度的学生，而且可以实现真正的交流。

三　结语

任何形式的教学活动都不是万能的。在半个多学期的实践中，笔者感到小组活动这种教学形式尚存在以下问题有待解决：有时，同学们为了尽快回答老师的问题，缺少缜密的思考，因此回答问题时输出的句子过于简短；班级中仍有个别同学没有参与到活动中来，比如在讨论中，有时会存在水平相对低一些的学生依靠水平高的学生的现象；无法做到让所有的学生在语言操练中对语言点熟练掌握；不能做到小组比赛的完全公平；在学生情绪高涨时，课堂的局面容易失控。

本文讨论了小组活动的原则、优势及活动形式。为了使小组活动的设计更能引起学生的兴趣，教师可于开学前对学生背景、兴趣和学习需要等进行调查和分析。小组活动还可以衍生出很多有利于第二语言学习的形式。我们希望通过更加深入的研究解决上述仍存在的问题，弥补不足，探索适合中学留学生汉语及语文学习的更有效的学习方法。

参考文献

程晓堂（2006）《任务型语言教学》，高等教育出版社。

冯胜利（2005）《对外汉语书面语教学与研究的最新发展》，北京语言大学出版社。

吴勇毅（2005）《从任务型语言教学反思对外汉语口语教材的编写》，《国际汉语教学动态与研究》第 3 辑。

浅谈中学阶段对外汉语课堂教学活动的拓展

北京市第五十五中学　马　茜

对外汉语是新中国成立以后逐渐发展壮大起来的一门新兴学科,而中学阶段的对外汉语教学相对于成人对外汉语教学来说,更像是一块尚待开发的处女地。下面,笔者就教学中的一些实践经验,从中学对外汉语课堂教学活动拓展的必然性、重要性和可行性三个方面展开论述,以期和各位同行共勉。

一　课堂教学活动拓展的必然性

中学生正处于青春早期,他们非常好动,喜欢在课堂上表达自己的见解和看法,更充满了对未知世界的好奇。对于这样一个群体来说,传统的教学模式显然不适合。因此,对外汉语教师在采取以往的生词讲练、语法讲解、听力练习、造句、作文等传统的授课方法之外,更应该结合灵活多变的课内外活动,激发学生学习汉语的兴趣;创设实践性强的语言氛围,给学生提供实际运用汉语的机会,在此过程中适当地赞赏学生的表现,增强学生使用汉语的自信心。尤其是欧美学生,他们对满堂灌的教学方式特别不适应,他们需要一种开放的、实用性强的教学模式。

外国小留学生在学校学习汉语和社会上的外籍工作人员学习汉语不同。工作人士学习汉语大都为了方便工作,因此更注重语言功能的习得,只要学会听、说就可以。而小留学生不仅要参加学校的汉语考试,更多的学生学习汉语是为了将来申请大学和找工作之用,因此,不可避免地要面对枯燥的生词、语法板块。但强迫学生死记硬背,只会使学生失去对这门语言的学习兴趣。把单调的生词、语法板块变得"可爱"起来,是中学对外汉语教师的必然选择。其实,在对外汉语教学的任何阶段,只要教师用心去拓展教材内容,巧妙地引入中国历史文化,善于总结、积累和引入现代社会生活经验,做到寓教于乐也是完全可行的。

笔者曾经把传统的猜字谜游戏引入到枯燥的生词评估中。在一个阶段的学习之后,笔者把这一阶段的部分生字、生词编成谜语,把谜面写在五颜六色的彩带和气球上,悬置于教室中,学生一进教室就眼前一亮,精神振奋地开始猜起了谜语。猜字谜活动之前预先将学生进行分组,以组为单位计算成绩。于是同组的同学就聚在一起讨论,共同探讨谜底。有的在查字典,有的在不断朗读谜面。最后,成绩优异的组将获得一份礼物。猜谜的活动极大地调动了学生的积极性,连平时最懒散、成绩较差的学生为了不牵累别的组员,也主动向老师、同学请教。

二　课堂教学活动拓展的重要性

很多外籍人士选择到中国生活的理由是对中国灿烂的历史文明感兴趣。那怎么在我们的教学中使学生对中国文化有更广泛的了解和更深入的理解呢?显然,靠学生反复阅读一篇文章、靠老师的口述介绍是远远不够的,也是行不通的。我们应该给学生创造一个身临其境的氛围,让学生主动积极地去学习和感受。在拓展活动过程中学生既能享受乐趣,又能亲身体悟中国文化的深邃内涵。

中秋来临之际,笔者安排八个课时完成系列活动。对象是九年级汉语高水平学生。系列活动具体如下:

1. 学习宋词《水调歌头·明月几时有》(2课时)。
   作业:根据自己对词的理解,选择恰当的音乐进行配乐词朗诵,并录音。
2. 请糕点厂的师傅教学生做月饼,请糕点厂代烤(2课时)。
   作业:查找中秋节的相关风俗习惯和传说。
3. 学唱经典民歌《明月几时有》(1课时)。
4. 欣赏同学们自己录制的配乐词朗诵(1课时)。
5. 茶话会喝茶、品尝学生自己烤的月饼,讲述及讨论中秋节的传统习俗、来历以及传说(2课时)。
   作业:制作以中秋佳话为主题的报告。

在活动开展之前,笔者向学生展示了活动的实施细则和最终报告评估细则。同时,学生提出了很好的建议,他们希望把一部分自己做的月饼作为节日礼物送给父母,邀请父母一起过中秋节,并在其他汉语班表演唱《明月几时有》。由于学生参与到了部分的活动策划中来,在整个活动中表现出极大的热情。在制作月饼的过程中,学生非常兴奋。他们中有的吃过月饼,但从没想过月饼是怎样制作出来的;有的从没有见过月饼,更没想到自己有机会亲手制作月饼。在动手的过程中,他们体会到了劳动的辛苦与快乐,他们还用汉语向糕点厂的师傅提建议,比如把月饼做成心形的、把月饼做成奶酪的等等。在茶话会的讨论中,一位学生绘声绘色地讲述了嫦娥奔月的传说,并展示了嫦娥仙子的年画,同学们对嫦娥为什么要奔月的心理活动和奔月后的生活有浓厚的兴趣,展开了激烈的讨论。制作月饼、吃月饼、唱歌、讲故事等环节让学生从不同角度去体会中秋节的内涵以及中秋节对中国人的意义,寓教于乐的活动给学生留下了深刻的印象。最后的评估报告也体现出了小留学生对中国传统节日中秋节的浓厚兴趣和较为深入的了解。

三 课堂教学活动拓展的可行性

对外汉语教材中的文字材料涉及各个学科和领域,为课堂教学活动搭建了理想的平台。学生在习得语言的过程中要接触不同表达功能的语言材料,如新闻、报刊、小说、散文、诗歌、广告、电影等。大量的语言材料涉及不同的学科和领域,因此,我们不仅可以说对外汉语课堂教学活动向纵横发展具备了可行性,更可以说,相对于其他学科而言,拓展课堂教学活动,对外汉语学科更具备了得天独厚的优势。可是一些教师认为,假设我们手中的教学材料就是一篇文学作品,无非就是从写作风格、写作意图、语言特点、结构关系、人物塑造、写作技巧这些方面进行讲评,还能拓展什么呢?拿《竞选州长》一课来说吧,这是世界著名短篇小说家马克·吐温的代表作,情节设计得非常精巧,深受学生的喜爱,可教师的讲评只能围绕"伪自由、民主;设计巧妙的情节;夸张、讽刺的语言风格"三方面来展开。还能拓展什么呢?下面,试简略地举出笔者《竞选州长》一文的教学实例,抛砖引玉,以期共勉。

《竞选州长》教案

一、教学对象

九年级汉语高水平班,学生组成如下:

美国	日本	蒙古	土耳其	加拿大
5名	3名	2名	1名	1名

二、教学活动实施细则

课文讲评(2课时)(实施细则略)

三、拓展活动

1. 围绕引导问题展开小组讨论（四个组、30 分钟）。

引导问题：

(1) 竞选市长应该运用哪些技巧？

(2) 同学们都在北京住了至少三年，北京给你们的印象是什么？

(3) 北京作为中国的首都，你认为目前存在哪些问题需要改善？

2. 设计并制作调查问卷（15 分钟）。

调查目的：

(1) 了解他人对北京的印象。

(2) 了解他人最希望北京改善的地方。

(3) 了解他人对政府工作是否满意，哪些地方满意/不满意。

3. 课后作业。

至少对两人进行采访，认真填写调查问卷。要求被采访者必须都是成年人，其中一名必须是体力工作者。

4. 调查问卷交流（10 分钟）。

5. 布置评估作业。

(1) 标题：北京市市长竞选（班级内搞一次市长竞选活动，上节课围绕三个引导问题所展开的小组讨论成果，可以在这次活动中体现出来）。

(2) 内容：每组中选一名同学发表五分钟的竞选演说，其他三人完成一份竞选海报（30 分钟及课后）。

6. 各组发表竞选演说并展示海报（25 分钟）。

7. 学生就发表了演说的候选人进行投票，授予投票选举出来的"下一任市长"一袋水果糖（5 分钟）。

8. 活动反思（10 分钟）。

就活动中的各个环节出现的问题以及解决效果展开小组讨论，并填写反思报告表。反思报告表的内容包括：评价活动分工是否合理，评价组员的工作态度及进度，评价组员的合作态度，评价组长的组织技能，活动中出现的重大问题。

四、教学活动反思

1. "竞选北京市市长"的教学活动基本实现了以下教学活动目标：

(1) 引导学生关注所居住的城市的环境，并鼓励学生做一个积极的观察者。

(2) 培养学生的社区责任感。

(3) 通过小组活动培养学生的组织能力、合作技能，提高学生的学习积极性。

2. 活动关注的是学生生活的真实环境,极大地调动了学生的学习兴趣。

3. 采访活动扩展了学生的思维,使他们从一个更广阔的角度思考城市建设和政府工作。通过采访引导学生关注平时不曾引起他们注意的体力劳动者群体。

4. 引导问题在课文讲评和课堂拓展活动中起到了很好的过渡作用。引导问题贴近日常生活,能够提起学生注意。引导问题的讨论为下一节课的演说稿写作和海报制作做了良好的铺垫。

5. 学生制作的海报中主要关注:环境、交通、医疗保障、低收入群体的生活保障、2008 奥运会这些主题。

教学材料、教学活动的延伸和拓展是与教师的教育目标、教师在分析教学材料时是否进行深入思考密切相关的。这就仿佛教学材料是一张白纸,把它变成怎样的一幅图画,完全靠教师的匠心和巧手。

中学阶段培养学生的目标不仅在于帮助学生掌握必要的知识和技能,更在于培养学生解决问题的能力、实践能力以及严谨的思维;培养学生以积极负责的态度参与不断变化、相互联系日益紧密的世界。要达到这样的教育目标,光靠分析、讲评课文、完成课后练习是远远不够的,还需要教师根据明确的目标,延伸教学材料内容,拓展教学活动。

参考文献

国际文凭组织 (2002)《语言 A 指南》。
国际文凭组织 (2002)《语言 B 指南》。
吕必松 (1990)《对外汉语教学发展概要》,北京语言学院出版社。

"把"字句教学设计

北京市海淀区教师进修学校附属实验学校　赵　淼

一　教学对象、任务分析

（一）教学对象分析

教学对象是 16 岁左右的韩国留学生,在中国学习汉语一个月,学过少量的词汇,大概 500 个基础词。

（二）教学任务分析

"把"字句穿插在课文《小雨去医院》中进行教学。通过学习"把"字句的一个基本形式,从而能够在实际生活中听懂"把"字句,并且能够在适当的情境中使用"把"字句。具体目标如下:

1. 知识目标。

理解并掌握"把"字句的基本结构:把＋宾语＋动词＋结果补语。

2. 能力目标。

(1)能用"把＋宾语＋动词＋结果补语"看图完成句子、看图说话。

(2)能模仿课文对话进行大夫和病人之间的对话。

3. 交际目标。

掌握一些去医院看病的常用语。一是大夫用语,如:

怎么了?

哪儿不舒服?

先量一下体温,把体温表放好。

请把嘴张开,我看看。

我给你开点药,按时吃。

二是病人用语,如:

头疼。

嗓子疼。

有点儿咳嗽。

我不想打针。

二　教学过程设计

(一) 教学流程安排

导入新课→新授句型→口头操练→看图说话→交际练习

(二) 教学内容及教具

1. 教学内容。

句型:把+宾语+动词+结果补语。

2. 教学教具。

教室里的门、投影、风扇、电脑、词典、空调、手机都是教具。

(三) 教学具体过程

步骤	教师	学生
导入新课	引言:现在天气很冷,我们班有同学感冒了,感冒了会怎么样?(提问)大家到中国以后到医院看过病吗? 你能听懂医生的话吗? 去医院你能想到什么? 　　1. PPT 展示一段病人去医院看病的材料。(注意:上课前让学生做好充分预习。) 　　2. 提问,引导学生说出"把"字句。 　　(1) 大夫先让小雨做什么? 　　　　大夫先让小雨把嘴张开。	思考回答。

(续表)

	(2) 大夫又让小雨做什么？ 　　大夫又让小雨把体温表放好。 　3. PPT 展示这两个"把"字句。 　　把嘴张开。 　　把体温表放好。 　4. 总结"把"的位置以及宾语和结果补语的位置。	学生对话。
操练	1. 做打开窗户的动作，提问： 　　(1) 刚才我做什么了？（用"把"字句回答） 　　(2) 冷不冷？ 　　(3) 那怎么办？（用"把"字句回答） 　2. 总结教室里可以看到的、能用"把……打开/关上"造句的事物。 　　(1) 做打开/合上书的动作，引导学生说出"把书打开/合上"。 　　(2) 教室里很黑，那怎么办？ 　　(3) 你想听录音机，怎么办？ 　　(4) 大家想想还有什么？ 　提示：门、投影、风扇、电脑、词典、空调、手机。	回答问题。 思考总结。
看图 说话	1. 展示 PPT，看图用"把"字句完成句子。 　　(1) 小明把苹果吃完了。 　　(2) 小亮没（有）把苹果吃完。（强调否定句中"没有"的位置，要去掉"了"。） 　　(3) 老王把酒喝完了。 　　(4) 老王没（有）把酒喝完。 　　(5) 奶奶让他把苹果洗干净。 　　(6) 它很聪明，它把风扇打开了。 　　(7) 他把黑板擦干净了。 　　(8) 小新没（有）把西瓜吃完。 　　(9) 姐姐没（有）把饭做好。 　　(10) 她没（有）把饭吃完。 　2. 看图说句子。 　依次展示五幅图片，注意引导学生用"把"字句说句子。 　　(1) 妈妈问我们今天做什么了。 　　(2) 大姐把饭做好了。 　　(3) 二姐把宿舍打扫干净了。 　　(4) 三姐把衣服洗干净了。 　　(5) 小妹把花瓶摔坏了。 　3. 连句成段。 　将五幅图片同时展示出来，引导学生看着图片把刚才的五个句子连成一段话。	看图完成句子。 看图说句子，每幅图说一句。 连句成段。
交际 练习	1. 分角色对话。 　分组进行对话练习。每组两人，一个扮演大夫，一个扮演病人。病人感冒了，去医院看病，练习对话。 　2. 找一组学生表演。	分角色表演。
作业	写出今天上课时看图说话的一段话。	

（四）课堂板书设计

小雨去医院

大夫:你怎么了?　　　　　　　　　　　病人:头疼。

　　哪儿不舒服?　　　　　　　　　　　　　发烧。

　　请把嘴张开。　　　　　　　　　　　　嗓子疼。

　　请把体温表放好。　　　　　　　　　　我不想打针。

　　请按时吃药。

把＋宾语＋动词＋结果补语

三　课后反思

对外汉语语法教学有几个原则:课堂教学交际化原则,精讲多练原则,学生为主体、教师为主导原则,听、说、读、写兼顾原则。语法教学应该从易到难、有层次地进行。

备课有个过程。刚开始备课的时候,没有注意好好把握"把"字句的教学目标,只是片面地考虑"把"字句操练的教学行为。随着备课的深入,我对如何上好这节课重新进行了思考。"把"字句是一个比较复杂的语法项目,有很多的形式,这节课讲的只是"把"字句的基本形式,即"主语＋把＋宾语＋动词＋结果补语"。我尽量把教学目标细化,把教学目标分成知识目标、能力目标和交际目标。这三个目标是循序渐进的。前面的目标是为后面的目标做铺垫的,只有前面的掌握了,才有可能完成后面的。

在教学设计过程中,我听取了其他老师的一些建议,比如在练习中尽量遵循"梯度"原则,尽量做到听、说、读、写兼顾。

《旅游计划》教学设计

北京市日坛中学　姚　伟

一　教学对象分析

本次课的教学对象为国际部语言 2 班的 20 名来自蒙古国的留学生。他们大多有一定的汉语基础,掌握大约 800 个汉字。由于都来自蒙古国,他们平时大都用蒙语交流,相对来讲,他们的汉语口语表达能力稍差。但是这些学生个性淳朴,学习热情比较高,表现出很强的求知欲,在课上的任务活动中也表现出非常积极的合作态度。

二　教学任务分析

根据《高等学校外国留学生汉语教学大纲(短期强化)》“交际任务项目表”100 项交际任务项目,《旅行计划》的主要任务目标是“了解或说明某项旅行计划或打算”,据此,学生经过学习,要能够完成以下任务:能够了解和说明大同、洛阳、少林寺等名胜古迹的主要特点;能够根据已经了解的信息做出旅行计划的选择;联系实际制订适合自己的假期旅行计划。

三　教学过程设计

(一) 任务前

1. 活动 1:引入话题。

教师可以提一些问题引入本课的话题,如:

你们喜欢旅行吗?

来中国以前,你们去过哪些国家旅行? 来中国以后呢?

通过这样的问题,先让学生了解本课的话题和任务与旅行有关,同时也能把学生的实际经历和学习内容联系起来,激发学生的学习兴趣。

这个环节时间比较短,学生更多地是根据自己的实际情况回答,但是教师也能观察到学生是否积极思考、是否积极地配合老师。教师在这一环节可以采用课堂观察的评价方法,注意每个学生的反应、态度情况,对于表现消极的学生,可以做适当提示。

2. 活动 2:展示生词、语法点等。

这一课的生词有:

旅行　计划　商量　草原　景色　游览　名胜古迹
丰富多彩　组织　旅游　内容　讨论　自然风光

语法点有:

除了⋯⋯以外,⋯⋯
既⋯⋯又⋯⋯

在展示词语的时候,我们可以加入图片,同时利用图片带出别的生词,如向学生展示"草原"的图片,同时问"草原的景色怎么样",带出生词"景色";展示"少林寺"的图片,同时问"少林寺的什么很有名",带出生词"武术";接着提问"你们对中国武术感兴趣吗",带出生词"兴趣"。其他词语的导入如:

你们来北京之后,游览了很多_____?（名胜古迹）
这个国庆假期,你们有什么旅行计划?（旅行计划）
学校组织了_____的活动。（组织　丰富多彩）
⋯⋯

展示语法点的方法也很多。如展示"除了⋯⋯以外,⋯⋯"可以通过师生问答来解决,教师可以提问:"来中国以后,除了北京以外,你们还去过哪些地方?"一个问题,可以问多个同学,实现一问多答。为了展示"既⋯⋯又⋯⋯",我们可以这样提问:"你想去草原旅行吗? 为什么?"同时展示草原照片,引导学生说出:"因为去草原旅行既可以骑马,又可以吃烤肉。"

这个环节是新的语言点的引入与初步激活,可以看出教师多以提问的方式来实现。事先预习过的学生回答得会比较好,所以,这时候教师除了观察学生的态度、配合程度,还要考虑学生是否使用了预习的学习策略。

3. 活动3:提供情景让学生熟悉语言项目。

(1)学生分角色朗读课文。

(2)提出相关问题,进行师生互动。

语言项目来自课文,所以以课文为情景展开师生问答既可以让学生熟悉语言项目,又可以达到熟悉课文内容的目的。如:

　　望月来中国以后去过哪儿?

　　李钟文见过草原的景色吗? 骑过马吗?

　　黄勇为什么建议飞龙先去大同或洛阳,然后再去草原?

　　……

(二) 任务中

1. 活动4:旅游路线选择。

全班学生分成小组,每四人一个小组。教师提供几个旅行计划材料,小组讨论以后决定选择哪个旅行计划并说明原因。教师提供的旅行计划应该包括时间、线路、景点安排、费用等。学生分小组讨论大约8—10分钟,各小组派代表向全班汇报他们所做的决定。为了让学生对旅行计划有具体可感的认识,教师可以提供相关旅游景点的图片或音像资料。旅游计划举例如下:

表1　北京市内一日游计划
发团日期:每天　报价:150元/人

```
 7:00 集合出发;
 9:00 十三陵,游览明朝十三陵定陵;
11:00 参观游览明皇蜡像宫;
12:00 安排午餐;
13:30 前往万里长城,车览居庸关外景、游览八达岭长城(滑道自理);
 3:00 参观鸟巢、水立方;
18:00 结束愉快的北京之旅。
```

表 2　华东七日游计划

出团日期:×月×日　　报价:1700 元/人

日	游览行程	用餐	住宿
01	北京乘火车赴南京或合肥。(去程以 1461 次 153 元/张计算)	/	火车
02	抵达南京或合肥,车览南京明故宫遗址,远观阅江楼外景。车览夫子庙商业街:沿途欣赏乌衣巷、文德桥、秦淮河美丽风光,之后乘车赴黄山。	晚	黄山山下
03	早餐后,游览黄山风景区。	早晚	黄山山下
04	早餐后,乘车赴码头,乘船游览风景秀丽的千岛湖。	早中晚	杭州
05	早餐后,船游西湖。 前往有中国第一水乡之称的周庄。	早中	上海
06	早餐后,游览东方明珠、外滩等上海名胜。	早	火车
07	抵达北京,结束愉快的旅途。	/	/

表 3　内蒙古五日游

出团日期:×月×日　　报价:1000 元/人

D1:北京南站乘火车赴呼和浩特。

D2:早(10:13/9:33)抵达呼和浩特,乘车赴草原。

　　中餐(含蒙古风味手扒肉)。

　　下午草原活动,骑马(自付 40—50 元/小时),体验蒙古风俗习惯,观看蒙古摔跤/赛马比赛。晚餐后观看民族歌舞或篝火晚会,观赏草原美丽的星空。宿蒙古包。

D3:早 4:30 观草原日出,早餐后乘车赴沙漠滑沙。

D4:早餐后乘车赴呼和浩特。下午市内观光恐龙历史博物馆、大昭寺。自由活动。

　　乘 2142/K273 次火车返京。

D5:早 7:53 抵达北京。

2. 活动 5:制订暑期出行计划。

小组讨论他们来中国以后想去哪些城市旅行,并为这个暑假制订一个旅行计划。所制订的旅行计划应该包括:目的城市,目的景点,旅行时间,去目的城市和景点的原因以及预期的收获。讨论 8—10 分钟后由小组代表向全班汇报。

（三）任务后

这个阶段是语言聚焦的阶段，对于课文中的生词，可以设计一些填空的练习，如"这条_____坐火车比坐飞机方便"（答案是"路线"），"这次来北京，我们_____了很多地方"（答案是"游览"）。本课的语法还是有点儿难度的，可以着重多设计语法的练习，如可以让学生用"除了……以外，……"改写下面的句子：

> 我们班大卫去大同，别人都去内蒙古。
> 玛丽乘飞机去上海，其他人乘火车去。

（四）跟踪评价

在学生分小组进行各项任务的时候，教师在教室内巡查，可使用"课堂表现观察记录表"（表4）对学生进行评价。教师在观察的时候应该尽量观察到每个学生，避免注意力被表现活跃的学生所吸引而忽略其他学生的表现。

表4　课堂表现观察记录表

学生姓名：	活动时间：				
评价项目	得分				
积极回答问题	5	4	3	2	1
预习情况	5	4	3	2	1
和小组成员用汉语交流	5	4	3	2	1
能够与小组成员顺利地沟通、交流	5	4	3	2	1
善于倾听别人的观点	5	4	3	2	1
主动表达自己的观点	5	4	3	2	1
是否运用手势和表情	5	4	3	2	1
遇到困难会主动寻求帮助	5	4	3	2	1
说明：5＝很好，4＝好，3＝一般，2＝不太好，1＝很不好。					

在小组活动的时候，学生可以使用"课堂表现自评/互评表"（表5）对自己和同学的表现进行自评与互评。学生一开始在评价的时候可能对于量表中的1—5级没有概念，不知道什么样的表现对应什么样的等级，这时候，教师要教会学生如何评价，最简单的做法是教师和学生一起对某个同学的表现进行评价，教师给出一个评价等级，学生给出

一个,然后教师向学生说明为什么他会得到这样的等级,这样经过几次之后,学生对1—5级对应的表现就有了判断能力,也就学会如何评价自己和其他人了。

表5 课堂表现自评/互评表

自己的名字:_____ 同学的名字:_____

评价项目	自己					同学				
愿意讨论	5	4	3	2	1	5	4	3	2	1
使用汉语	5	4	3	2	1	5	4	3	2	1
认真听同学说话	5	4	3	2	1	5	4	3	2	1
流利性	5	4	3	2	1	5	4	3	2	1
没有重复停顿	5	4	3	2	1	5	4	3	2	1
遇到困难主动寻找帮助	5	4	3	2	1	5	4	3	2	1
用手势使表达清楚	5	4	3	2	1	5	4	3	2	1
发音准确	5	4	3	2	1	5	4	3	2	1
使用刚学的词语	5	4	3	2	1	5	4	3	2	1
使用刚学的语法	5	4	3	2	1	5	4	3	2	1

说明:5=很好,4=好,3=一般,2=不太好,1=很不好。

四 课后反思

两节课上完,总的看来,学生的反映还不错,特别是在活动4和活动5中,学生表现出很高的学习热情。可见,根据学生特点,实施任务型教学,可以激发学生的学习兴趣,培养学生运用汉语解决实际问题的能力。

一些真实材料的辅助作用使学生对任务活动本身充满了兴趣,可见,语言只有和实践结合才是鲜活的。能否专门设置语言实践课,让实践更直接、更广泛地运用到语言学习中来呢?

当然这次课也存在一些值得注意的问题,因为学生有着共同的母语,虽然强调在课上尽量说汉语,但是,当学生遇到困难的时候,求助母语是他们最常用的策略,相对而言,其他策略则较少使用。

本次课尝试用任务型语言教学的理念来指导教学,但任务活动设计的梯度与难度上把握得还不够好,需要进一步研究与探讨。

《死海不死》教学设计

北京育才学校　　姚瑞芬

一　教学准备

（一）教学对象分析

本课的教学对象是母语为非汉语的外籍学历班高二学生。学习者的目标是通过北京大学、清华大学、中国人民大学等高等学校的入学考试。

（二）教学任务分析

高考说明文的常见考查内容是：对说明对象及说明特征的理解；对说明方法的辨识与理解；对说明顺序的分析与理解；对文章段落结构特点的分析；对文意、层意、段意的概括；对关键词语、重点句子含义及其表达作用的评析；对说明语言准确性的体会。

本课教学任务是通过学习了解说明文的特点，重点是掌握说明文常见的几种说明方法、说明顺序及一些阅读方法、答题技巧。由于教学对象的特点，基础知识的教学也是不可缺少的环节。针对学生的具体情况，将教学目标定为以下几点：

1．知识与技能。

（1）理解生词的意义用法，辨析多音字、近义词，积累词汇。

（2）了解死海的特征及其成因。

（3）理解本文的逻辑说明顺序，掌握几种说明方法及阅读说明文的方法。

（4）学会找中心句，概括段意。

（5）体会说明文语言的准确性。

2．过程与方法。

（1）通过研读、讨论探究、分析课文，理解死海特征及其成因，掌握本文的说明顺序及说明方法。

（2）培养良好的阅读习惯，提高快速搜寻、筛选、提炼重要信息的能力。

3．情感态度价值观。

（1）培养学生学习说明文的兴趣。

（2）培养学生关心自然、保护环境的情感态度。

（三）教具与课时安排

1．教学用具。

建议使用多媒体。

2．课时安排。

总课时：4 课时。

第一、二课时：基础知识教学——词汇教学、多音字、近义词辨析。

第三、四课时：阅读教学。

二　教学过程

（一）教学流程安排

基础知识教学（生词、多音字、近义词教学）→ 感知课文内容，概括段落大意 →分析研读课文，把握说明对象的特征，掌握说明方法和说明顺序，体会说明文语言的准确性 → 扩展迁移

（二）教学过程设计

第一、二课时（基础知识教学）		
教学步骤	教学内容	教师指导及学生活动
导入新课	PPT：图片展示——海底世界。 问：你在图片上看到了什么？ 　　这是一幅海底迷人的画面，有色彩斑斓的珊瑚，往来游动的鱼儿，充满了活力，但并不是所有的海底世界都像这样充满活力生机。在地球上就有这么一个水域，它的水中没有鱼虾、水草，甚至连岸边都寸草不生，你知道这个地方是哪里吗？ 　　今天我们就学习一篇介绍死海的文章。	鱼、珊瑚、水草…… 有的回答"不知道"；有的同学可以回答"死海"。
	1．范读课文，要求学生在文中圈画生字生词。 2．PPT 展示课文生字生词。	看书、圈画生字生词；标出段落序号。

（续表）

基础知识教学	3. 找同学认读生字生词,老师纠正读音。 4. PPT展示课文中出现的多音字,学生认读辨析。 　处:chǔ,处方;chù,处所。 　恶:ě,恶心;è,凶恶;wù,厌恶。 　累:lèi,劳累;léi,果实累累。 　空:kōng,空间;kòng,有空。 　降:jiàng,下降;xiáng,投降。 　好:hǎo,很好;hào,爱好。 　重:zhòng,重量;chóng,重复。 　传:chuán,传说;zhuàn,传记。	认读生字生词。 　认读辨析多音字,组词。学生通过词性辨别、记忆多音字。 　(个别学生能说出两个读音,并组词。)
	5. 找同学朗读课文,圈画生词。 6. 重点生词理解(给出词语,先让学生猜测词义,然后说一个句子,目的是培养学生语感和加强词语的运用能力)。 　此起彼伏——这里起来,那里落下,表示连续不断。 　安然无恙——平安无事,没有遭到损害。恙,小病。 　寸草不生——连小草都不生长。 　勃然大怒——因生气引起极大的愤怒。 　大惊失色——形容非常惊恐,吓得变了脸色。 　改邪归正——改正错误,回到正道路上来。 　保佑——迷信的人称神力保护和帮助。 　游弋——文中指游来游去。 　浩荡——水势大;形容广阔或者壮大。 　无怪乎——难怪。 　告诫——警告劝诫。 　违背——违反,不遵守。 　执迷不悟——坚持错误而不改正。 　艳阳高照——明亮的太阳照耀大地。 　经年累月——经历很多年月,形容时间很长。 　不逊于——不比……差。 　日趋——日益;越来越。	理解词义部分,采用语素释义法,先猜猜看。在老师的指导下,学生能说出"此起彼伏、安然无恙、寸草不生、改邪归正、勃然大怒、大惊失色"等词语的大概意思。如"改邪归正",告诉学生"邪"和"正"是一组反义词,学生很快能根据"正"的意思推出"邪"的意思是"错误的",进而概括出"改正错误,回到正确上来";"安然无恙"只要明白"恙"的意思,整个词义不难理解。 　"造句"对学生来说困难较大,根据老师给出的语境,才能用指定词语说出句子。
	7. 近义词辨析 (1)告诫　告诉 　告诫——劝告人应该怎么样。多用于上级对下级或长辈对晚辈。 　例句:老师再三告诫我们一定要注意安全。 　告诉——把意思传给人家知道。 　例句:这件事你可不要告诉别人。 (2)违背　违反 　违背——违反(应该遵守的规定、义务、决议等)。 　例句:他的做法违背了大家的愿望。 　违反——不遵守、不符合(法规、制度等)或从反面去做。语义比"违背"重。	近义词辨析是词语理解运用的难点,此环节主要是在老师的引导下,辨别分析近义词的细微差别,理解词义,说出句子。 　第一组,学生记住了"告诫"的使用对象,就很容易掌握。学生说出了"老师告诫我……"、"妈妈告诫我……"等句子。 　第二组稍难,但在老师引导下,学生说出了:"我违背了妈妈的愿望,因为我没有考过HSK六级"、"他违反了法律"等句子。

（续表）

	教学内容	教师指导及学生活动
	例句:他违反了学校的规定,所以受到处分。 (3) 保佑　保护 保佑——迷信的人称神力的保护和帮助。 例句:上帝保佑我考上大学吧。 保护——尽力照顾,使不受损害。 例句:保护眼睛。	第三组,引导学生重点理解"保佑"的意思是借助"神力的保护和帮助",学生理解词义后很快能说出不同的句子。
	8. 词语巩固练习(根据句子内容,选词填空)。 　安然无恙　勃然大怒　改邪归正　大惊失色 　此起彼伏　执迷不悟　不逊于　寸草不生 　(1) 一场毁灭性的地震,许多人都死了,可这只小狗却_____。 　(2) 听了我的话,爸爸_____,跳起来对我说:"你怎么能这样做?" 　(3) 他责备这个年轻人说:"你怎么还是_____呢?" 　(4) 经过管教人员的说服教育,小王决心_____不再偷东西了。 　(5) 演唱会上的欢呼声_____,这场面实在太感人了。 　(6) 这次考试我的语文成绩____他。 　(7) 看到家里一片狼藉,妈妈_____,赶快报警。 　(8) 过去_____的荒漠,现在已经变成绿洲了。	完成练习,老师订正。
	9. 近义词辨析填空。 　告诉　告诫 　(1) 他把我当作亲姐妹一样,经常____我,帮助我。 　(2) 今天上课的时候,老师____我们一个好消息。 　违背　违反 　(1) 他这种做法____了法律,理应受到处罚。 　(2) 我不想____我们当初的约定,可是没有办法。 　保护　保佑 　(1) 愿妈妈的在天之灵____我顺利通过这次考试。 　(2) 他为了____国家和人民的财产,献出了生命。	完成练习,老师订正。
	小结:基础知识部分,重在"精讲多练",通过练习,让学生体会词语的意义及用法。	做好笔记。

第三、四课时(阅读分析)

教学步骤	教学内容	教师指导及学生活动
导入	1.《死海不死》体裁?(说明文)类型?(事理说明文) 2. 复习说明文知识。 　常见的说明顺序:时间顺序、空间顺序、逻辑顺序(概括—具体、整体—部分、主要—次要、现象—本质、原因—结果、个别——一般)。 　常见的说明方法:举例子、下定义、分类别、列数字、打比方、作比较、引资料、画图表。	1. 根据提问回答问题。 　学生对说明文类型、说明方法记忆还是不错的,说明顺序中的逻辑顺序所包括的类型回答不全面。

整体感知	1. 整体把握感知。 （1）本文的说明对象是什么？ （2）课文题目说"死海不死"，第一个"死"指什么？第二个"死"又指什么？两个"死"矛盾吗？ （3）看视频短片《死海》。 （4）朗读课文，梳理文章结构内容。 　步骤：先找同学朗读文段，然后找出本段的中心句，没有中心句的，要抓重要语句进行归纳概括，老师最后归纳明确。 　提示：中心句一般出现在文段的开头或结尾，有时在段中，多为概括性较强的句子。叙述句、描写句、阐释句、疑问句一般不宜作为中心句。 　交流后明确： （1）死海的位置及得名原因。 （2）人不会被淹死——"死海不死"的原因。 （3）古罗马传说。 （4）海水咸度很高——死海浮力大的原因（本质特征）。 （5）神话传说——死海的形成。 （6）死海的形成是自然界变化的结果——死海形成的原因。 （7）死海的过去与现状。 （8）死海的未来。 　2. 根据每段内容，梳理文章思路，划分文章段落。 全文分为三部分： 第一部分（1—4）：死海的特征。 第二部分（5—6）：死海形成的原因。 第三部分（7—8）：死海的现状和未来。	1. 死海。 2. 第一个"死"是指鱼虾草木的死。第二个"死"指人的死，人被淹死。（"不死"指人在海水中不会被淹死。通过看书，对于两个"死"的意思都可以说出来。） 　第1—6段的中心句在文段中均可找出，第7、8段需要概括。 　小组讨论文章结构的划分。
研读分析课文	1. 研读分析第一部分（1—4）。 （1）死海的位置在哪？为什么叫"死海"？ （2）为什么说"死海不死"呢？ （3）死海的"死"与"不死"是由什么决定的？ （4）第3段写什么内容？ （5）找同学复述古罗马传说，第3段引用古罗马传说用什么样的表达方式？这对说明死海有什么作用？ （6）认真阅读第4段，完成以下练习： ① 第一、二句采用了什么修辞方法？作用是什么？ ② 这一段的说明对象是（　　） A. 死海的浮力大。 B. 死海浮力大的原因。 C. 死海海水的咸度很高，所以浮力大。 D. 死海的海水里含有多种矿物质。 ③ 这段的中心句是哪一句？	讨论后回答。

（续表）

④ 这段所采用的说明顺序是（　　　） 　A. 从概括到具体　　　B. 从现象到本质 　C. 从结果到原因　　　D. 从主要到次要 ⑤ 这段运用了哪些说明方法？ 　明确：举例子、列数字、作比较。 ⑥ "把各种盐分加在一起，占死海全部海水的百分之二十三至二十五"一句中的数据能否改为 24％或者大约 24％？ 　讨论明确：不能。"23％至 25％"是"23％到 25％之间"，如果改了，就改变了原意，与实际不相符合。 　答题技巧：完成"能否替换为另一个词语，并说明理由"此类题目时，一般对策是： 　不可以＋原词的意思或内容＋所换词语的意思或内容＋换了后意思有何改变，不符合实际。 ⑦ 这段文字划分层次正确的一项是（　　　）。 　A. ①‖②③‖④⑤　　　B. ①②‖③④‖⑤ 　C. ①‖②③④‖⑤　　　D. ①②③‖④‖⑤	在老师的分析引导下，学生说出"从现象到本质"的逻辑顺序。
小结第一部分：介绍死海的特征。用了举例子、列数据、作比较、引资料的说明方法。 　讨论 1—4 段的说明顺序：现象—本质。	做好笔记。
2. 研读分析第二部分（5—6 段）。 　（1）第 5 段写什么内容？是不是讲述了死海形成的原因？ 　（2）第 6 段写什么内容？死海真正的成因是什么？ 　（3）死海是自然界怎样变化形成的？（找关键词，然后概括。） 　（4）第 6 段采用怎样的逻辑顺序？用了哪些说明方法？ 　（5）第 6 段中"海水最深的地方大约有 400 米"、"死海的源头主要是约旦河"中的"大约"和"主要"能去掉吗？为什么？ 　（6）课文第 3、5 段引用古代传说和神话，采用了什么表达方式？这两段传说与神话对说明死海起到什么作用？对增强全文的表达效果起到什么作用？	学生思考回答。 　在分析死海成因时，学生能很快找出"死海在大裂谷中间"这一点，对后面两点"矿物质多；蒸发、沉淀"，在老师提示下才能概括出。 　对"从概括到具体"的逻辑顺序理解到位，回答准确。 　讨论明确："大约"、"主要"都不能去掉，因为"大约"表示估计、猜测，去掉后就变成确数，不符合实际。死海的源头除了约旦河还有别的河流，如果去掉"主要"就变成了"只有约旦河"不符合实际。 　（通过分析回答，学生进一步体会说明文语言的准确性。）
小结第二部分：这部分说明死海的成因。 　说明顺序：从概括到具体。 　说明方法：列数字、举例子。	做好笔记。

(续表)

	3. 分析研读第三部分(7—8)。 PPT展示死海过去、现状的图片,思考讨论: (1) 第7段中说明了死海过去和现在怎样的情景? (2) 第8段中死海的将来是怎样的? (3) "在死海真的要死了"里的"死"指什么? (4) 7—8段运用了怎样的说明顺序?哪些说明方法?	学生思考回答: (1) 过去:荒凉;现在:充满生气。 (2) 将来:可能会死。 (3) 死:干涸、消失。 (4) 时间顺序;列数字、作比较。
	小结第三部分:这一部分介绍死海的现状和未来。 说明顺序:时间顺序。 说明方法:列数字、作比较。	做好笔记。
扩展	1. 当你读到文章最后"死海真的要死了"时,你内心的感受是怎样的? 2. 你有什么办法来拯救死海,让它一直充满生机吗? 老师小结:地球是我们人类唯一的家园,保护海洋资源、保护生态环境是我们义不容辞的责任和义务。 3. 通过这一课的学习,你学到了什么?	1. 难过、悲伤、可惜…… 2. 植树、种草…… 学生回答。
迁移	地球诞生至今已有46亿年,如今环境污染和生态破坏已经成为举世关注的重大问题。你有什么想法?请以"环境保护"为话题,写一篇作文,题目自拟,文体自选。600字左右。	学生习作。

板书设计

说明方法:举例子、列数字、作比较、引资料

三　教学设计说明

（一）基础知识部分设计意图

词汇教学是对外汉语教学的基本内容之一，只有掌握了足够量的词汇，才能够读懂文章，清楚地表达自己的思想。在学历班的汉语文教学中，词汇教学仍是很重要的环节。词语的理解运用、多音字的辨别运用，也是历年留学生高考的主要内容之一，有对字音字形的考查，也有对近义词辨析运用的考查，还有对成语运用的考查。本环节通过语素推测释义、设置语境释义等方法，让学生理解词语意义及用法。多音字教学环节，主要通过讨论，调动学生对已有知识的回顾，来辨别、识记掌握多音字的多个读音，以达到帮助学生理解词义的目的。近义词辨析是留学生学习的一大难点，也是对外汉语教学的难点。在本环节中，学生在老师的指导下，通过对辨析语义，探究近义词语义上的细微差别；深入语境，体会其用法的不同；通过练习加以巩固。

在教学中坚持加强基础知识的训练落实，对于提高学生阅读理解能力及语文素养有着极大的帮助。

（二）阅读教学部分设计意图

阅读分析是本课的教学重点，其目的是通过本文的教学，教给学生说明文阅读的一些方法技巧。根据说明文常见的考点，本环节做了如下设计安排：

1. 导入部分设计意图。

通过复习提问，回顾说明文的一些基本知识：说明文的分类、说明方法、说明顺序（重点是逻辑顺序所包含的分类）、说明文的结构特点。目的是让学生对说明文的特点有一个清晰的认识，牢记知识点，在之后的阅读过程中，这些知识点将一直贯穿其中。

2. 整体感知部分设计意图。

（1）解读题目：启发学生借助课题，阅读理解课文内容，以训练整体感知能力。"死海不死"这个题目新颖，很容易引起学生的思考：为什么叫"死海"？既然是"死海"，怎么又说是"不死"呢？同时，这个题目既是文章内容的概括，又是文章的结构线索。因此，从题目导入对课文内容的理解。

（2）梳理结构，概括段意：此环节主要是指导学生学会找中心句，训练学生快速搜寻、筛选、提炼重要信息的能力，并学会概括段意、把握文章思路，划分文章的段落结构，能体会中心句和支撑句之间的关系。

3. 研读分析部分设计意图。

（1）指导学生理解文段内容，把握说明对象及其特征。准确辨识说明方法，认识说明方法对说明的作用。

（2）指导学生理解并掌握说明顺序。把握本文的说明顺序是教学重点之一，本文通篇运用逻辑顺序，通过研读分析，领会并掌握从现象到本质、从原因到结果、从概括到具体的逻辑顺序。

（3）指导学生体会引用传说、神话在说明文中的作用。

（4）通过朗读、复述等形式，培养学生良好的语言习惯和语感，尤其是留学生，坚持复述训练，对口语表达及语感提高有着极大的帮助。

（5）引导学生体会说明文语言的准确性。通过练习，掌握分析说明文语言类型题目的答题技巧和方法。

（6）引导学生体会说明文中叙述、描写等表达方式的作用。

研读分析部分采用合作探究的方法，提出具体问题，引导学生思考问题，查找信息，归纳整合信息，学会归纳概括。

4. 扩展迁移部分设计意图。

（1）此环节主要目标是培养学生关心自然、保护环境的情感态度，让学生认识到，保护环境是我们每一个地球人义不容辞的责任和义务，由此而产生一种神圣的责任感、使命感。并由此趁热打铁，结合本文的学习，以"环保"为话题，进行写作训练。既进行了情感、价值观教育，又训练了写作，可谓一箭双雕。

（2）让学生自己总结学习体会这一环节，主要是检查学生对所学知识的掌握情况，对说明文学习应掌握的要素、知识点是否有一个清晰的系统梳理。

四　课后反思

《死海不死》是一篇具有知识性、科学性、趣味性的事理说明文，文章恰当地运用叙述、描写与说明相结合的表达方式，运用多种说明方法，科学介绍了死海的特征和形成过程。对于留学生来说，是一篇应试指导性较强的范文。

教学中我始终注重教学目标的贯彻落实。针对留学生语文学习的实际情况，结合高考内容，在基础知识的教学部分，加强了生词理解运用、多音字、近义词辨析的教学，并进行巩固练习。

在阅读教学中，注重培养学生归纳概括，提炼重点信息的能力；教给学生阅读学习说明文的方法技巧，掌握几种常见的说明方法、说明顺序，体会说明文语言的准确性。

整个分析过程用问题贯穿,激励学生思考探究。结合具体语段进行阅读训练,如对第四段的语段练习,全面考查了说明对象及特征,中心句的判断筛选,说明方法、说明顺序的运用,结构层次的划分,说明文语言的准确性的分析,练习完成了。本段的内容也理解了。这种方法对学生答题很有指导性。

制作精美的 PPT 也很好地辅助了教学。一张张美丽而充满诱惑的死海图片、直观生动形象的视频短片,极大地激发了学生的兴趣,令他们对死海产生无限神往之情,学习的积极性自然高昂。尤其是课文结尾死海的未来,成为他们关注的焦点。所以,这一课对学生的思想情感、价值观的教育达到了预期的目的。

通过这课的教学,我体会到:对不同文体阅读方法技巧的训练应该贯穿在平时的教学中,尤其是针对参加中国各类大学高考的留学生,更要"细讲多练",这样才更具有指导意义。另外,在教学方法上还有待改进。给学生思考问题的时间应再充分一些,这样他们的理解会更到位。

看图说/写作文(《父与子——打架》)教学设计

北京育才学校　王江梅

【教学对象】

年龄:14—17 岁。

国别:韩国、哈萨克斯坦。

母语:韩国、俄语。

汉语水平:初学汉语两个月。

学生人数:6 人。

【课程类型】

看图说/写作文。

【程度】

初级。

【取材】

漫画《父与子——打架》。

【教学内容】

1. 说/写小故事的四要素:时间、地点、人物、故事经过。

2. 生词。

3. 语法。

【教学课时】

1 课时,45 分钟。

【教学目标】

1. 通过漫画学习生词,并通过替代与扩展学会运用生词。

2. 运用本课的生词熟悉格式语法。

3. 练习口头表达能力,并达到更高的书面输出水平,培养学习汉语的兴趣。

4. 通过练习,能条理清晰地说/写故事。

【教学重点与难点】

1. 重点句式:V 着 sth.;V_1 着 V_1 着就 V_2 起来了;V_1 着(＋…)V_2＋…;

V_1 在＋Sp.＋V_2(复习)。

2. 重点生词:幅、画、打架、吵架、哭、告诉、一边、地。

3. 有条理地说/写故事。

【教学方法/模式】

1. 以学生为中心、教师为主导的任务型教学理论指导下的教学模式,强调每个学生运用语言进行交际的能力的同时,培养学生小组合作完成任务的能力。

2. 问答法、故事接龙的游戏法。

3. 带领学生观察思考,让学生通过自省方式学习生词与语法,以练带讲。

【教学工具】

幻灯、PPT。

【教学环节】

1. 利用幻灯,通过图片、生词表以问答形式教学生词与语法,简要串联六幅漫画,并在每一幅漫画下写上重点单词和语法。

Q:这是什么?	A:这是 cartoon。
Q:中文怎么说?	A:漫____。
Q:一____漫画?	A:一____漫画。
Q:一共有几幅漫画?	A:一共有六幅漫画。
Q:我们说故事要有人物,这六幅 漫画一共有几个人物?	A:四个。
Q:都有谁? 我们给他们名字吧。	A:张东、张东爸爸、麦克和麦克爸爸。
Q:第一幅画里有什么?	A:张东和麦克正在____。
Q:第二幅画里有什么?	A:张东____了。
Q:第二幅画里还有谁?	A:张东的爸爸。
Q:那我们用一句话怎么说两个人的事?	A:张东<u>哭着跟爸爸说</u>。(V_1 着(＋…)＋V_2)
Q:张东哭着跟爸爸说什么?	A:张东哭着跟爸爸说,麦克打他。
Q:老师在笑,在上课。老师在做什么?	A:老师<u>笑着上课</u>。(V_1 着(＋…)＋V_2)
Q:你们怎么上课?	A:我们坐着上课。
Q:第三幅画呢?	A:张东带他爸爸来找麦克。
Q:那麦克呢?	A:麦克也带着他爸爸来找张东。
Q:我们用一句话可以怎么说?	A:张东带着他爸爸来找麦克时,麦克也带着

	他的爸爸来找张东。
Q:第四幅画说了什么?	A:张东爸爸和麦克爸爸在<u>吵架</u>。
Q:张东和麦克在做什么?	A:他们站在<u>一边</u>看。
Q:第五幅画呢?	A:张东爸爸<u>抓着</u>麦克爸爸的<u>衣服</u>。
	(V 着 sth.)
Q:老师正在做什么?(手拿水杯)	A:老师拿着一杯水。
Q:老师正在做什么?(手拿一本书)	A:老师拿着一本书。
Q:张东和麦克在做什么?	A:他们<u>笑着站在一边看</u>。
Q:第六幅画呢?	A:张东爸爸正在跟麦克爸爸打架。
Q:我们用一个句子说第四、五、六幅。	A:张东爸爸和麦克爸爸<u>吵着吵着就打起来了</u>。
	(V₁ 着 V₁ 着 就 V₂ 起来了)
Q:张东先哭后笑,可以怎么说?	A:张东哭着哭着就笑起来了。
Q:张东笑,然后哭。	A:张东笑着笑着就哭起来了。
Q:麦克唱歌,跳舞。	A:麦克唱着唱着就跳起来了。
Q:第六幅画张东和麦克在做什么?	A:他们<u>蹲在地上玩儿游戏</u>。
	(V₁ 在 + Sp. + V₂)
Q:我们坐在哪儿上课?	A:我们坐在教室里上课。
Q:你们在哪儿上体育课?	A:我们在操场上上体育课。
Q:你们坐着还是站着?	A:我们站在操场上上体育课。
Q:张东和麦克的爸爸在哪儿打架?	A:张东和麦克的爸爸站在大街上打架。

2. 分配任务,每个学生用一个句子说一幅画,学生可以将自己的任务写下来。完成故事接龙游戏。

3. 学生按照故事四要素(时间、地点、人物、故事经过)集体说故事,主要注意事情之间的衔接,教师适当进行引导。

　　时间:一天早上/中午/下午放学。

　　地点:大街上/路上。

　　衔接词:先、然后、于是、最后。

4. 学生两两合作创作小故事。

【评价方式】

1. 用提问的形式让所有学生参与课堂活动,以此考查学生对生词和语法的掌握情况。

2. 通过故事接龙游戏考查学生口语输出能力。

3. 通过合作创作小故事,考查学生合作能力以及书面输出能力。

【教学反思】

1. 教案特色。

(1) 趣味性。《父与子》漫画很多孩子都看过,漫画生动有趣,能够极大地调动学生的积极性,并培养学生学习汉语的兴趣。

(2) 渐进性。教学设计的各个环节都注意到循序渐进:词语和语法练习→句子练习→成段表达;单句口头表达→单句书面表达→成段口头表达→成段书面表达。

(3) 合作性。成段表达时体现出团队合作精神。

2. 教学理念。

以学生为中心、教师为主导的任务型教学理论指导下的教学模式,强调每个学生运用语言进行交际的能力的同时,培养学生小组合作完成任务,我们的宗旨是让每个孩子能动地、快乐地学习。

3. 教学中的不足。

学生在叙述故事时能看着图片条理清晰地将故事说出来,但图与图之间的衔接练习得不充分,因而在书面表达时,个别同学根本不会使用任何衔接词,这在以后的教学中需要加强练习。此外,本次课堂容量相对来说比较大,学生到最后书面写作时已接近疲惫状态,在以后的教学中,要适当注意教学松弛有度。

【附录】

1. 漫画。

父与子——打架

2. 生词与语法。

(1) 生词：

地点(dìdiǎn)	n. place	人物(rénwù)	n. character
情节(qíngjié)	n. plot	打架(dǎjià)	v. flight; come to blows
吵架(chǎojià)	v. have words with sb.	哭(kū)	v. cry
笑(xiào)	v. smile	带(dài)	v. take; lead
抓(zhuā)	v. catch	蹲(dūn)	v. bend one's knees
一边(yībiān)	one side		

(2) 语法：

①V 着 sth.

②V$_1$ 着 V$_1$ 着就 V$_2$ 起来了

③V$_1$ 着(+ …)V$_2$ + …

④V$_1$ 在 + Sp. + V$_2$(复习)。

3. 学生学习案例。

案例 1：

一天放学,张东和麦克在路上打架了,于是张东去找他爸爸,哭着跟爸爸说麦克打他。然后张东带着他爸爸来找麦克时,麦克也带着他的爸爸来找张东。张东爸爸和麦克爸爸都很生气,在吵架(修改为:张东爸爸和麦克爸爸都很生气,就吵了起来),他们站在一边。吵着吵着,张东爸爸就抓着麦克爸爸的衣服,他们笑着站在一边看。张东爸爸和麦克爸爸吵着吵着就打起来了,可是他们俩蹲在地上玩游戏,他们又成了好朋友。

案例 2：

张东正在跟麦克打架,张东哭着跟爸爸说麦克打他,他们的爸爸都很生气,他们站在一边看。张东爸爸和麦克爸爸吵着吵着就打起来了,他们笑着站在一边看,他们俩蹲在地上玩游戏。

《生肖与星座》教学设计

北京市朝阳区芳草地国际学校　陈　昕

一　教学准备

（一）教学目标分析

1. 认识十二生肖和星座，知道生肖和星座的名称，能够说出"我＿岁"、"我属＿＿＿"、"我的星座是＿＿＿"。基础好的学生能够说出自己家庭成员的属相和星座。

2. 通过小组合作、全班讨论等多种形式培养学生倾听和交流的能力。

3. 通过中外文化的对比感受生肖与星座所表达的人们的相同情感：对美好生活的追求、对美好品质的赞美，从而引导学生接受异国文化。

（二）教学重点、难点分析

1. 认识生肖与星座，感受生肖与星座所表达的人们的相同情感：对美好生活的追求、对美好品质的赞美。

2. 了解每一个生肖与星座的寓意。

（三）教具准备

图片课件、生肖和星座图、小展板。

二　教学过程

（一）导入

1. 提问入课：

这么多人一起上课,真令人高兴,谁来介绍一下自己?

2. 切入新课:今天我们一起认识生肖和星座。

(1) 板书"生肖和星座"。

(2) 学生读课题。

(二) 认识生肖与星座

1. 认识生肖。

(1) 十二生肖展示。

①提问:

刚才有同学介绍自己的时候说到"生肖",生肖有哪些呢?(指名回答。)

②课件出示十二生肖图,并带领学生说一说名称。

③提问:

数一数,一共有多少个?(板书"十二"。)

④听儿歌,唱十二生肖歌。

(2) 游戏:《找朋友》,给十二生肖排队(学生戴生肖头饰排队)。

(3) 生肖解说。

一个生肖表示一年,十二个生肖表示十二年,我们叫一轮。生肖是有顺序的,今年是牛年,明年就是虎年,后年就是兔年。有的人生肖相同,但年龄却相差 12 岁甚至 24 岁。多有意思呀!

(4) 练习说句子。如:

我属龙,我九岁。

2. 认识星座。

(1) 星座展示。

①提问:

刚才有同学介绍自己的时候说到了星座,星座有哪些呢?(指名回答。)

②课件出示十二星座图(有名称有日期)。

③看课件说星座名称。

④提问:

数一数,星座有几个?(板书"十二"。)

(2) 练习说句子:对话形式让学生说说自己是什么星座。

问:你的生日是几月几日? 你是什么星座的?

答:我的生日是_____月_____日,我是_____座的。

3. 完整说一说自己的生肖和星座。

(1)过渡:展示课件并提问。

①展示课件,课件上同时出现生肖和星座。

②提问:

我们认识了生肖,还认识了星座,现在你再介绍自己,你会怎样说?

(2)选代表练习说一说。

①引导学生把所学的句子说完整,内容说丰富。

②小结:

你看,当我们把生肖和星座合起来运用的时候,你可以说的就多了,当你介绍自己用上生肖和星座的时候别人很快就会记住你。

(3)小组内说一说。

小组内同学互相问答,练习说一说。注意观察每个学生的表现,适当进行个别指导。

(4)情境表演。如:

甲:你好,我是大山,我九岁,我属龙,你呢?

乙:_____。

(三) 了解生肖和星座的寓意

每一个生肖和星座都蕴涵着美好的寓意。教师示范一种生肖和一个星座的寓意,引导学生自己去探讨发现其他生肖和星座的寓意。

1. 生肖"猴"和"天秤座"的寓意。

(1)理解"猴"的寓意。

①播放动画片。

②提问:

猜一猜,生肖"猴"有什么寓意呢?

③板书"灵巧"。

(2)理解"天秤座"的寓意。

①读小故事(听故事)。

②提问：

读完故事，你觉得天秤座有什么寓意？(学生自由说。)

③板书"和平"。

(3) 小结：每一个星座和生肖后面都蕴涵人们的希望与追求，非常有意思。

2. 小组合作，找到寓意。

(1) 过渡语。

教室里有生肖也有星座的图片，小组内的同学要注意合作，在图片的后面就有生肖和星座的小故事，还有它们所蕴涵的寓意，找到后拿回你的小组，贴在小展板上。

(2)《找朋友》的音乐中，同学找寓意。

①指导学生找到后贴在展板上，并引导组内同学读一读，说一说。

②动作快的组一起读读生肖和星座的小故事。

③指名展示小展板说出寓意。

④看大屏幕，齐说(生肖和星座)寓意。

⑤比一比，你发现了什么？(引导学生找出生肖、星座的相同点。)

3. 小结。

每一个生肖、每一个星座都蕴涵着人们的希望，希望孩子们、希望人们具有坚强、勇敢等好的品质。人们的希望是相同的，人们对好品质的赞美是相同的。

板书"好品质"、"希望"。

(四) 实践应用

1. 学生在家庭图片中贴出家人的属相和星座。

2. 运用星座和生肖知识介绍自己的家人。

孩子们根据提前问好的爸爸、妈妈或者弟弟、妹妹、哥哥、姐姐的生日，帮助他们找到各自的生肖，把他们的生肖图贴在课前画好的家庭成员画像的旁边，课堂上完成一幅名为《可爱的家》的家庭生肖图，完成之后在全班交流，向老师和同学介绍自己的家人。要求用上今天所学的生肖知识。

(五) 总结及作业

1. 师生问答。

①提问：

这节课我们一起认识了生肖和星座，你学会了什么？

②学生发表自己的想法。

2. 教师小结。

当我们再看生肖与星座的时候,要学会去品味深层的东西,了解它所代表的含义,这样我们的感受会更深。

3. 布置作业。

把学到的知识讲给爸爸、妈妈听。

(六)附件——板书设计

生肖与星座

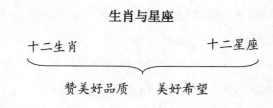

三 教学设计说明

随着时光的流逝,十二生肖融入了很多文化的因素。每个中国人都有自己的生肖。对于来自世界各地的国际班学生而言,这是非常有意思的。教学生生肖这种具有浓郁民族特色的知识,应该充分运用学生的已有知识经验,通过中西文化的对比,让学生感受其中蕴含的相同点:人们对好品质的赞美与对美好生活的追求。这样设计,学生的学习兴趣极高,学习效果也非常好。

(一)营造学习交流的氛围,为学生学习知识创造条件

以学生自我介绍引入,就此引出十二生肖。然后出示课件,引导学生整体地认识十二生肖。这样做是尊重学生原有的知识、经验基础,让学生在宽松的环境中畅所欲言。大家一起寻找自己的生肖和星座,找不到的时候大家互相帮忙,在这个过程中,既学习了知识,同时又是一次很好的中外学生交流。在教室里张贴生肖、星座图片,放置生肖玩具,让生肖与星座在实际生活中共同出现,让两种文化在形式上融在一起。

(二)在小组活动中培养学生的合作意识与能力

1. 在分工中学会合作。

理解生肖和星座的寓意既是重点也是难点。我们采用了学生小组合作、自主探究的方式。分工合作找寓意的这个活动的设计是为了培养学生的合作意识,其中不仅有

小组合作,也有组和组的合作。让学生体会到小组合作的好处,同时学会接纳自己的伙伴,宽容地对待同伴,并明白只有一起努力才能达到最后的胜利。

2. 在倾听中学会接纳。

学生找到寓意之后,教师引导学生总结生肖与星座的寓意,之后,再一次引导学生去寻找生肖与星座背后的故事,并由中国班的孩子讲生肖的故事、外国班的孩子讲星座的故事,其他同学倾听,倾听的是小故事,接受的是动人的情感以及不同的文化。

3. 在比较中学会欣赏。

生肖和星座有什么相同的地方吗? 问题直指核心。虽然学生的语言水平参差不齐,但孩子们看到的不再只是十二生肖或十二星座,而是人类共同的东西、人类表达感情的寄托,他们领悟到的是共有的感情:对美好生活的追求,对优秀品质的赞美。

四　课后反思

本次课取得了较好的教学效果。学生学到了这节课预期的知识,了解到了生肖与星座所蕴涵的美好的寓意,而且意犹未尽。他们收获的不仅是课本上这点儿知识,更是知识背后的文化。

学生在探寻生肖和星座故事时既练习了说话,也体会了文化。

而"实践应用"环节的设置,学以致用,孩子们在动手中体会到了快乐。

这次课也给了我一些启示。第一,我们应该寻找学生的兴趣点,提高关注度。第二,应该确定好教学目标,抓住"深入点"。第三,要关注学生文化背景及生活实际,关注课堂"生成点"。第四,要在不同的文化背景下理解相同的情感与追求,在不同中求同,在品同中赏异,这未尝不是一种很好的学习途径。

《什么颜色最好看》教学设计

北京市海淀区中关村第一小学 张 丹

一 教学准备

（一）教学任务分析

教学对象是母语为非汉语的各国留学生。针对这些学生的汉语教学，属于第二语言教学，第二语言课堂教学的任务不只是传授语言知识，而更应强调训练语言技能，实现运用汉语进行日常交际的目的。

《什么颜色最好看》一课，旨在通过讨论颜色学习颜色的名称，同时学习有关的汉语语法，从而能够在实际情境下听懂有关颜色的句子，能够与他人谈论有关颜色的话题。根据具体情况，我们把教学任务分为以下三个目标：

1. 认知目标。

（1）掌握及运用本课生词和句型。

（2）能够谈论颜色及相关内容。

2. 技能目标。

（1）利用所学知识进行对话并模拟表演。

（2）兼顾听说读写，着重听说能力培养。

3. 情感目标。

（1）在小组活动中，学会合作，互相帮助，协同完成学习任务。

（2）激发学习兴趣，引导学生乐于接受新知识。

（3）培养对中国传统文化的兴趣。

（二）教学内容及教具

1. 教学内容。

（1）句型：什么颜色最好看？

（2）语法：①以"什么"提问的问句；②"最"字的用法。

（3）生词：绿色、黄色、白色、红色、黑色、蓝色、棕色。

2. 教具。

（1）词语卡片。

（2）衣服、气球、花朵。

（3）中国京剧表演和脸谱图片。

（4）水彩和毛笔。

二　教学过程

（一）教学流程安排

根据小留学生好动、思维拓展性较强、渴望语言交际等特点，围绕"颜色"展开，多设活动。以对话练习为主，让他们通过听说、对话、做练习当堂掌握，通过感受颜色在京剧中的运用让学生了解中国人对颜色的理解和诠释。具体流程如下：热身——导入——生词学习——句型学习——文化拓展。

"热身"部分安排学生边唱边演，引导每位学生积极参与到课堂活动中来。"导入"部分以问答有关动物和水果的颜色的句子作为切入点。"生词学习"部分颜色与汉字的搭配练习为学生再认生字做好了准备，儿歌创编则考查了学生对颜色的运用能力，并且达到了帮助学生记忆的目的。"语法学习"部分通过情景创建、学生模仿等环节，不仅可以增强句型学习的趣味性，还可以引导鼓励学生在日常生活中运用句型。"拓展"部分通过巧妙的诠释，赋予了颜色更多的意义，而亲自动手的活动在增加课堂趣味性的同时可以加深学生对颜色的理解。

（二）教学具体过程

流程	教师	学生
热身	齐唱上节课学习的歌曲《两只老虎》	
导入	1. 出示老虎图片。 2. 提问：老虎是什么颜色的？ 3. 板书：颜色。	黄色、黑色……

（续表）

生词学习	1. 出示图片(图片贴黑板上)。 2. 提问： (1) 这是什么？ (2) ……是什么颜色的？ 如出示兔子的图片，提问： 　①这是什么？ 　②兔子是什么颜色的？ 3. 练习： (1) 领读生词，纠正发音，同时将图片与汉字贴到黑板上，为再认环节做准备。 (2) 再认游戏，规则：互相问答，看谁答得多、找得准。 示范： 　兔子是什么颜色的？ ③儿歌记忆。提问： 天空是什么颜色的？ 云是什么颜色的？ 花是什么颜色的？ 草是什么颜色的？ 板书： 蓝色　　蓝色的天 白色　　＿＿的云 红色　　＿＿的花 绿色　　＿＿的草 五颜六色真好看。	这是……。 它是……色的。 这是兔子。 兔子是白色的。 学生跟读 兔子是白色的。 找到"白"字并贴到相应的图旁。 蓝色 白色 红色 绿色
语法学习	1.句子：什么颜色最好看？ (1) 我们知道这么多颜色，什么颜色最好看？ (2) 板书： 什么颜色最好看？ ＿＿＿＿最好看。 (3) 范读： 好看、最好看、什么颜色最好看？ (4) 练习：创设模拟真实情景，巩固运用对话。 ①出示水彩，学生互问互答。答对就将相应的颜色给那位同学，看谁答对的多。 ②买衣服，挑选颜色。 ③买气球，挑选颜色。	 跟读。 什么颜色最好看？ ＿＿＿＿最好看。

（续表）

	2. "最"的用法。 (1) 边领读,边做手势:最长、最短、最高、最大…… (2) 出示图片,提问: 　　①图片中有什么? 　　②哪把尺子最长? (3) 学生看图(教师自行设计图片)互相问答。 (4) 巩固练习,可以安排看图填空练习。	有尺子。 指着最长的尺子回答:"这把尺子最长。"
扩展	**中国的国粹——京剧** 1. 欣赏京剧片段,找找颜色。 2. 向学生展示几种经典的京剧脸谱。 3. 京剧介绍。 　　京剧是中国流行最广、影响最大的剧种之一,有200多年的历史。京剧在形成的过程中,吸收了许多地方戏的精华,又受到北京方言和风俗习惯的影响。京剧虽然诞生在北京,但不是北京独有的地方戏,中国各地都有演出京剧的剧团。 　　京剧是一种唱、念、做、打并重的艺术。唱,指按照一定的曲调演唱。念,是剧中角色的对话和独白。做,指动作和表情的表演。打,是用舞蹈化的武术表演的搏斗。 　　脸谱是京剧化妆的一个特色,颜色是脸谱艺术的重要表现手段。世界上每个民族都有自己对颜色的理解和偏好,中国人也有自己的独到理解。戏曲脸谱的设计与中华民族的文化传统、生活习惯密切相关。脸谱中每种颜色都具有特定的象征意义,如红色表示忠心,紫色表示刚毅,黄色表示武将善战、文士有计谋,绿色表示性格忠勇老者,灰色表示老年枭雄,金、银色多用于神、佛、鬼怪,象征虚幻等。 　　4. 让学生为脸谱涂色。	
板书		

三　教学设计说明

（一）以旧带新,激发学习动机

《两只老虎》这首歌曲的演和唱将孩子们的注意力转移到课堂上来,可爱的老虎图片引导学生们进入学习状态。"这是什么"这一问题既帮助学生复习了上节课的知识点（动物名称），同时又激发了学生探究新知识的兴趣。

（二）儿歌记忆，耳熟能详

巩固所学知识是教学过程的必要环节。学生获得的间接知识容易遗忘，必须通过练习来加以巩固。儿歌具有明快的节奏，再配上整齐的掌声，符合小学生活泼好动，爱说、爱唱、爱跳的性格特点，因而能使学生很快融入学习中，并在其中享受无穷乐趣，尤其是降低了记忆大量生词的难度，加速学生对新知识的理解和掌握，大大提高学生学习的积极性和主动性。

（三）利用习得手段，教之有方

扩展是儿童由简单结构习得复杂结构使用的习得手段。我们在教学中要善于使用扩展的手段。例如：

		好看			好看
	最	好看		最	好看
什么颜色	最	好看？	红色	最	好看

通过扩展范读，让学生更容易、更快地接受比较复杂的结构。

替换也是学习新结构的好方法。例如：

——什么颜色最好看？

——红色/绿色/蓝色……最好看。

（四）设置情境，加强应用

设置问题情境，在留学生的教学中体现得尤为重要。一方面，通过情境的设置能够让学生感受到学习汉语很有趣，从而积极主动地投入到情境中去。另一方面，真实情境的模拟也为留学生提供了一个虚拟社会交流平台，使所学习的交际用语在课堂上可以得到充分的练习，当遇到类似的情景时可以很快地提取这些知识，从而可以更快、更自信地融入到中国的生活环境中去。

（五）传播民族文化

小留学生对中华民族文化颇感兴趣，他们来到中国不仅仅为了学习中国语言，更希望充分接触中国文化。京剧片段欣赏、绘制京剧脸谱等活动让学生从多种感官渠道接触中国文化,激发了学生对京剧的兴趣,加深了对颜色内涵的理解。

四　课后反思

(一)把儿歌作为词汇记忆的载体

"熟记"是语言学习的一条重要途径,是语言积累的必要手段,也是进行听、说、读、写这几项训练的前提条件。但"态度决定一切",学生的学习成绩显然也与他们是否拥有良好的学习心态有关,而推动学生自主学习的内在动力就是学习兴趣。本课利用儿歌押韵、朗朗上口等特点,把儿歌作为词汇记忆的载体,学生很喜爱,同时学生记生词难的问题也迎刃而解了。

(二)把握实践性与交际化原则

要突出语言技能的训练,就要求教师在课堂上做到精讲多练。本课中尽量借助形象直观的教学手段,利用图片、动作演示等方法,让学生尽快领悟、理解句法结构;并创造真实语境帮助学生尽快理解所学内容,在学生理解的基础上,随即投入交际性操练。

本课中无论是讲解还是操练都密切结合实际需要,例如结合几个学生生活交际场景(买气球、赏花、选衣服)让学生产生身临其境的感觉,同时所学习的内容也得到了充分的操练。这样做使课堂讲解和操练的社会价值得到了充分的重视。

游记写作课教学设计

北京育才学校　张　立

一　教学准备

（一）教学对象分析

学生情况分析：母语为非汉语的 16—17 岁的韩国留学生和哈萨克斯坦留学生，汉语水平达到了 HSK5－7 级，正在备考 HSK 高等。

（二）教学任务分析

针对这些学生都将要参加 HSK 高等的考试，所以开设了作文辅导课。此前国际部组织学生去北京欢乐谷进行了社会实践。本节课旨在结合这次社会实践，传授学生有关游记的知识，教会学生写一篇游记。据此，将本节课的教学任务拟定为以下几点：

1. 了解一般游记的特点。
2. 学会写记叙旅游见闻、抒写旅游感受的游记类文章。
3. 鼓励学生写旅游日记，记录自己的所见所闻、所感所想，并与他人分享。

（三）思路设计

虽然学生的汉语水平基本达到中级，但是由于学生在中国学习也不过一两年，读过的文学作品不多，也没有接受过系统的语文学习，所以，汉语文学素养相对较低，写作水平也较低。针对这种情况，本次写作课以这次社会实践为契机，适时插入游记的教学内容。在学生有事可写的基础上，模仿范本的结构，模仿各段衔接的词语，模仿描写动作和心理活动的语言，最终完成一篇完整的游记习作。

（四）教学目标

1. 知识目标。

（1）了解一般游记都要包括：时间、地点、人物、途中所见所闻和作者的感受、感悟。

（2）了解使文章各段落衔接自然、连贯经常使用的一些连词。

2．能力目标。

（1）学会写记叙旅游见闻和抒写旅游感受的游记类文章。

（2）训练学生对人物进行心理、动作描写的能力。

3．情感态度价值观。

鼓励学生写旅游日记，记录自己的所见所闻、所感所想，并与他人分享。

（五）教学重点

1．引导和启发学生回忆并说出去欢乐谷的感受。

2．使用名词、动词准确描述各种游戏设施，形象生动地描写人的心理感受。

3．游记的一般特点。

（六）教学难点

使用名词、动词准确描述各种游戏设施，形象生动地描写人的心理感受。

（七）教具准备

1．学生在欢乐谷拍的照片。

2．北京欢乐谷各种游乐项目的图片。

3．制作关于难点词语讲解的课件。

4．玩具小猪一个、小木棍一根。

二　教学过程

（一）教学流程安排

流程一：热身。通过图片展示，帮助学生回忆那次社会实践活动，唤醒学生用语言表达自己亲身感受的热情和写作的冲动。同时，对作文中需要的一些基本动词、名词和形容词进行口头操练。

流程二：写前准备。通过阅读分析范文，总结出一般游记的特点，指导学生写作。

流程三：写作。学生根据一些提示词来完成自己的习作。

（二）教学过程设计

1. 导入。

（1）出示照片。

（2）提问：你们还记得这张照片吗？这是什么时候照的？在哪儿照的？

（3）切入本节课的任务：今天我们就来写写这次北京欢乐谷之行。

2. 热身阶段。

（1）教师示范。展示两张游乐项目的图片，并做示范，选用合适的词语来描述和介绍这两个项目。如：

　　雪域金翅——悬挂式过山车，它像眼镜蛇一样<u>翻滚</u>，像大鸟一样<u>展翅蓝天</u>、<u>俯冲大地</u>，而且还会<u>垂直回旋翻滚</u>。

　　尖峰时刻——把人<u>垂直提升</u>约 20 米，然后来个<u>自由落体</u>，再<u>加速上升</u>，人就在这种<u>失重</u>与<u>超重</u>之间来回折腾。

看投影，教师演示，用玩具小猪充当乘客，让小猪靠着木棍，做上下运动，直观地讲解上面的画线词语。最后学生齐读这些词语。

（2）学生操练。投影展示欢乐谷各种游乐项目的图片，每个学生认领两张，要求必须是自己亲身体验过的项目。然后让学生尝试自己用汉语描述这些项目，教师利用这一时间巡视，帮助学生选择词语和句式。

（3）学生朗读自己所写的片段。

3. 范文学习阶段。

这一阶段，师生一起学习范文《北京欢乐谷游记》。归纳出游记的一些特点和要求，根据这些特点来设计自己的游记，为写做准备。

（1）范文学习导入：

①导入语：今天我们要自己来写一篇完整的游记。那么游记是什么呢？

②明确：游记，就是记游，也就是对一次出行、游览、参观等的记录。

③板书：游记是描写旅行见闻的一种散文体裁。

（2）师生研读范文：

①每人读一句，扫清文字障碍。

②疏通文义，了解文章内容，针对内容，学生提问，老师答疑。

③针对游记的写法，一边看范文，一边总结：

A. 游记中要写什么？（明确：时间、地点、人物。）

B. 本文写了什么游乐项目？哪些详写？哪些略写？（提示：记游要分清主次。）

C. 文章按照什么顺序写的？（明确：行踪，即按照游览的先后顺序来写。）

④让学生找出文中写得好的句子并做点评。

A. 找出动作描写句并画出来。如：

　　我强迫自己把那颤抖的脚踏入矿山车的铁板上。一坐上座位，我立即握紧扶手，心"突突突"地跳个不停。

　　巨大的离心力让我的屁股离开了椅子。

　　我更加紧张了，手臂绷紧，像铁钳一样死死地抓住扶手。

B. 找出心理描写句并画出来。如：

　　我看见坐矿山车的同学都像疯子般狂叫，这使我的心里充满恐惧。

　　它在最高点停了下来，我以为这是最快的速度，于是我得意地回过头来环视欢乐谷，看见远处的游客像蚂蚁一样。

　　巨大的离心力让我的屁股离开了椅子，使我有一种悬空感，让我觉得好像在太空遨游一样。

　　我眼前一片漆黑，只有巨大的隆隆的声响包围着我，我更加紧张了。

C. 找出修辞手法。如：

　　它像一只潜伏的鳄鱼，一步一步地爬向最高点。（比喻）

　　我得意地回过头来环视欢乐谷，远处的游客像蚂蚁一样。（比喻）

　　矿山车隆隆的声响像雷一样打破了我的想象。（比喻）

　　我更加紧张了，手臂绷紧，像铁钳一样死死地抓住扶手，我觉得扶手仿佛都要被我抓断了似的。（比喻、夸张）

⑤投影总结出的例句，重点词语用黑色标出，齐读语句。

⑥指导学生标出游记中常用衔接上下文的词语。

4. 写作阶段。

(1) 导入语：现在我们模仿这个结构来写自己的北京欢乐谷游记。我们这里给出了一些关键词语,大家用这些关键词语组织自己的语言,把刚才的几张图片按照游记的要求组织在一起,要有详略,有次序。

（2）在投影中打出词语：

①在 4 月 30 日这天,我们……北京欢乐谷。

②那天早上,我们……集合……出发……一路上……到了。

③在欢乐谷门口……

④进门后……（详写）（要有描写）

⑤看（玩儿）过了××,我们又……（详写）（要有描写）

⑥接下来……最后……（略写）

⑦我觉得这次活动……因为……,但是也有一点点遗憾……我希望……（抒情）

（3）参照这些词语,学生独立完成习作。

5. 课堂小结。

同学们,你们看,今天我们模仿这个结构和这些词语,再来写这篇作文,还难吗?（根据学生反馈,做相应的回应。）下一节课,我们要继续完成这篇作文。

6. 布置作业。

鼓励学生把照片（图片）和作文配合起来,设计、制作成板报。

（三）板书设计

北京欢乐谷游记（散文）		
		1. 时间、地点、人物
		2. 路上
按		3. 门口
游	详写	4. 看"UFO"的游戏
览	详写	5. 玩矿山车
顺	略写	6. 玩旋转木马、奥德赛之旅
序	抒情	7. 有遗憾但很愉快

三　教学设计说明

首先用照片勾起学生的回忆,从而让他们很快进入到在北京欢乐谷游玩的情境中。

然后示范介绍游乐项目,让学生理解和试着使用诸如"超重"、"失重"、"翻滚"、"旋转"、"加速"等一些比较专业的词语。在这个环节中将话题打开,让学生产生想要表达和述说的欲望。接着用一篇范文来引导学生弄清楚游记应该写什么,按什么顺序来写。不仅如此,针对外国学生,还要对学生模仿范文提供具体的帮助。比如描写方法的运用、段落的安排、段与段之间的衔接词语,都要让学生自己去发现,并提示学生尝试把它们用到自己的作文中。

四　课后反思

本节课达到了预先设定的教学目标。在整个教学设计中我试图突出以下三方面:通过热身,让学生对写作产生兴趣;在写前准备中,突出模仿的作用,这对外国学生是至关重要的一个环节;通过罗列段落安排和衔接词语,指导学生模仿使用,从而消除学生对于写作的畏难情绪。

五　附录范文(略)

《我想学太极拳》教学设计

北京市十一学校　陈俊丽

一　教学准备

（一）教学对象分析

本课的教学对象为 15—17 岁、零起点的 6 名韩国留学生,他们已在中国学习汉语 3 个月,目前掌握的词汇量在 400 个左右,能进行简单的日常生活中的交流。

（二）教学任务分析

《我想学太极拳》一课的主要教学任务一是让学生掌握几个常见能愿动词的用法及它们之间的用法区别,二是教会学生正确使用一些词语描述身体状况。

（三）教学目标

1. 知识目标。

(1) 掌握生词,要求达到听说读写"四会"标准。

(2) 学会正确使用能愿动词。

2. 能力目标。

(1) 能利用所学知识进行对话并模拟表演。

(2) 能正确使用一些词语描述身体状况并向老师请病假。

（四）重点语法

(1) 能愿动词:会、能、可以、想、要。

(2) "从……到……"的用法。

(3) "怎么"询问原因。

二 教学过程

（一）教学步骤安排

步骤一：复习上节课内容，导入新课。

步骤二：学习重点语法。用提问的方式引出第一个能愿动词"会"。继续展开提问，引出其他能愿动词"能"、"可以"、"想"、"要"，并进行操练。

步骤三：学习生词。

步骤四：学习课文内容。

步骤五：进行交际练习。

（二）教学过程设计

教学步骤	教师	师生
复习导入	1. 在 PPT 上显示关于介词"离"、"从"、"往"的填空练习。学生总结它们的区别。 2. 在 PPT 上显示关于存现句"是"、"有"的填空练习，总结它们的区别。 3. 最后一个练习： 学校北边_____一个中国饭馆。	1. 地方1离地方2＋动词/形容词。 从地方、方位、时间＋动词。 往地方、方位＋动词。 2. 有：不确指。可用"一个"。 是：确指。不用"一个"。 什么地方＋有＋人/东西 （方位词）　　（名词） 什么地方＋是＋人/东西 人/东西＋在＋什么地方 （名词）　　　（方位词）
学习重点语法	1. 导入能愿动词"会"。 根据上面最后一个练习导入"会"。提问： 你们去过学校北边的那个饭馆吗？好吃吗？ 你们会做饭吗？ 你会用筷子吗？ 你现在会说汉语吗？ 你会游泳吗？ 你会开车吗？	学生回答，教师板书有"会"的句子。（"会"用彩色粉笔标出。） 去过。好吃/不好吃。 我会/不会做饭。 我会/不会用筷子。 我会说汉语。 我会/不会游泳。 我会/不会开车。

2. 能愿动词"能"、"可以"。 根据"会"引出"能"，"能"引出"可以"。 有的同学会做饭。但你们现在住宿舍能不能做饭呢？ 你们都会用筷子，那如果今天手非常疼，还能用筷子吗？ 你们现在会说汉语，但如果今天嗓子很疼，怎样？ 有的同学会游泳，但如果今天感冒了，怎样？ 有的同学会开车，但如果你吃饭的时候喝了很多啤酒，还能开吗？ 以上是"能"的第一个意思，从这些句子也看出了它和"会"的主要区别。另外，"能"还表示环境允许不允许。提问： 教室里可以抽烟吗？ 这儿（出示 PPT：一条很脏的河）能不能游泳？为什么？ 上课的时候……（老师做动作，吃东西），这样对吗？为什么？ 听写生词的时候……（老师做动作，偷偷看书）这样对吗？为什么？ 女生宿舍让男生进去吗？为什么？ 说明："能"的第二个意思用"可以"也行。	学生回答，教师板书新的句子。（"能"用彩色粉笔标出。） 我会做饭，但现在住宿舍，不能做饭。 我会用筷子，但今天手非常疼，不能用筷子。 我会说汉语，但今天嗓子很疼，不能说汉语。 我会游泳，但是今天感冒了，不能去游泳。 我会开车，但今天喝了很多啤酒，不能开车。 教室里不能抽烟。 这儿不能游泳。 这儿的水不干净。 不对。上课的时候不能吃东西。 不对。听写生词的时候不能看书。 不让。女生宿舍男生不能进去。 板书时，在以上这几个句子的"能"上方写上"可以"，并让学生读一遍。
3. 能愿动词"想"。 你们为什么来中国？ 你们放假有什么打算？ 你们这个周末准备做什么？ 你们会唱京剧吗？想不想学？	学生回答，教师板书。 我想学习汉语。/我想上中国的大学。 我想去旅行/回国。 我想去五道口玩儿。 我不会唱京剧。我想学京剧。
4. 能愿动词"要"。 语气比"想"更强，表示"要求做……"。 你去商店要买什么？ 告诉学生：回答时也可用"想"。 你去买苹果，卖东西的人说：你买几斤？怎么回答？ 你来中国学习汉语，是你爸爸要你来，还是你自己想来？	学生回答，教师板书。 我要买面包/水。 我想买面包/水。 我要买3斤。/我想买3斤。 我爸爸要我来。/我自己想来。

	明天中午老师请你们吃饭,谁要来?	我要来。/＊我不要来。(纠正:否定回答的时候,不能说"不要",要说"不想"。)
	我们这星期做后面黑板的板报,你要做吗?	我要做。/我不想做。
	"不要"意思是告诉别人不能做什么。 老师上课说过"不要迟到"、"不要说话"。想一想,老师还说过什么?	不要吃东西。/不要玩电脑。/不要睡觉。
	5. 总结能愿动词的特点。 能愿动词＋动词 一般动词＋名词 "想"、"会"、"要"也可以作为一般动词来用,后面跟名词,如: 我想家。 我会汉语。 你要什么?	
学习生词	点名读→领读→学生单独读→检测→重点词语讲解→齐读 重点词语: 1. 打:打篮球/羽毛球 2. 太极拳:打太极拳 3. 下:下周、下(个)星期、下(个)月 4. 再:再写一个、再说一句 5. 遍:再说一遍、再写一遍、再读一遍、再看一遍	学生个别读、跟读。
学习课文	1. 课文(一)。 (1) 提问导入: 你们会打太极拳吗? 你们想不想学? 如果老师下星期教太极拳,你们去不去报名? 导入语:玛丽也想学太极拳,我们看看她是怎么做的。 (2) 齐读。 (3) 分角色朗读。 (4) 看 PPT 朗读课文(没有拼音)。 (5) 根据关键词背说课文。关键词如下: 玛丽:会? 罗兰:不。你? 玛丽:也。想?	我不会打太极拳。 想学。 我们去报名。 齐读。 分角色朗读。 朗读。 跟着老师背说课文。

（续表）

罗兰：	
玛丽：也。听说，报名。	
罗兰：	
（6）学生根据关键词一起说课文。	齐说课文。
（7）指名说课文。	根据关键词说课文。
2. 课文（二）。 （1）导入语：玛丽和罗兰报名了吗？她们开始上课了吗？上课怎么样？下面合上书，先听老师读（一手拿一张人物图片，代表玛丽和罗兰，分角色读），然后回答下面几个问题： 太极拳课什么时候开始上课？ 一个星期有几次课？ 星期几上课？ 几点上课？几点下课？ 一次多长时间？ 玛丽为什么没来上课？ 她自己来请假了吗？ 谁替她请假？ （2）齐读课文。 （3）语法点： ① 从……到……。 第 23 课学过"从"，后面可以跟表示地方和方位的名词，今天学习的是后面跟时间词。提问： 玛丽的太极拳课从几点到几点？ 我们早上第一节课是什么时候？ 你们周末外出时间是什么时候？ ②"怎么"表示问原因。 提问： 玛丽怎么没去学太极拳？ ××，你昨天怎么没来学校？ 星期一我们要求七点半到教室，有的同学迟到了，怎么问？ （4）学生齐读课文。 （5）看 PPT 读课文（没有拼音）。 （6）去掉 PPT 课文中的能愿动词，学生齐读。 （7）去掉重点生词，学生继续齐读。 （8）留下关键词，师生一起说课文。 玛丽：想，报名。	下周一开始上课。 一星期有三次课。 星期一、星期三、星期五上课。 四点半上课，五点半下课。 一次一个小时。 玛丽今天有点儿不舒服。 没有。 罗兰替她请假。 齐读课文。 从四点半到五点半。 从八点二十到九点。 从早上八点到下午六点。 注意：其中"从"可以省略。 她有点儿不舒服。 我生病了。 你怎么迟到了？/你怎么现在才来？ 齐读课文。 不看拼音读课文。 齐读，猜出所缺能愿动词。 齐读，猜出所缺重点词语。 师生一起说课文。

（续表）

	老师： 玛丽：开始。 老师：下。 玛丽：每天，都？ 老师：一，三，五。 玛丽：再？ 不懂。 老师：就是。 玛丽：几点？ 老师：4：30—5：30，一个小时。 （星期一下午） 老师：玛丽，没来？ 罗兰：请假，舒服，感冒，看病，上课。 （9）指名说课文。	根据关键词说课文。
交际 练习	学生分组，分角色练习。鼓励学生自己改写课文，然后到讲台上来表演。	学生表演。

三 教学设计说明

（一）关于语法

本课的语法重点是能愿动词的用法。能愿动词的用法贯穿全文，在进入课文学习之前，已经安排学生进行了预习，在这个基础上先单独进行能愿动词用法的教学：一方面是作为重点教学，可以使学生更清楚地了解这个语法点；另一方面也可以强化练习，让学生更好地掌握其用法。而其他两个语法点比较容易理解，而且在课文中只出现了一次，所以在学习课文的过程中对其进行适当讲解即可。

（二）关于生词

本课包括两段对话，生词也可以分为两部分进行教学，但考虑到课文（一）涉及的生词只有六个，比较少，所以就将所有生词安排在一起讲。

（三）关于课文操练

对外汉语教学初级阶段，学生背说课文显得尤为重要，这不仅可以提高他们的口语表达能力,而且对汉语语感的形成有非常重要的作用。所以在进行教学设计时,安排了多次朗读课文的环节。但如果只是单调地反复朗读、记忆、背诵,学生会觉得很无聊,所以在朗读方式上采取了不同的、循序渐进的背说方式,先去掉课文中所有的能愿动词,再去掉重点生词,最后根据关键词背说课文。这样做,既可以强化语法、生词练习,又会让学生觉得有意思、有成就感。

本课包括两段对话。第一段对话比较短,而且内容相对简单,所以采用学生先朗读的方式。第二段对话相对较长,课文信息量较大,采用以听带读的方式不仅可以锻炼学生的听力,而且还可以使学生对这段话有个大致了解,为进一步理解课文做铺垫。

四　课后反思

交际性练习的设计中,鼓励学生对课文进行改写,但发现实际教学中能对课文进行较大改写并表演的学生几乎没有,大部分学生都只是对原课文内容的模拟表演,只有个别学生加入了一些情景,并对个别地方做了小的变动。交际性练习中预期的表演没有出现,这个结果让我有点儿小小的失望,也促使我思考:如何才能引导学生更好地改说课文?我想以后再遇到这种练习时,可以给学生一个改写的范例,拿本课来讲,可以给学生设置如下的情景:

> **事情**:两个同学想学打篮球,去找体育老师报名。
> **上课时间**:每周三、五;晚上 7:00—9:00。
> **第一天上课**:一个同学要准备第二天的发言,所以没来。

这样做,一方面可以进一步锻炼学生的实际交际能力,另一方面可以拓宽学生的思路,为他们改说课文提供帮助。

《寒假你打算去哪儿旅行》教学设计

北京市通州区潞河中学　刘　颖

一　教学准备

（一）教学对象分析

本课的教学对象是 14—18 岁的母语为非汉语的外籍学生，大部分学生都学过半年到一年汉语，词汇量为 600 个左右，能够掌握简单的句法结构，但是造句能力较差。

（二）教学任务分析

《寒假你打算去哪儿旅行》一课的主要教学任务是让学生掌握疑问代词的非疑问用法。针对学生状况和第二语言教学特点，确定如下教学目标：

1. 知识目标。

（1）复习疑问代词的一般用法。

（2）掌握并熟练运用疑问代词泛指、特指和虚指的用法。

2. 能力目标。

（1）培养学生用汉语思维的能力。

（2）培养学生对比、联想的能力。

（3）锻炼学生用汉语交际的能力。

（4）锻炼学生的注意力、记忆力。

3. 情感目标。

创造良好的语言学习气氛，让学生积极主动地参与到课堂教学中来，勇于开口说话，培养自己的自信心和对汉语学习的热情。

二　教学过程

（一）教学流程安排

本节课的教学主要分成四个环节：复习、新课讲授、总结、练习。复习环节主要包括旧知识的展示和练习。新课讲授主要有三个语法点：疑问代词的泛指，疑问代词的特指，疑问代词的虚指。每个语法点的讲授都包括如下流程：导入（用例句导入所学内容，使学生对语法点有直观的认识）、操练（强化巩固，帮助学生理解、记忆）、总结、交际练习（以问答的形式操练，让学生充分使用所学语法点，实现语言交际能力的培养，同时巩固语法点）。总结是对全课内容的最后的概括。练习是语法点的运用综合。

（二）教学过程设计

教学步骤	教师活动	学生活动
复习	1. 旧知识展示。 （1）复习疑问代词表示疑问的用法。 多媒体展示疑问代词（打乱顺序），并提问以下情况（左栏）应该用什么疑问代词（根据回答完成板书）。 | 问人	谁
问事物	什么、哪（＋量词"个、张、本"……）
问动作、方法	怎么、怎样、怎么样
问时间	什么时候、多会儿
问地点	哪儿、哪里、什么地方
问数目	几、多少 | （2）板书。 将疑问代词按顺序板书，注意在黑板上的位置稍偏左一些，以便后面完善板书内容。 谁 什么、哪（个） 怎么、怎样、怎么样 什么时候、多会儿 哪儿、哪里、什么地方 几、多少	回答问题。记录笔记。

	2. 旧知识练习。	完成练习。
	这件事情_____知道？	谁
	我们晚上吃_____？	什么
	那件事情_____办？	怎么
	你准备_____回家？	什么时候
	明天你想去_____？	哪儿/哪里/什么地方
	我应该带_____钱？	多少
	你需要_____张纸？	几/多少
		齐读句子。
新课讲授	1. 语法点一：疑问代词泛指。 （1）导入新知识。 ① 导入语：黑板上的这些词语除了表示问问题（疑问），还可以表示不问问题（非疑问）的意思。 ② 多媒体展示并解释： 任何人 — 谁 任何事物 — 什么、哪（＋量词"个、张、本"……） 任何动作、方法 — 怎么、怎样、怎么样 任何时间 — 什么时候、多会儿 任何地点 — 哪儿、哪里、什么地方 任何数目 — 几、多少 ③ 完善前面板书，一边板书一边解释： 谁 —— 任何人 什么、哪（个） —— 任何事情 怎么、怎样、怎么样 —— 任何办法 什么时候、多会儿 —— 任何时间 哪儿、哪里、什么地方 —— 任何地方 几、多少 —— 任何数量 （2）操练。 ① 使用多媒体给出对话，使用疑问代词对答句进行替换。例句： [对话1]A：这件事情谁知道？ 　　　　B：这件事情妈妈知道、爸爸知道、哥哥知道、姐姐知道……所有人都知道。 　　　　B：这件事情谁都知道。 [对话2]A：我们晚上吃什么？ 　　　　B：吃中餐可以，吃韩餐也可以；吃米饭可以，吃面条也可以…… 　　　　B：吃什么都可以。	记忆、理解。 记录笔记。 依次朗读对话和例句，并进行替换。

（续表）

［对话 3］A：那件事情怎么办？ 　　　　B：那件事情可以这么办，也可以那么办…… 　　　　**B：那件事情怎么办都行。** ［对话 4］A：你准备什么时候去超市？ 　　　　B：可以现在去，也可以一会儿去…… 　　　　**B：什么时候都行。** ［对话 5］A：明天你想去哪儿？ 　　　　B：不想去学校，不想去超市，不想去外面，所有的地方都不想去。 　　　　**B：哪儿也（都）不想去。** ［对话 6］A：我应该带多少钱？ 　　　　B：你带 10 块钱也行，带 20 块钱也行，带 100 块钱也行…… 　　　　**B：你带多少钱都行。** ［对话 7］A：你需要几张纸？ 　　　　B：你给我一张也行，两张也行，五张也行，十张也行…… 　　　　**B：你给我几张都行。** ② 提取上面例句中含有疑问代词的答句（多媒体展示）： 　这件事情谁都知道。 　吃什么都可以。 　那件事情怎么办行。 　什么时候都行。 　哪儿也（都）不想去。 　你带多少钱都行。 　你给我几张都行。 （3）总结。 　"疑问代词＋都/也"表示泛指，其中"也"用在含有"不、没"的否定句中，而"都"所有句子都可以用。 　再次完善板书，写在前面板书的下面。 　泛指：疑问代词＋都/也 （4）交际练习。 　①A：你想买什么？ 　　B：＿＿＿＿＿不想买。 　②A：他暑假想去哪儿玩儿？ 　　B：＿＿＿＿＿不想去。 　③A：你准备什么时候吃饭？ 　　B：＿＿＿＿＿可以。 　④A：今天你怎么去学校？ 　　B：＿＿＿＿＿可以。 　⑤A：你晚饭想吃什么？ 　　B：＿＿＿＿＿想吃。	轮流读例句，然后齐读。 记笔记，理解记忆。 完成对话。

（续表）

⑥A：你想买哪种颜色的裙子？ 　B：＿＿＿＿想买。 ⑦A：你想要多少？ 　B：＿＿＿＿行。 ⑧A：他想和谁去看电影？ 　B：＿＿＿＿没问题。 ⑨A：这个纸箱我给你放在哪儿？ 　B：＿＿＿＿可以。 ⑩A：你能吃几个馒头？ 　B：＿＿＿＿吃得下。 学生完成练习之后，教师给出正确答案，学生齐读进行复习。	齐读。
2. 语法点二：疑问代词特指。 （1）导入。 ① 给出刚才出现的例句： 　A：你晚饭想吃什么？ 　B：想吃好吃的东西。 ② 导入语：B的回答不是"吃什么都行"，这样的句子怎么用疑问代词表达呢？（给出例句"什么好吃就吃什么"）下面开始学习"疑问代词……就……疑问代词"这种格式。以"什么好吃就吃什么"为例，它回答"你晚饭想吃什么"，可以替换"吃好吃的东西"： 　A：你晚饭想吃什么？ 　B：想吃好吃的东西。 　**B：什么好吃就吃什么。** ③ 注意点：因为问题中提问的是"东西"，因此，疑问代词要选择代表事物的"什么"，疑问代词确定之后，根据"疑问代词……就……疑问代词"的格式来进行造句。在造这样的句子的时候，还要提醒学生寻找"核心词"（重要的词），如上面这个句子中的"核心词"是"好吃"。核心词要放在"就"的前面。因此，在写这样的句子时注意两点：一是疑问代词的选择；二是"核心词"的选择和位置。 ④ 完善板书（写在"泛指：疑问代词＋都/也"的右侧）： 　*疑问代词……核心词……就……疑问代词* （2）操练。 讲解之后，给出问题，让学生试着利用新格式替换答句。 [对话1]A：你想去哪儿旅游？ 　　　　B：我想去好玩儿的地方旅游。 　　　　**B：哪儿好玩儿就去哪儿。** [对话2]A：你想跟谁学汉语？ 　　　　B：我想跟说得好的同学学汉语。 　　　　**B：谁说得好就跟谁学（汉语）。**	记笔记。 理解记忆。 记笔记。 替换答句。

（续表）

［对话3］A：这件事情你想怎么办？ 　　　　B：用好的办法办。 　　　　**B：怎么好就怎么办。** ［对话4］A：你什么时候去我家？ 　　　　B：我有空的时候去你家。 　　　　**B：我什么时候有空就什么时候去。** （3）总结。 完成操练之后，提取疑问代词特指答句，再次强调两个要点。 什么好吃就吃什么。 哪儿好玩儿就去哪儿。 谁说得好就跟谁学（汉语）。 怎么好就怎么办。 我什么时候有空就什么时候去。 （4）交际练习。 ①A：你去家乐福想买什么？（便宜） 　B：什么便宜就买什么。 ②A：你寒假去哪儿旅行？（好玩儿） 　B：哪儿好玩儿就去哪儿旅行。 ③A：你准备怎么去学校？（方便） 　B：怎么方便就怎么去。 ④A：你哥哥跟谁一起去欢乐谷？（有时间） 　B：谁有时间就跟谁一起去。 ⑤A：你什么时候回国？（考完试） 　B：什么时候考完试就什么时候回国。	先轮流读，再齐读，强化记忆。 回答问题。 齐读答案。
3. 语法点三：疑问代词虚指。 （1）导入概念。 虚指：疑问代词还可以表示不确定、不知道、说不清或者不需要说出来的事情。 （2）操练。 通过概念，引入例句： 这个人我好像在**哪儿**见过。 我的照相机不知道被**谁**借走了。 朋友过生日，我应该买点**什么**礼物给他。 他的钱包不知道**怎么**丢了。 我**什么时候**应该去医院看看他。 （3）总结。 完善板书，形成完整板书： 谁　　　　　　—— 任何人　　—— 某个人 什么、哪（个）　—— 任何事情　—— 某件事情（东西）	理解记忆。 依次朗读，之后齐读。 记笔记，理解记忆。

（续表）

	怎么、怎样、怎么样　——任何办法　——某个方法 什么时候、多会儿　——任何时间　——某个时间 哪儿、哪里、什么地方　——任何地方　——某个地点 几、多少　　　　　——任何数量　——某个数量 泛指：疑问代词＋都/也　特指：疑问代词……核心词……就……疑问代词 板书完毕之后，教师对应多媒体上显示的例句进行讲解。 （4）交际练习。 ①我们送他点＿＿＿＿礼物吧，明天他就回国了。 ②我从来没来过这里，找＿＿＿＿问问路吧。 ③昨天他从美国回来了，咱们＿＿＿＿去他家看看他吧。 ④明天我过生日，我们去＿＿＿＿吃点儿＿＿＿＿庆祝一下。	回答问题。 齐读句子。
总结	根据板书的书写总结本课所学的知识内容，并陈述三个语法点的要点。	做总结性的记忆。
练习	用疑问代词完成对话： 背景提示：又要放暑假了，山本、麦克、杰克和玛丽准备组织一次"北京一日游"。出发的前一天晚上，他们认真地商量第二天的安排。 麦克：明天咱们先去哪儿玩儿？ 杰克：＿＿＿＿都行。 玛丽：听说明天人很多，＿＿＿＿人少就先＿＿＿＿吧。 山本：对，先去人少的地方，世界公园人不多，咱们先去那儿吧。 麦克：咱们中午吃什么呢？ 玛丽：＿＿＿＿有特色就＿＿＿＿。听说"全聚德"烤鸭不错。 山本："全聚德"烤鸭？我好像跟＿＿＿＿一起吃过呢。 玛丽：明天怎么去那儿呢？ 山本：＿＿＿＿都可以，北京交通很发达。 麦克：还是＿＿＿＿方便＿＿＿＿去吧。	思考并轮流完成对话练习，也可以分角色表演对话。 齐读对话。

三　教学设计说明

本课在教学设计上主要遵循了第二语言习得规律和学生自身的特点，在教学过程中注重精讲多练的原则，在课程设计上安排了语法点展示、操练、交际练习，以达到学习的目的。

由于本课讲授的语法点比较抽象，因此，在展示语法点时，采用了创造语境，在语境中教学的方法。这样的方法化抽象为具体，便于理解和接受。这样，学生在学习每一个语法点的过程中都能够学到该语法点的使用方法和表达方式,也便于学生汉语语感的形成。

操练是本课最重要的一个环节。在语法展示的过程中,通过多媒体展示了大量的例句,学生从例句入手,通过自己读、轮流读、齐读、师生问答、学生互相问答多种方法,在朗读例句的过程中进一步理解句子的含义,学习语法点的运用。除此之外,本环节用替换的方式实现了新旧知识的衔接,遵循了循序渐进的原则,让学生用新的语法点说旧的句子,这不仅便于学生的理解,还有助于学生在今后学习和交际中运用学到的知识点。

交际练习是把学到的语法点运用到交际中来。学生通过朗读和对话的方式对大量的例句进行了理解和记忆,然后学生用已经记忆和理解的句子,变换词语,回答新的问题,实现语言的交际功能。它使学生真正理解语法点的含义,准确掌握用法,从而提高语言表达能力。

四　课后反思

本课以“疑问代词的活用”为中心进行教学。泛指、特指、虚指这类的专业用语学生理解起来比较困难。在课程设计时,以例句和语境作为依托,弱化概念,让学生在交际中理解语法点。在语法点导入和讲解这一部分,采用了大量的例句,让学生先理解语法点的意思,然后通过老师的总结掌握语法点的运用,再通过交际练习实现语法到交际的过渡。在本课结束后,学生对语法点的掌握是比较理想的。

本课严格遵循“精讲多练”的原则。“多练”不仅体现在交际运用的练习中,更重要的是例句的操练,练习的朗读。在讲课过程中学生们一直在朗读,可以说开口率达到100%。

本课的不足之处是:例句较多,个别学习能力较差的学生在理解上有一定的困难。因此,在今后的教学中要注意针对学生的层次,设计有难度梯度的例句和练习,使每个层次的学生都能有所收获。